教师情商修炼之道

杨敏毅　孙晓青　陈　蔚◎著

中国轻工业出版社

图书在版编目(CIP)数据

教师情商修炼之道/杨敏毅,孙晓青,陈蔚著.—北京:中国轻工业出版社,2021.5(2022.8重印)
ISBN 978-7-5184-3371-1

Ⅰ.①教… Ⅱ.①杨… ②孙… ③陈… Ⅲ.①教师-情商-师资培养 Ⅳ.①G451.6 ②B842.6

中国版本图书馆CIP数据核字(2021)第017625号

保留所有权利。非经中国轻工业出版社"万千教育"书面授权,任何人不得以任何方式(包括但不限于电子、机械、手工或其他尚未被发明或应用的技术手段)复印、拍照、扫描、录音、朗读、存储、发表本书中任何部分或本书全部内容。中国轻工业出版社"万千教育"未授权任何机构提供源自本书内容的电子文件阅览、收听或下载服务。如有此类非法行为,查实必究。

总 策 划:石 铁
策划编辑:吴 红　　　　　　　责任终审:腾炎福
责任编辑:牟 聪 吴 红　　　　责任监印:刘志颖

出版发行:中国轻工业出版社(北京东长安街6号,邮编:100740)
印　　刷:三河市鑫金马印装有限公司
经　　销:各地新华书店
版　　次:2022年8月第1版第4次印刷
开　　本:710×1000　1/16　印张:15.50
字　　数:155千字
印　　数:9001—14000
书　　号:ISBN 978-7-5184-3371-1　定价:52.00元

读者热线:010-65181109,65262933
发行电话:010-85119832　传真:010-85113293
网　　址:http://www.chlip.com.cn　http://www.wqedu.com
电子信箱:1012305542@qq.com

如发现图书残缺请拨打读者热线联系调换
201499Y1X101ZBW

推荐序

一

杨敏毅、孙晓青、陈蔚三位老师合作写了这本关于教师情商修炼的书，嘱我写一篇序，真有点勉为其难。说实话，我对"情商"没有研究。

这三位都是优秀的心理健康教育老师，杨敏毅老师还是上海市心理特级教师、正高级教师，孙晓青老师也是上海市心理特级教师。她们长期在教学一线工作，比较了解学生的心理现状，广泛地接触一线教师，对不同发展阶段教师的学习、工作、生活状态都有较直接和深刻的认识与体验。她们既有扎实的心理学理论功底，又有丰富的实践经验。她们都是在教学第一线成长起来的心理健康教育专家。

本书的写作正是充分发挥了她们的专业优势：以教师在工作、生活、专业发展中发生的案例为基础，导出"情商"的有关理论知识；通过对案例故事的深入分析，理论联系实际，使教师了解"情商"所指代的有关情绪、情感方面的内容，认识到"自我意识""自我激励""控制情绪""认知他人情绪""处理人际关系"等在生活、工作中的重要地位和作用；通过自我测试、阅读共鸣、互动体验等方式，让教师修炼和提升自己的"情商"，从而助力教师的成长和专业发展。这些正是本书的意义所在。

本书的第一章主要介绍"情商"的相关理论。考虑到本书是一本具有普及性的通俗读物，主要面向更多不具备心理学科知识背景的教师，作者别具匠心地运用一则则小故事引入，尽量使心理学理论更加贴近读者的生活实际，使枯燥的理论变得生动、亲切，增强本书的趣味性和可读性。

本书最精彩的内容是第二章的 24 个案例。这些案例涵盖教师学习和生活的方方面面，使之感到它们好像是自己身边发生的事情，甚至就是自己经历的事情。案例中"你会怎么做"的小贴士，也很有创意。"案例分析"和"案例启示"都有很好的启发意义。

本书的三位作者都是心理咨询师,有丰富的团体心理辅导和个别心理咨询的经验。杨敏毅老师还主持过教师心理成长工作坊,出版过《做内心强大的教师——教师常见心理困惑解析》(简称《做内心强大的教师》)一书。第三章的自我测试、阅读共鸣、互动体验等内容充分体现了她们的专业素养,其具有很好的趣味性、活动性、游戏性。这些小测试虽然不是严格的、科学的心理学量表,但仍有一定的参考意义。这些内容还可作为青年教师沙龙、教师团队活动的材料,让教师在愉悦的游戏互动、体验感悟中,提升自己的心理素质。

二

情商(Emotional Quotient,EQ)一词出现在20世纪90年代中后期,是研究者比照智力测验(例如韦克斯勒量表)得到的结果——智商(Intelligence Quotient,IQ)——提出的新名词。1995年美国哈佛大学教授、时任《纽约时报》科技专栏作家的丹尼尔·戈尔曼(Daniel Goleman)出版了《情商——为什么情商比智商更重要》(*Emotional Intelligence: Why It Can Matter More Than IQ*,简称《情商》)一书,引起了全球性的关注。此书于1997年被我国引入。在此之前,1990年耶鲁大学的彼得·萨洛维(Peter Salovey)和新罕布什尔大学的约翰·梅耶(John D. Mayor)首先提出"情绪智力"的概念,1994年丹尼尔·戈尔曼还出版了《情绪智力》(*Emotional Intelligence*)一书,将情绪和智力相结合。但是,毋庸讳言,到目前为止,"情商"尚没有一个准确的定义,更没有一个系统的、权威的测试方案,还不能用一个量化的分数表示"情商"的高低。因此,"情商"仍是一个与"智商"相对应的商业化名词。与其相关的心理学概念有"非智力因素""情绪智力",以及多元智能理论中提到的"内省智能""人际关系智能"等。

20世纪70年代前,心理学始终将情绪和智力分成两个领域,随着脑科学研究的发展,认知和情感两分法及认知驾驭情绪的心理学哲学基础受到挑战,这是"情绪智力"产生的背景。

我国心理学家非常重视情绪和情感方面的研究，重视情绪和情感在人的发展中的重要地位和作用，但更倾向于使用"非智力因素"这个概念。最具代表性和权威性的研究者有：上海师范大学燕国材教授、北京师范大学林崇德教授、天津师范大学沈德立教授，以及他们所带领的团队。1983年2月，燕国材教授在《光明日报》发表了《应重视非智力因素的培养》一文，后来又提出了"IN结合"[即智力因素（Intelligence factor）与非智力因素（Non-intelligence factor）结合)]的教育思想。林崇德教授特别强调智力活动中的非智力因素的动力和补偿功能。在他们的著作中有很多关于情绪和情感以及非智力因素的重要研究成果。上海心理学会理事长、心理学终身成就奖获得者、上海师范大学卢家楣教授在"情感心理学"研究中独树一帜，成就斐然。他对情绪、情感、情操、情怀与教育及人的成长的关系有很多精彩的论述。

非智力因素包括以情感为核心的多种因素，如兴趣、动机、情绪、情感、意志、性格等。我认为这些因素都是"情商"的基础性心理因素，如果我们能把这些基础性因素弄明白，在培养学生的同时修炼自己，就能在成就学生的同时成就自己。因此，我建议教师们读完这本书，并且有了体会后，再找一些这方面的图书读读，大家定会有更多的收获。

这里我想强调一点，对于教师的"情商"修炼，不可忽视我国优秀传统文化的地位和作用，诸如儒家经典中倡导的"仁、义、礼、智、信""温、良、恭、俭、让""格物、致知、诚意、正心、修身、齐家、治国、平天下"等道德准则和伦理规范。我们在学习心理学知识的同时，要从优秀传统文化的传承中吸取精华，提升自己的文化底蕴和修养境界。

三

作为一名从教56年的老教师，我一生遵循十字座右铭——"多学习、和为贵、有点精神"。这也许就是我的修炼之道。这算作敏毅、晓青、陈蔚三位老师"修炼"之书的一个注脚，我将它分享给大家。

（1）"多学习"。古人云："读万卷书，行万里路。"这说出了"多"的含义：一是量多，二是学习内容的类别、途径、方式和方法多。作为教师，我们可以根据自己的学科专业背景、兴趣爱好，选择学习内容和学习方式，在循序渐进的学习中，不断强化自己的求知欲望和学习意识，养成良好的学习习惯，向书本学，向实践学，向同事学，向学生学，努力做到学而不厌、诲人不倦。

我的体会是，高品质的学习就在于：感悟、践行、超越。

感悟，就是要用心学，用心读书，用心体验，用心思考。"学而不思则罔"，学习不能浮光掠影，不能浅尝辄止；要从字里行间、从细微处、从经历中悟出精妙的大道理，看到脱俗的大境界。

践行，就是要实践，要行动，知行统一，学以致用。实践是学习的重要组成部分。孔子主张"博学、审问、慎思、笃行"，就是强调要用学到的知识去实践。我们现在提倡的"读书—研究—实践"研修模式，就是理论和实践相结合的模式。"纸上得来终觉浅，绝知此事要躬行"，我们需要在践行中进一步加深感悟。

超越，一是要乐学，学会享受学习。子曰："知之者不如好之者，好之者不如乐之者。"我们前面提到的燕国材教授、林崇德教授等，既是学习的成功者，又是学习的享受者，他们坚守着"学无涯，思无涯，其乐亦无涯"的信条，以生命的诚恳换学问，翻过一道道障碍，成就一片片风景，成为我们后学者的楷模和榜样。二是要坚持。要有"衣带渐宽终不悔，为伊消得人憔悴"的毅力，咬定青山不放松，在学习中追寻工作和生活的无穷情趣。三是要从容淡定，不浮躁，不计较，不为名利所累。努力做到"板凳要坐十年冷，文章不写半句空""精神到处文章老，学问深时意气平"。

据我所知，本书的三位作者都是乐学、善学、坚持学的典范，特别是杨敏毅老师。她从一名化学教师蜕变成心理健康教育特级教师、正高级教师，没有踏实认真的学习是不可能实现的，其中的艰辛也是不言而喻的。

（2）"和为贵"。和是我国优秀传统文化中的重要价值取向。和是协调和谐的总称，既强调人与自然、人与社会、人与人的和谐共生，又坚持和而不同；既顺应自然、社会、时代的要求，又不放弃原则、不随波逐流。和的最高境界是儒家思想的中庸，其核心理念就是寻求言行适度、适当，不偏激，主张以礼节情。

在教育生涯中，我努力做到以仁爱之心对待同事和学生，以诚、以礼、以宽待人处事，有原则，更有谦让和宽容；在日常生活和工作中，坚持严于律己，己所不欲，勿施于人；在团队建设中，努力创建学习型组织，注重和谐，维护整体，提携青年，共同进步；在工作单位中，在我主持的上海市名师基地、名师工作室中，以及我主持的多个上海市、教育部重点课题组中，我都努力践行"和为贵"的理念，并取得了很好的成果。

"和"是我追求的人生境界，它已镌刻在我的气质、性格、灵魂深处。与同事关系融洽，与学生亦师亦友，我为此感到欣慰。

（3）"有点精神"。一是要有自强不息、积极进取的精神，在认识自我的基础上，在人生的道路上，不断有新的目标、新的追求；二是培养热爱教育事业的情感和终身奉献教育事业的精神；三是培养坚强的意志，锤炼坚毅的精神，不惧困难，勇往直前。在工作中，在专业上选择一个方向，确定一个课题，不断地学习、研究、探索、实践，努力提高自己的专业素养和学术水平。我从1983年开始研究学生的学习，主持上海市"七五""八五"重点课题"初中生非智力心理因素发展与教育综合实验研究"，主持国家教委"九五"重点课题"义务教育阶段学生学会学习研究"，主持教育部"十五"重点课题"义务教育阶段学生学习潜能开发研究"，主持教育部"十一五"重点课题"基于脑科学的学生学习潜能开发深化研究"。30多年来，我和我的团队成员坚持着"有点精神"的追求，一路前行，享受着追求过程中的艰辛和幸福。

"多学习、和为贵、有点精神"，三者相辅相成，最终还是要落实到超越上，超越自我，超越前人，超越世俗，追求大境界，追求"海到无边天作岸，山登绝顶我为峰"的大气概。有对生命的热爱，有对天地的敬畏，有对美好的憧憬，生命就会得到一次次升华，人生就会完成一次次超越。这就是新时代教师应有的情怀。

教育为了未来的事业，教育孕育着生机，教育成就着希望，一代代薪火相传。为了教育的未来，为了祖国的未来，为了更加美好的明天，让我们携手向前，一起修炼，不只是"情商"！

徐崇文
2020 年 8 月 25 日

（注：徐崇文，上海市特级教师，上海市黄浦区教育学会名誉会长，全国非智力因素研究会名誉会长，上海市学习指导研究所原常务副所长。）

目　录

推荐序　/ I

第一章　情商理论阅读篇——情商比智商更重要

一、情商和教师情商的重要性　/ 1

 1. 体现教师情商的课堂——了解情商理论　/ 1

 2. 听着"巴赫"去慢跑——情商的前世今生　/ 4

 3. 灵活应对尴尬困境——了解综合软技能　/ 5

 4. 控制负面情绪和冲动——情商的五种情感能力　/ 7

 5. 蔑视眼神的伤害——教师的情绪管理　/ 9

 6. 懂心理，善沟通——教师的课堂魅力　/ 11

二、了解自我和管理情绪　/ 13

 1. 扬长避短，认清自己——天生我材必有用　/ 13

 2. "激情奴隶"的苦果——简析愤怒情绪　/ 15

 3. 情感冲动酿苦果——激情的生物学基础　/ 17

 4. 疗愈丧亲之痛楚——创伤后的心理复原　/ 18

 5. 播撒爱的雨露——教师的人格魅力　/ 20

 6. 知足常乐的精彩——活出乐观气质　/ 22

三、自我激励和成就驱动力　/ 24

 1. 平衡工作与兴趣的关系——角色自我与个性自我　/ 24

 2. 个人发展瓶颈期——职业倦怠知多少　/ 26

 3. 了解需求助发展——谈教师的涌流　/ 28

4. 新手教师的高三舞台——教师的成就驱动力 /30

5. 新时代教师的颜值和时尚——魅力的色彩人生 /31

6. 超越自我的心愿和行动——让人生更精彩 /33

四、识别情绪和人际互动 /35

1. "云美食争霸赛"——情绪的感染力 /35

2. 恋爱为何总受挫——情商中的亲密关系 /37

3. 不离不弃的相守——亲密关系中的承诺 /38

4. 与情绪和谐相处——识别核心情绪 /40

5. 借助于他人迈向成功——多元化优势促发展 /42

6. 构建屋顶心灵花园——人际融合的高手 /44

第二章 情商案例剖析篇——发现你的情商

一、认知与推动自我成长 /47

1. 从"职场小白"到"骨干精英"——精准定位，扬长补短 /47

2. 追逐成长的自己——终生学习，幸福人生 /50

3. 柳暗花明又一村——迎难而上，挑战自我 /54

4. 频频响起的电钻声——宽容他人，善待自己 /57

5. 破椅子事件——以治待乱，以静制动 /61

6. 瞬间平息的风浪——雷厉风行，当机立断 /65

二、识别与管理他人情绪 /69

1. 雨夜寻生记——动之以情，晓之以理 /69

2. "愤怒"的女生——推己及人，同理在线 /73

3. "神奇"的操作台——以心换"心"，教育赢家 /78

4. 千里之外的"热线"——疏还是堵，一念之间 /82

5. 逃避跑操的病假——防微杜渐，"破窗"不破 / 87

6. 来自网络游戏的诱惑——隔屏授课，不隔教育 / 91

三、激励与引导他人前行 / 95

1. 小个子长跑选手——欣赏鼓励，最美礼物 / 95

2. 消弭于无形的"秘密"组织——自信尊重，隐形利器 / 100

3. "和谐"的作业本——用心观察，引导从众 / 104

4. 抽屉里的香皂——同频共进，相携而行 / 108

5. 遭遇突发事件冲击——花开盛时，蝴蝶自来 / 112

6. "说明书"里有情况——追根溯源，循序渐进 / 117

四、多棱的情商世界 / 121

1. 灵活的平衡车——家庭事业，兼顾并重 / 121

2. 黯然失色的"校花"——踽踽而行，不知始终 / 125

3. 一枝独放不是春——四面楚歌，形单影只 / 128

4. 一场录像课的风波——以错制错，人设塌陷 / 132

5. 消失的"编程"——剑拔弩张，两败俱伤 / 136

6. 恼人的英语作业——情绪失控，师生齐怨 / 139

第三章　情商修炼体验篇——他山之石，可以攻玉

一、驾驭多元的情绪 / 143

1. 倾听内心的声音——驾驭自我情绪管理 / 143

2. 微笑是最佳的名片——感染人心的魔力 / 147

3. 善于倾听的品质——敬人者，人恒敬之 / 151

4. 读懂他人的目光——做内心强大的自己 / 155

二、完善丰富的情感 / 159
　　1. 爱你没商量——亲密关系中的情感智慧 / 159
　　2. 常怀感恩之情——善良让你更美丽 / 163
　　3. 寻找多方的力量——构筑社会支持系统 / 167
　　4. 从容淡定的态度——豁达深邃的情怀 / 171

三、陶冶艺术的情操 / 175
　　1. 沁人心脾的声音——富有人格魅力的情调 / 175
　　2. 培养阅读好习惯——点亮人生成功之路 / 179
　　3. 走近艺术天地——审美情趣的修炼 / 183
　　4. 机智"段子手"——智慧闪现的幽默感 / 187

四、提升人文的情怀 / 191
　　1. 掀开"我"的面纱——追求高层次的快乐 / 192
　　2. 谁弄翻了友谊小船？——人际关系高手的亮招 / 196
　　3. 相信自我的价值——为成功喝彩 / 201
　　4. 成功路上无捷径——有志者，事竟成 / 204

五、唤起职业的激情 / 208
　　1. 亮出教师的身份——职业生涯的探索 / 209
　　2. 与众不同的我——发掘自身潜能 / 213
　　3. 面对职业耗竭——重定目标再出发 / 217
　　4. 时间管理的策略——提高工作的实效性 / 222
　　5. 爱拼才会赢——把握机遇求发展 / 227

后记 / 233
主要参考书目 / 235

第一章　情商理论阅读篇
——情商比智商更重要

古人云："经师易得，人师难求。"丹尼尔·戈尔曼说："使一个人成功的要素中，智商作用只占20%，而情商作用却占80%。"教师开展工作的对象是学生，所以在本书开篇之际，我们试图以通俗易懂的理论来介绍情商的概念，梳理教师情商大致应该包含的元素，带领读者探寻情商的奥秘。当然，由于情商理论本身仍在不断发展中，所以这里的"理论应对"主要体现其应用性，希望教师们能够运用高情商开启学生心智之大门。

一、情商和教师情商的重要性

当我们在社会生活中越来越多地听到"情商"（EQ）这个语词的时候，它的概念到底是什么？情商（EQ）又称情绪智力，它的概念没有大到包罗万象，但也不仅仅局限于情绪、情感等品质。本部分试图以案例的形式言简意赅地生动解读情商和教师情商的重要性。

1. 体现教师情商的课堂——了解情商理论

【名言警句】

有勇气改变可以改变的，有度量接受不可以改变的，有智慧分辨二者的不同。

——（美国）尼布尔

【案例实录】

班主任李晶（化名）是一位非常严厉的数学教师。开学第一节数学课上就发生了小插曲：张玲玲（化名）同学迟到了，慌慌张张地进教室，而且没有带数学书。李晶老师生气地责问张玲玲："我之前重申的上课纪律，你不记得了？这是新学期的第一节课，你不仅迟到，还没带书来学校？班级的规范怎么建立和执行？"张玲玲小声嘀咕了一句："哎呀，我今天出门迟了，慌乱中忘记带书了。""你还敢回嘴！给我站到教室后面去，面壁思过！"李老师嗓门比较大，感觉像是对着小张同学吼叫。该同学只好走到教室后墙处站了一节课。李老师一眼扫过去，小程同学染了黄头发，她又把他狠狠地批了一通："中学生不可以染头发，我强调了多少次，你不知道吗？你这样子还像不像一个学生？"小程同学回了一句："我不是学生，我是什么？难道你是学生？"李老师虽然被气得脸通红，但忍住了没有发作。她喊车婷同学（化名）站起来回答问题，结果该同学支支吾吾，这时李老师彻底忍不住了："这么简单的问题，你都回答不出来，我看你就不是学数学的料！""唉，你们这个班可真是难教呀！"第二天，学校收到了几位家长写来的投诉信，这些信都是投诉李老师的。被学校分管教学的副校长批评后，李老师的心情很糟糕："我是不是情商太低啊？"

针对这个案例，我们可以提出一个问题：什么是情商？

【理论应对】

什么是情商？为什么情商如此重要？1990年，耶鲁大学的彼得·萨洛维和新罕布什尔大学的约翰·梅耶首次提出了"情绪智力"的概念，将其定义为：能监控和区分自我和他人的感受和情绪，并善用得到的信息指导自己的思维和行动的能力。

1995年，哈佛大学心理学博士丹尼尔·戈尔曼撰写了《情商》一书，提出了"情商为重"的教育理念。戈尔曼的情商理论模型包含以下五种基本的情感和社交能力。

（1）自我意识：了解自己当前的感受，根据当前的感受做出恰当选择；对自我能力有客观的评价，抱有根基牢固的自信心。

（2）自我调节能力：控制好自己的情绪，使情绪不至于干扰手头的工作，反而能促进工作的完成；有责任感，为实现目标可以将个人愿望搁置一旁，能够从低落情绪中振作起来。

（3）成就驱动力：善于运用自己内心深处的倾向或愿望推动并引导自我实现目标，采取主动，努力进步。强烈的成就驱动力也有助于我们面对挫折时锲而不舍。

（4）同理心：能觉察他人的感受，能够从他人角度看问题，能够与各种各样的人建立和谐的人际关系，和睦共处。

（5）社交能力：能很好地处理人际关系中涉及的情感问题，能准确地认清社交时的形势和人际网络关系；与人打交道时左右逢源；为公司和团队运用自己的社交技能开展说服、领导、谈判、处理纠纷等事务。

2011年，以色列心理学家鲁文·巴昂（Reuven Bar-On）与美国多维健康系统公司（Multi-Health Systems Inc.，MHS公司）的专家史蒂文·斯坦（Steven J. Stein），历经15年的研究，提出情商模型，该模型包括6个维度、16种心理能力：自我知觉维度（自我认识、自我尊重、自我实现），自我表达维度（情感表达、自立、自信），人际维度（人际关系、同理心、社会责任感），决策能力维度（现实判断、问题解决、冲动控制），压力管理维度（灵活性、压力承受、乐观），整体幸福感（快乐）。

MHS公司用以上情商维度对上千名教师进行情商测试，发现教师的工作效果与情商有直接关联。进一步研究表明，高情商的教师主要在乐观、问题解决、自我实现、压力承受及快乐等能力方面有突出的表现。由此可见，由于教师工作的特殊性，成功的教与学依赖教师与学生建立的亲密关系，依赖能够使情感理解得以实现的教学条件。教师情商的重要性在于，它能够促进对情感更准确的理解，从而建立一种信任关系，促进学生的有效学习。

本书中有关教师情商的内容主要包含以上16种能力，与我们长期深耕的学校教育相结合，以教师们亲身体验和理解的高情商之能力和素养为例，并且与当下呼唤的积极心理学在学校教育中的运用相契合。

2. 听着"巴赫"去慢跑——情商的前世今生

【名言警句】

　　快乐是一种发自内心的情感，是一种清澈明确的内心感受。这种感受，会使你发现你有能力超越自己，创出意想不到的伟业。

　　　　　　　　　　　　　　　　　　　　——（美国）马克斯威尔·马尔兹

【案例实录】

　　马钧（化名）老师是一个"85 后"的帅小伙，"985 大学"中文系毕业，在高中担任语文教师及高一（3）班的班主任。他深得学生喜欢，他们亲切地称他为"小马哥"。小马哥不仅语文教得好，而且多才多艺，特别是他在音乐领域有着特别的爱好。"互联网+"时代，各校均借助于网络实施线上、线下教学互补，小马哥除了直播辅导学生语文外，每天早上会给学生听"巴赫"的乐曲，还在"云端"开设了一门叫《听着"巴赫"去慢跑》的趣味课程，"吸粉"无数。学生们因为有小马哥的音乐相伴，原本枯燥乏味的日子变得温暖而美好，学习也变得更有动力和激情。

　　请问马老师具备哪些多元智能？多元智能与情商之间有什么关联？

【理论应对】

　　1983 年，美国哈佛大学心理学家霍华德·加德纳提出了人有"多元智能"的观点，开启了情商学说的先河。这种理论认为，从基本结构来讲，智能不是一种能力，而是一组能力；也就是说，智能不是单一的，而是多元的。加德纳把智能类型划分为与特定的认知领域或知识范畴相联系的八种智能，它们分别是语言智能、逻辑—数学智能、空间智能、身体—运动智能、音乐智能、内省智能、人际关系智能、自然智能。尽管在这八种智能中，我们能够看出，内省智能和人际关系智能与情绪有直接的关联。但音乐也具有平复、调节情绪的作用，这一点在日常生活中不胜枚举。我国音乐家冼星海说："音乐，是人生最大的快乐；音乐，是生活中的一股清流；音乐，是陶冶性情的熔炉。"

1990年，耶鲁大学的彼得·萨洛维和新罕布什尔大学的约翰·梅耶首创"情绪智力"一词。1995年，美国哈佛大学教授丹尼尔·戈尔曼出版《情商》一书，将情商推向高潮。EQ在美国掀起轩然大波，并逐渐风靡全世界。大量事实证明，情商是一个人获得成功的关键，而高情商者可以充分发挥潜能、有效调节情绪，可以与周围的人和环境保持良好的亲近度，因此会获得更多的机遇，从而实现自己的梦想。

加德纳智能理论的关键词是"多元"，它打破了智商作为单一的、不可改变的智能因素的标准概念。不过在加德纳的多元智能理论中，有一种人际关系智能虽然被广泛提起，但加德纳对它的研究少之又少。其中的原因也许在于他的研究背景主要是心理的认知科学模式，因此他对智能的理解偏重于认知，即理解自身及他人的动机和工作习惯，并以此指导生活以及与他人的相处。戈尔曼的情商理论补充了加德纳关于人际关系智能的观点。当然加德纳的多元智能理论还在不断发展。

案例中的马老师不仅拥有很高的语文学科教学能力，还拥有音乐智能，并且能够将其很好地运用于班级管理。在新的时代背景下，我们呼唤教师具备多学科的复合能力及多元智能，所以我们可以说，马老师是一位具有高情商的青年教师。

3. 灵活应对尴尬困境——了解综合软技能

【名言警句】

你所遇到的每一个挫折，都会伴随着一粒同等或更大收益的种子。认识并相信这种说法，把过去所有失败的情况全部关在心门之外，这样头脑才能够积极运转起来。每个问题都一定会有解决的方法，你只需要找到它！

——（美国）拿破仑·希尔

【案例实录】

沈佳娜（化名）是一位新入职的青年女教师，工作第一年处于见习教师期，学校安排她做班主任，并为她配备了一位资深班主任颜老师带教。有一天广播操期间，班上一名男生懒散无力，沈佳娜老师让他留在操场上重做，该男生却理直气壮地说："老师，你这是当众羞辱并体罚我，羞辱和体罚只能证明你的无能！"说完，他还朝沈老师眨眨眼。年轻的沈老师愣在那里不知道接下来该怎么办。幸亏颜老师听到，她走过来略带调侃地说："沈老师看你广播操没做好，就陪你一起锻炼。你怎么连体罚和锻炼的概念都分不清呢？看来你不但体育不好，语文也有待加强呀！"寥寥数语，化解了沈老师当时的困境。

请问颜老师是以哪种情商技能化解了年轻教师的尴尬呢？

【理论应对】

巴昂和斯坦于2011年提出的新的情商模型中就涉及灵活性这一能力。所谓灵活性是指，人们在应对不熟悉、无法预知和不断变化的环境时，需要调整自己的情绪、观点和行为的全部能力。

美国情商研究专家修斯和特勒尔将灵活性强的人比作柳树。在狂风大作的天气中，其他树的树枝或许会被刮掉，而柳树枝却能在坚固树干的支撑下，随风摇摆而不被折断，显示出非常强的韧性。

我们生活在日新月异的世界和变化万千的时代中，每天都有数不清的变化发生在我们身边。我们能否敏锐地觉察到，并且做出适时和恰当的反应，将决定我们能否适应所处的环境，能否将工作和生活调整到最佳状态。所以灵活性是一项非常重要的情商能力，属于"综合软技能"的范畴。

情商中的"综合软技能"包括如下一些能力：

——与他人融洽相处；

——有效地领导团队；

——促进他人的进步和管理他人；

——自我成长；

——人际交往能力强；

——尽可能有效地运用认知（思考）；

——面对困难时，依然保持活力；

——积极处理批评和困境；

——危机中保持冷静；

——做决定时，能理解和接受他人的有效观点。

案例中的颜老师能够快速地应对学生的话语，及时化解小沈老师的困窘，是其具有高情商的表现。这里的高情商主要表现在面对突发情况时，开拓自己的思维，积极处理批评和困境，保持冷静，同时机智地回应学生。她身体力行地给小沈老师上了一课：在新的、复杂的教育和教学形势下，如何以灵活的思维，不僵化地处理与学生间的冲突。

4. 控制负面情绪和冲动——情商的五种情感能力

【名言警句】

成功的秘诀就在于懂得怎样控制痛苦与快乐这股力量，而不为这股力量所反制。如果你能做到这点，就能掌握住自己的人生，反之，你的人生就无法掌握。

——（美国）安东尼·罗宾斯

【案例实录】

针对学生日益增多的手机依赖现象，某学校出台了关于学生在校园内使用手机的相关规定。总务处还为每个班级配备了"养机场"（手机收纳箱）。每名同学早上到校后需要将手机关机并放入收纳箱，全体同学的手机放好后，班长将箱子上锁并把钥匙交给班主任，放学时班长再到班主任处领钥匙，并取出手机发还给同学，以便他们在放学路上使用。冯强（化名）是一位青年班主任，在周一班会课时再次强调手机的使用规定，突然他发现小张同学埋头在桌下，还情不自禁地发出笑声（原来他沉浸在游戏中）。冯老师一个箭步冲到小张同学面前，一把夺过手机，并立马把手机从窗户扔了出去。因为教室在三楼，所以扔下去的手机自然摔得粉碎。下课后，小张同学和老师吵得不可开交，班长到学生处报告，学生处主任前来拉架，场面十分难堪。

请问如何将负面情绪和冲动控制在可控范围内呢？

【理论应对】

教师的职业需要并要求教师个体能够对情感进行自我管理——不能极端地表现情感。通常情感的微小失控也会造成极具破坏性的结果。对冲动的控制是自我管理的关键。

这其中我们需要了解人体大脑中的神经警报系统。杏仁核担任着行动中枢的角色，在冲动的情感压倒理智时会起到关键作用。当人们接收到输入的感觉信号后，杏仁核会扫描每一种应对烦恼的经验。杏仁核在心理活动中具有非常重要的地位，类似于心理哨兵，为我们提供神经警报。一旦收到警报消息（比如恐惧），杏仁核就会向大脑各主要部分发出紧急信息，促使身体分泌"战斗或逃跑"的激素，然后运动神经中枢便会激活心血管系统、肌肉和内脏器官。

对情感的自我管理在教师的专业成长和职业生涯中起着重要作用。

自我控制，即控制冲动或负面情绪，取决于情感中枢与大脑前额叶的配合运作，它是情商的五种情感能力的核心。以下即这五种情感能力。

自制力：能有效地控制负面的情绪和冲动。

诚信：表现出诚实和正直的品格。

责任心：完成任务时尽职尽责，可信赖，值得托付。

适应力：能灵活机动地应对变化和挑战。

创新力：愿意接受新观点、新方法和新信息。

特别值得一提的是自制力，人们一旦具备这种能力，就不但善于处理冲动的情绪和沮丧的感觉，而且在处理负面情绪时，能够保持冷静、积极和从容不迫，同时在压力下仍旧思路清晰，注意力集中。

如果案例中的冯老师在处理学生手机问题时多一些自制力方面的情商，比如，他能够冷静几秒，或者借询问小张同学的同桌之际，转移一下话题（如"请问小李同学，今天小张是不是家里有急事，非要用手机不可？"），或许就可以避免出现扔手机等冲动行为及由此导致的与学生的争执。

5. 蔑视眼神的伤害——教师的情绪管理

【名言警句】

舒展眉心，带着闪亮的眼睛，挺胸收腹，用关键的词语传达真诚的称赞。这种坚持不懈的努力一定会得到回报，使你走出阴霾和压抑，迎接真正的快乐和仁慈。

——（美国）詹姆斯

【案例实录】

正值高中毕业20周年聚会，同学们从各地赶来，说起中学时代的各种趣事。小李同学如今是一家互联网公司的大数据总管，同学们嬉笑他当初高考数学150分的卷子只考了75分，连及格线90分都没考到，如今却天天与大数据打交道。谁料到小李吐露了一个珍藏至今的秘密："当初班主任朱老师是'势利眼'，他认为自己阅人无数，教过那么多优秀的学生，吹嘘自己一眼就能看出学生是不是学数学的料。轮到我把数学作业交给他，他瞟了我一眼，流露出蔑视的眼神，从此我打心底里不喜欢这位教数学的班主任，数学也就越学越糟糕。"小李同学顿了顿说："到了大学，没想到还要学高等数学，这时我遇到一位数学老师，他每次上课都会提问我，还常常让我到黑板上做题目。他不仅会表扬我做对了，还会启发我思考更多的解题方法。你们根本没想到吧，我这个中学里的数学'菜鸟'，到了大学却变身'凤凰'了，哈哈！"小李同学与中学教师之间的"过结"虽然不具典型性，但的确有时候教师的一个眼神、一个表情便会深刻地影响学生的成长。

请问你了解教师情感管理的重要性吗？

【理论应对】

与课堂上教师的愤怒情绪相比，蔑视更具杀伤力。因为与愤怒不同，蔑视意指对方在你的眼中价值不大或者毫无价值，无须认真对待。蔑视对改变学生行为或者促进学习无济于事，相反，它会极大地破坏学生的自我价值感，这通常是排斥社会交往的前奏，而且具有极大的传染性。蔑视的面部表情通常和表示厌恶的表情相似。我们都能回忆起这种情况——若一位教师在课堂上嘲笑一个特殊的学生，那么课间休息或放学后，同学们都会继续嘲笑他。蔑视的行为中完全没有尊重和关怀，它会立即摧毁学生和教师之间的关系。

就像案例中的小李同学那样，原来他在高中时代那么不喜欢数学，就是因为班主任的一个蔑视眼神。所以说，当教师负面的、具有破坏性的情绪侵入课堂时，学生会感受到高度的威胁，心理处在严重的不安之中，导致学习变成一件很痛苦的事，课堂中的高阶思维活动便无法实现。

那么教师的情绪该如何管理？情绪管理通常有三个层次。

第一个层次是无意识的压抑。我们经常认为有些情绪是不适合的，是不可以表达的，于是就自动地压抑它。如果说无意识的压抑伤害自己较多，那么无意识的发泄明显伤害别人多一些。

第二个层次是有意识的宣泄与表达。对情绪的敏感觉察最大的益处在于我们知道自己有情绪，也知道自己这样说、这样做有发泄情绪的因素存在，然后我们就可以通过理性认知等方法及时调节，情绪也就变得可控。这也是很多擅长沟通的人经常性的做法，他们会主动承认自己刚才有点情绪，当他们这么表达时，一般换来的都是对方的理解与真诚，这也让沟通有了转机。

第三个层次是有意识的觉察与成长，目的是放下、接纳和爱。在觉察情绪过程中的心理感受、身体反应，可以让我们对自己更了解、对身体更敏感，可以提高直觉能力，让我们更容易与自己、他人和自然进行联结。在觉察的同时，我们可以深入分析自己的行为模式，分析自己在成长过程中的未满足的欲望与期待，然后通过"接纳""原谅""转变"等方式进行选择或者放下，最终获得成长。

其实，每次情绪的产生都是我们成长的机会。课堂中的教师需要敏锐地觉察到自己的情绪可能给学生带来的影响。对情绪进行自我管理在教育和教学中显得尤为重要。

案例中的朱老师如果能够单独约小李同学去办公室，与他好好探讨怎么才能学好数学，眼神里包含期待和支持的关怀，那么小李的内心一定会感到温暖，也会想方设法地努力学好数学。

6. 懂心理，善沟通——教师的课堂魅力

【名言警句】

一个好教师意味着什么？首先意味着他是这样的人，他热爱孩子，感到跟孩子交往是一种乐趣，相信每个孩子都能成为一个好人，善于跟他们交朋友，关心孩子的快乐和悲伤，了解孩子的心灵，时刻都不忘记自己也曾是个孩子。

——（苏联）苏霍姆林斯基

【案例实录】

钟丽萍（化名）是一位"90后"初中语文教师，同时担任班主任。她不仅年轻漂亮，还发自内心地喜欢、热爱教师职业。人们常说初中生最难教，因为他们正处在青春叛逆期，喜欢挑战权威，故意让教师难堪，以博取同学们的哄堂大笑。当别的教师多有抱怨之时，钟老师一方面动脑筋研究学生的心理特征，自费考取心理咨询师、生涯规划师等证书，另一方面主动了解学生，摸清孩子们关心的话题、嘴边常说的流行词汇。在课堂上，当她讲解冰心的散文时，有同学提出想要了解贾平凹的散文，钟老师立马滔滔不绝地说起《丑石》等贾平凹的著名散文，使同学们由衷地钦佩钟老师。同学们因为喜欢钟老师，进而喜欢语文课，他们班的语文成绩在年级中遥遥领先。

请问钟老师的教学秘诀何在？

【理论应对】

戈尔曼在《情绪智力》一书中提到，人的情绪智力由五个方面构成：自我觉察能力、情绪管理能力、自我激励能力、共情的能力、人际关系能力。其中人际关系能力指的是能够调控他人情绪的能力。高情商者对他人的感受和情绪比较敏感，能赞赏别人的观点，除了能清晰地表达自己的感受外，他们还能很好地传达别人的意见和化解严重的分歧，这也就是通常所说的具有较强的社交技能。

人际关系的一个重要特点是具有情感基础。如果交往能够满足情感需求，实现良好沟通，那么它才是助力一个人发展和成功的基石。所以高情商的人懂心理，善于交流与沟通，使别人跟他（她）在一起时感觉很舒服。

教师的人际关系对象主要是学生，教师耕耘的田园主要是课堂。课堂是彰显教师职业生命力的地方，教师在课堂中传道、授业、解惑，与学生一同成长。构建良性的教学生态系统需要情商的修炼。教师自己要不断学习，才能促进学生的学习；教师要满腔热忱地投入工作，由衷地相信每一个学生都具有无限的潜能；教师要与家长建立和谐的家校合作关系，共同助力孩子的成长；教师要以期许的目光、积极的语言，鼓励孩子发言，营造民主、正向、活跃的课堂氛围，引导孩子成长，让每一名学生都能够从内心深处感受到师爱。

教师要以自己的积极情绪和人格魅力引导学生形成乐观的心态，并且对未来充满希望，对美好的事物心怀感激，对自己的感觉和言行负责，对人真诚，培养学生成为坚强、宽容、人际关系和谐、富有创造力的大写的"人"。

教师要有广博的知识以应对青春期学生的各种挑战，回应学生提出的各种问题，满足他们的好奇心和求知欲，在工作成就感中体验教师职业的价值和意义。

案例中的钟老师不断提升自我（比如参加各种培训和学习），学习和了解当代学生的特点，深入孩子们的心灵世界；另外，因为她年轻，充满激情和活力，所以她和孩子们具有共同的话语体系，能够达到有效沟通中的同频共振，进而促进学生的学习和发展。

二、了解自我和管理情绪

"认识你自己",是苏格拉底的名言。终其一生,人们都在不断地探索和认识自己,所以认识自己是一个谜一样的话题,包括太多的内容。从情商的角度而言,认识自身的情绪,管理好自己的情绪,才能成为自我生活的主宰。

1. 扬长避短,认清自己——天生我材必有用

【名言警句】

使自己的强项得到巧妙发挥,因而始终能克服障碍,达到所期望的目的。

——(美国)爱迪生

【案例实录】

何福贵(化名)老师是国内某著名大学数学系毕业的高才生,比较内向,非常腼腆,一讲话便脸红。尽管讲课思路比较清晰,解题能力也很强,但他不善于班级纪律管理,很少批评学生,也不采取强硬举措要求学生递交作业等,导致班级学生屡次数学考试排名年级倒数,家长和班主任多有微词,他既着急又难过,却改变不了自己的个性。每到安排教学任务时,许多班主任纷纷表示不愿意和他搭班。几年下来,他的自信心严重受损,平时独来独往,少言寡语。后来,何老师主动找校长沟通,也谈到了自己的职业困扰,向校长表达了自己做事认真踏实、动手能力强的特点,并愿意主动担任学校新建的智慧教室的管理人员。校长安排他任教AI[1]机器人、3D[2]打印等研究型课程,并且表示学校可以派他外出学习。因为何老师拥有非常扎实的数学功底,所以他一学就会,把智慧教室管理得井井有条。教师上完展示课后,他还会对

---

[1] 英文全称为 Artificial Intelligence,一般指人工智能。

[2] 英文全称为 Three Dimensional,一般指三维。3D 打印指三维打印。

视频进行剪辑，经他后期加工制作的教学视频，深得大家的赞誉。至此，他找到了自己在学校里的存在感，逐渐变得开朗、自信、乐观。

请问怎样才能正视和接纳自己的不足？

【理论应对】

苏格拉底的"认识你自己"，揭示了情绪智力的基石——意识到自身情绪的发生。人们常常使用"自我意识"一词，表示对某个事物的真实感受。约翰·梅耶把自我意识概括为："同时意识到自身的情绪以及自身对该情绪的想法。"如果人们对情绪有清晰的认识，那么这将有助于其个人特质的发展。

只有正视自己的缺点，才能真正地认识自己。"金无足赤，人无完人"，没有一个人是完美无瑕的。自然界中有一种补偿原则：当你在某方面很有优势时，你在另一方面可能存在弱项；而当你在某方面有缺点时，或许你在另一方面拥有优点。如果想要出类拔萃，你就必须腾出时间和精力磨砺自己的强项。

自我认识的途径主要有：通过自我觉察认识自己、通过他人了解自己、通过集体了解自己。

（1）通过自我觉察认识自己。教师可以有意识地通过正念、冥想、写日记等方式记录自己的内心活动，描绘自己的情绪、情感体验，评价自己的个性特征和行为表现等。自我觉察和分析（即内观）也可以通过与他人的比较获得，特别是与同伴的比较，从而加深对自身特点的认识和了解。

（2）通过他人了解自己。他人的评价是每一个个体认识自我的一面镜子，有助于我们形成更为客观、完整、清晰的认知。当然也不能过度在乎他人的评价，否则一遇到喜欢讨好卖乖之人，我们就比较容易自我膨胀，一遇到尖酸刻薄之人，就容易垂头丧气。用理性的心态面对他人的评价是一个人走向成熟的表现。通过所任教班级的班主任，何老师了解到学生觉得他不够威严，比较好说话，所以常常把他布置的数学作业放在最后，一旦其他学科的作业多了，他们就马虎地做数学作业，甚至不做。

（3）通过集体了解自己。这主要是通过自己在学校、教研组、年级组中的位置和作用，以及在公共生活中的举止表现和社会适应能力来认识自己。每次考试结束后，学校都会召开教学质量分析会，何老师可以了解到自己所任教班级的成绩排名、班级均分排名等，这些排名每次都非常难看，甚至连与他搭班的班主任都会直白地责怪他。

哈佛大学的斯蒂芬·杰·古尔德说："人不可能没有弱点，一个伟大的人善于发现优点，缩小缺点，失败的人往往因为自身的弱点而败了一生。"当何老师逐渐清晰地认识到自己不适合任教数学学科，更擅长作为一名服务人员，为教师、学生提供出色的服务时，他的脸上重新绽放出笑容。

"认识你自己"，是智慧的一种表现。高情商的人，在漫漫的人生旅途中，能找到自己的强项与优势，从而找到通往成功的大门。

2."激情奴隶"的苦果——简析愤怒情绪

【名言警句】

能控制好自己情绪的人，比能拿下一座城池的将军更伟大。

——（法国）拿破仑

【案例实录】

"95后"幼儿园教师余婷婷（化名）从小被父母娇生惯养，有点"公主病"。她在寒假到香港旅游，在从香港回上海的飞机上，她坐的是商务舱。因为空姐在忙着照顾其他客人，所以她口渴了要喝饮料时，喊了几次空姐，空姐都没有过来。她责怪空姐的服务不到位，双方发生了一些口角和争执，导致婷婷勃然大怒："空姐不就是为乘客服务的吗？我付了商务舱的钱，就应该享受到优质的服务，凭什么让我等呀？"正当婷婷越骂越起劲儿的时候，有乘客用手机录了视频，她自己却全然不知，还在叫嚣："哼，你们空姐有什么了不起的？不就是伺候人的工作！哪像我们幼儿园老师，不开心了还可以拿小朋友出出气……"在自媒体时代，这段视频很快被传到网上，并且传到了区教育局办公室。不少网民纷纷追问："你们区的幼儿园教师居然是这样的师德？"教育局办公室负责人经追查，立马找到了余婷婷所在的幼儿园。该事件在网上持续发酵，最后幼儿园给予余婷婷停职检查的处罚。

请问婷婷老师是怎样沦为"激情奴隶"的？让我们来解析一下愤怒的情绪。

【理论应对】

人脑的构造决定了我们很难预知自己在什么时候会情绪失控，也无法预知这种情绪是什么。愤怒的类型多种多样，大脑中的杏仁核可能是瞬间点燃怒火的主要火种源；而新皮层，即神经回路的另一端，则可能负责激发精心策划的愤怒（比如，头脑冷静的报复行为，或者对不公平、不公正现象的义愤）。

在人们希望逃避的所有情绪中，愤怒似乎是最难妥协的。泰斯发现，愤怒是最有诱惑性的消极情绪。自以为是的内心独白在一旁煽风点火，使发泄怒火获得了最令人信服的理由。

美国亚拉巴马大学心理学家道尔夫·兹尔曼进行了一系列漫长而细致的研究和实验，对愤怒和暴怒的模式进行了精确的测量和剖析。他认为，愤怒的起因通常是感到有危险，这种危险不仅表现为直接的人身威胁，更常见的情况是自尊或尊严受到象征性威胁，比如被不公正或粗鲁地对待（案例中的余老师感觉自己被不公正地对待了）。个体对危险的知觉起到边缘系统触发器的作用，边缘系统的激发会对人脑产生双重效应：一是释放出儿茶酚胺，使能量得到爆发性的迅速提升；一是由杏仁核激发的涌动传递至神经系统促肾上腺皮质的分支，为行动准备创造振奋精神的整体背景，使情绪脑为唤起做好特殊准备，并为随后的迅速反应奠定基础。一般来说，促肾上腺皮质唤起所导致的"一触即发"的状况，可以解释人们在已经被其他事物刺激或恼怒的情况下很容易愤怒的原因。这样的"一触即发"导致婷婷老师祸从口出，并给自己带来了处罚。

正如亚里士多德所说，我们需要的是恰当的情绪，以及对环境恰如其分的感知。事实上，如果能够很好地控制困扰我们的情绪，那么我们既能够保持情绪健康，又能够体现自身的高情商之处。教师的职业特点需要稳定的情绪以应对突发事件；另外，在公众场合下，教师还需要谨言慎行以体现职业素养。

3. 情感冲动酿苦果——激情的生物学基础

【名言警句】

婚姻并非如罗曼蒂克的人们所想象的那样，而是一种本能上的制度，且其成功的条件不独要有肉体的吸引力，还要有意志、耐心、相互的接受和容忍。

——（法国）莫罗阿

【案例实录】

万慈昕（化名）是一位语文教师，气质优雅，有丈夫，还有一个可爱的女儿。丈夫性格比较内向，平日里言语不多，而且常常出差，导致家里的大事小事几乎都需要她操持。女儿从小跟帅气、有才华的付老师学弹钢琴。女儿聪慧好学，在付老师的频频夸奖下进步很快，目前已经考到钢琴业余十级。每当女儿练琴时，万老师都会在一旁陪伴，渐渐地，她不仅被美妙的琴声吸引，还被付老师的才气吸引……最终她和付老师被激情冲昏了头脑，双双坠入爱河。万老师的丈夫得知妻子"红杏出墙"后，气急败坏，不仅到钢琴老师家大砸一通，还到妻子的学校找校领导理论，揭露妻子的出轨行为。原本一个幸福的家庭闹得鸡犬不宁。爱面子的万老师觉得在原来的单位待不下去，主动提出调至一所偏远的乡村学校任教。因为房产分割等经济原因，夫妻二人虽然没有离异，但婚姻已然支离破碎。经过此事后，万老师心力交瘁，再也不复原来的精气神。

请问当激情压倒理智时，你知道背后的生理机制吗？

【理论应对】

情绪引发的生物学特征显示，每一种情绪均扮演独特的角色。根据《牛津英语词典》的解释，情绪是"心理、感受、激情的激动或骚动，任何激烈或兴奋的精神状态"。情绪的微妙状态大大超越人类语言能够形容的范围。激情压倒理智的现象在日常生活中时有发生，这与人类固有的本性有关。缓慢而精妙的生物进化力量塑造了人类情绪，尽管人类文明迅速发展，但人类情绪的生物机制几乎没有任何改变。

所有的情绪在本质上都是某种行动的驱动力。比如，人在坠入爱河时，会唤起温柔的感觉和性满足，还会唤起副交感神经。副交感神经会使身体处于平静和满足的状态。实际上，人类拥有两种心理行为：一种是情绪心理的行为，另一种是理性心理的行为；一种用来思考，一种用来感觉。在大部分情况下，这两种心理能够和谐共处，它们以不同的认知方式相辅相成，共同构建我们的心理生活，为人类在世界上生存提供指引。

情绪心理和理性心理通常处于某种平衡状况，情绪袭来时，便要求理性心理采取行动。不过，一旦像案例中的万老师那样，激情超过平衡的临界点，情绪心理就会占上风，压倒理性行为，导致其陷入情感的困扰。一方面，她与丈夫的亲密关系存在瑕疵；另一方面，她渴求有人懂她，理解她的处境，并助她一臂之力。而丈夫的角色缺位，最终导致悲剧发生。如果万老师在觉察到自身情绪的微妙变化时，能够及时向丈夫倾诉，或者尽量避免接送女儿练琴，适当疏远付老师，那么相信他们的平静生活不会被扰乱。

4. 疗愈丧亲之痛楚——创伤后的心理复原

【名言警句】

不因幸运而故步自封，不因厄运而一蹶不振。真正的强者，善于从顺境中找到阴影，从逆境中找到光亮，时时校准自己前进的目标。

——（挪威）易卜生

【案例实录】

秦晴（化名）老师30多岁，在一所初中教语文。她有一个可爱的儿子，丈夫是一家IT[1]公司的总经理，拥有一个非常和睦的三口之家。只是由于行业竞争激烈，她的丈夫常常加班，生活作息没有规律。有一天，秦老师在教室里上课，突然接到电话，得知丈夫晕倒在办公室里，同事已经第一时间将其送往附近的医院，希望她能尽快赶过去。当她急匆匆地赶到时，急诊科医生告诉她一个噩耗：尽管他们已经尽最大努力抢救，但她的丈夫还是因为突发心源性心脏病，遽然离世。突如其来的丧夫之痛，使秦老师整个人处于创伤性应激障碍中无法自拔。学校心理教师李媛槐（化名）是秦老师的好朋友，在这段艰难的日子里，李老师一直给予秦老师哀伤辅导、心理援助、情绪安抚，还帮助她照顾儿子……慢慢地，秦老师一步步走出丧失亲人的痛楚，回归校园为学生们上课，生活也在时间的流逝中恢复常态。

李老师说这叫作创伤后的心理复原，请问你了解创伤后的心理复原吗？

【理论应对】

世事难料，谁也不知道灾难和不幸是否会在下一秒发生。一个人在一生中有时避免不了遇到重大的挫折，除了珍惜现有的幸福和避免高风险的行为，我们也应该了解心理创伤的各种陷阱和恢复方法。这也是当人们面临厄运和逆境时情商高低的表现。

关于创伤后的心理复原理论很多，这里着重介绍心理学家马丁·塞利格曼的"3P"理论。塞利格曼说，要克服悲伤情绪，就必须越过心理创伤中的三个陷阱：自责（personalization）、永久化（permanence）、普遍化（pervasiveness）。

（1）自责：当不幸的意外发生时，人们总是倾向于将原因归结于自己，也就是处于自责状态。他们认为自己如果提前做了某种努力就能避免悲剧的

---

[1] 英文全称为 Internet Technology，一般指互联网技术。

发生。可事实是，很多意外是无法预测和避免的。当然这种自责也因悲伤造成的情绪化，大幅降低理性能力，让人无法自拔。

（2）永久化：遭遇不幸的人，认为不幸和负面情绪会持续一辈子。他们不知道该如何摆脱，甚至没意识到这种情绪是有问题的。他们被情绪绑架而不自知，常常只能用压抑关闭想法，用隔离关闭感受。

（3）普遍化：当遇到巨大的不幸时，人们可能认为不幸会影响自己生活的方方面面。他们给自己贴上各种负面标签，全面怀疑自己的能力，否定自我的价值，甚至怀疑人生。于是，他们做事越发畏首畏尾、毫无自信，生活没有动力，没有活力。但越是陷入这种消极状态，越容易出错，也越不幸，就更加确认对自己的负面评价，进入恶性循环。

创伤后心理复原和成长的本质是转移注意力和赋予使命感。人的注意力是有限的，如果能够转移到自己和家庭的长远目标上，那么分配给悲伤情绪的注意力就少了很多。而使命感会带来更多的正能量，也能加速消解悲伤。

秦老师在失去丈夫后，同时面对丧夫之痛、工作停滞、孩子的无助和倍增的心理压力，她觉得日子根本没法过了，陷入对自己的严重怀疑之中。在李老师的心理援助下，慢慢地，她调整了自己的认知：虽然失去了丈夫，但其他并没有失去，一切生活的混乱都是失去丈夫这件事的延续影响。要认识到自己的优势、挖掘亲人资源、考虑孩子的需求……不幸发生后，不要刻意回避，要正视负面情绪，把情绪用文字记录下来，掌控情绪，走出悲伤。同时，她在李老师的帮助下唤醒了自己的"控制感"。实际就是，生活只是部分失控，还有很大部分是可控的，只要将丧夫之痛扛过去，其他都能慢慢恢复正常。这样，她就增强了对现实生活和未来掌控力的信心，逐步走出了长久悲伤的境地。

5. 播撒爱的雨露——教师的人格魅力

【名言警句】

我的孩子从清晨到深夜每分钟都得在我的额上注视，我的心和他们的心是黏合的,他们的幸福是我的幸福,他们的欢乐是我的欢乐。我的手牵着他们的手,我的眼睛注视着他们的眼睛。我随着他们流泪而流泪,我随着他们微笑而微笑。

——(瑞士)裴斯泰洛齐

【案例实录】

小林同学是一个单亲家庭的孩子,妈妈在外地工作,她平日住在学校寝室,周末回家。有时妈妈工作忙不回上海,小林同学便只能留宿学校寝室,形单影只地在空旷的校园里对着花草落泪。班主任郝老师是一位知性而有爱心的老师,任教语文学科。面对小林的境况,郝老师看在眼里,疼在心头。郝老师常常在双休日邀请小林同学到家里做客,为她做好吃的。临近毕业,小林妈妈在外地不能带她拍证件照。看到小林伤心叹气,郝老师安慰她:"我带你去拍,拍得美美的,留下最美好的青春形象!"用心的郝老师果真找了一家专门拍摄时尚证件照的摄影社,看到照片上定格的学生靓照,郝老师特别开心。她不仅关爱小林同学,对其他学生也给予无微不至的关怀。她笑起来眼睛眯成一条缝,可是在同学们的眼里,郝老师是最有魅力的教师之一。从郝老师这里,学生们体验到了爱和幸福的感觉。

【理论应对】

积极心理学强调人在成长过程中积极关系的建立。学生在学校期间如果能够建立起安全稳定的师生关系和同学关系,那么这将对他们的健康成长非常有价值。教师在这个过程中有可能成为学生生命中重要的客体。这也是教师人格魅力的重要组成部分。

教师的人格魅力不仅来自得体的穿着、脱俗的谈吐、娴雅的举止、美好的姿态,更来自内在气质的自然流露、教师的优良人品和人格魅力,后者才是吸引学生的最根本原因。根据我国台湾地区心理学家钱频教授的调查,教师的健全人格和魅力主要体现在:仁慈和蔼、愉快幽默、富于同情、善良负责、热爱学生等。其中师爱是塑造教师人格魅力的核心。师爱是对学生成长的全方位、全过程的关爱和呵护。

教师要想塑造完美的人格魅力,在德、才、识、能诸多方面均需自觉锤炼,不断提高,不断完善。那么具体该如何塑造教师的人格魅力呢?

自我认识是人格塑造的必要前提。掌控三尺讲台的教师要想清醒地认识自己,正确地评价自己,并不是件十分容易的事。缺少自信,难以成为好教师,而自我感觉太好,就会沉浸在自我的世界中,对自己的缺点和不足视而不见、听而不闻。

自我调整是人格塑造的基本途径,师爱的表达也需要恰当和适度,如果过度,可能会导致其他同学感觉不公正或不公平。"教然后知困",这个"困"不仅指知识方面,还包括能力、思想、情操、视野、胸怀、见识等教师整体素质的方方面面,需要在教育实践后进行及时的自我调整。

自我超越是追求人格塑造的理想境界。从教育心理学的角度出发,情感是教师人格魅力的灵魂。热爱学生,尊重学生,特别是用发自内心的真情实感打动学生,感染学生,学生才会在情感上与教师产生共鸣。有人说:爱自己的孩子是人,爱别人的孩子是神。

案例中的郝老师通过细心观察,无微不至地关怀特殊学生,给学生的心灵播撒爱的甘露。郝老师帮助小林同学建立了积极稳定的安全性依恋关系,修复了其原生家庭带来的创伤,有效地呵护并促进了学生的健康成长。

6. 知足常乐的精彩——活出乐观气质

【名言警句】

乐观使忧愁逐渐散去,身体越来越好,成就越来越多,而付出的代价越来越少。

——(美国)马丁·塞利格曼

【案例实录】

王微微(化名)是一位外地引进入沪的中年教师,想在房价日益高涨的上海立足真的不容易。她任教信息技术学科，除了工资没有其他收入，而丈夫在小公司里就职。可是王老师一直乐呵呵的，哪怕是租住在郊区的斗室里，她和丈夫、孩子相亲相爱，家里永远充满欢声笑语。后来，夫妻俩省吃俭用，在学校附近买了40多平方米的一居室，王老师欢天喜地，因为离单位近，学校成了她家的后花园。同事们每天都能看到她喜笑颜开的样子。寒暑假期间，单位领导去她家慰问后，开玩笑地说："王老师的家恐怕是全校教职工中最小的啦。"这话传到王老师的耳朵里之后，她笑嘻嘻地回应："刘禹锡还写了《陋室铭》呢，能在大上海有自己的温暖小屋，我很开心，很知足呀！"没有因买大房子而背负贷款压力，她每逢假期便带着女儿云游四方，悠哉游哉。她总是说："日子是我自己过的，家又不是用来给外人参观的，我只要自己过得开心、舒心就好了。"

同事们都说在现今时代，王老师真算得上是一个难得乐观的人。请问你知道什么是乐观气质吗？

【理论应对】

巴昂和斯坦于2011年提出的新的情商模型中就涉及乐观这一能力。斯坦给"乐观"下了这样的定义：乐观是即便在逆境中依然能够看到生活的光明面，并且保持积极态度的能力。乐观的人不但在遇到困难时具有信心和勇气，而且在所谓的"绝境"中仍然坚强不屈，对未来持有恒久的期盼。

美国威斯康星大学心理学家理查德·戴维森通过研究发现了乐观的生理基础。左前额叶较活跃的人与右前额叶较活跃的人相比，前者的气质类型比较乐观，他们通常喜欢与人相处，热爱生活，可以经受挫折。右前额叶活跃度较高的人则被赋予了消极和乖戾的情绪，很容易被生活的困难击倒。从某种意义上说，他们痛苦的原因似乎是无法抑制自身的担忧和抑郁情绪。

忧郁气质和乐观气质的人具有不同的表现。具有乐观气质的人喜欢社交、积极向上，总是感到很愉快，心情很好，而且有强烈的自信，能享受人生的乐趣。案例中的王老师完全明白自己所处的境况，没有因与他人盲目比较而造成过大的生活压力，而是降低个人对物质层面的追求，提升精神层面的生活品质。

人们常说:"江山易改,禀性难移。"这个禀性其实就是指个性心理品质中的气质。气质可以被定义为情绪生活的典型心境。情绪罗盘的范围取决于气质,那么气质与遗传、生物基因有关吗?心理学家的研究表明,人的气质类型至少可以分为四种:胆怯、大胆、乐观和忧郁。每种气质类型都取决于大脑活动的不同模式,所以气质是与生俱有的,属于基因的一部分。气质决定我们是以消极的情绪态度,还是以积极的情绪态度对生活做出回应。忧郁或乐观的气质倾向与胆怯或大胆的气质倾向一样,都出现在人生的早期阶段,这一事实有力地证明气质倾向有生物基因的基础。有些人天生很乐观,不管他们在生活中遇到什么事,都会觉得"天塌不下来""明天太阳照样会升起"。尽管童年期的情绪经验对气质类型会产生深刻的影响,但是人脑仍然具有很强的可塑性,所以后天的认知也可以起到一定的改变作用。

三、自我激励和成就驱动力

满腔热忱地投入自己热爱的教师职业,就会想方设法地挑战工作中遇到的困难,就容易进入"心流"的神驰状态。有人说,真正的快乐是对生活乐观,对工作愉快,对事业兴奋,所以有动力,这种浑然忘我的状态其实是工作时的最大成就驱动力。

1. 平衡工作与兴趣的关系——角色自我与个性自我

【名言警句】

人的生命是一个灿烂的过程,每个人都是世上的一个过客,要做怎样的过客,那是每个人自己的选择。

——(中国)秦文君

【案例实录】

赵杰锦（化名）是一所中学的语文教师，他爱好书法和篆刻，在区内外小有名气。他在课余时间经常参加市、区有关书法、篆刻方面的培训，结交了一大批书法、篆刻大家。他每年都会参加各级各类展览，他在语文课上常常侃侃而谈他的创作经历，语文课的知识要点和难点却很少涉及，导致班级学生每次考试成绩都在年级里倒数。几乎每届他所任教班级的学生和家长都对其有所微词："学生到学校是学习语文的，是要面对高考的，不是来听老师吹嘘个人经历的。"

请问赵老师该如何平衡学科教学与个人兴趣爱好呢？

【理论应对】

"教师"是角色自我和个性自我的统一。角色意识要求教师以某种社会观念和准则来规范、梳理自己的内心世界，而个性意识则植根于个体的生命存在，反映教师对自身内在需求、情感世界的真实把握。

教师的幸福是教师在教育场域中稳定、和谐、自由的愉悦状态。教师是否幸福取决于他们在教育和教学活动中能否将自我与教学、与教育场域统一起来。教师能否将这两个"自我"在工作中统一起来，决定了他们能否在主客观矛盾中获得幸福。

当教师过多地强调角色自我时，个性自我会受到压抑而去个性化。只是因角色、规范、要求、职业责任而从事教育，教育工作就成了外在于个人日常生活的"他者"，成了谋生的手段。只有当教师超越角色自我，使规范要求变成生命体验的一部分时，这两种自我才能得到统一，教育才会成为教师生活的一部分。当角色自我和个性自我的矛盾得到解决时，职业就能转化为事业，教师就会专心致志地从事教育事业，就会像热爱自己一样乐于从教。

情商中非常重要的一项能力是认识自己。不仅需要认识自己的情绪、情感的发生，还需要了解自己的个性心理品质。兴趣是关于我们喜欢什么、不喜欢什么的一种人格特质。它是一个人对某项活动稳定而持久的喜欢。兴趣和能力一样，随着时间的推移会变得越来越明确。在兴趣中获得的价值感和成就感是个体自我意识的重要组成部分。

案例中的赵老师有一个非常热爱的兴趣，理应为他的教师生涯增光添彩，但是他需要平衡好角色自我和个性自我之间的关系。如果他在工作中只彰显个性角色而不顾教师角色，那么他在单位里可能会受到批评，若他旷课或请假太多，那么他可能还会遭到处罚。但如果他能够发挥兴趣所长，在学校里开设相关的研究型课程，或为教师们开设讲座，让领导、同事和学生了解他的兴趣，那么这不仅可以很好地服务于他的学科教学，还可以为学校带来特色、品牌效应。这样或许就会改变大家对他的认识，有助于他进一步体验到教师职业的幸福感。

2. 个人发展瓶颈期——职业倦怠知多少

【名言警句】

如果无法控制慢性压力、敌对、愤怒和消沉等态度，人必定会病倒，最终由于心理耗尽而死去。

——（美国）谢德拉

【案例实录】

周先萍（化名）是一位数学教师，虽然年龄还不到50岁，但是她天天说自己是要退休的人。组内安排上公开课，她不上；期中、期末要出考试卷，她也总是推辞；每天上完课，回到办公室里，她总是抱怨："现在的学生怎么这么笨？怎么教也教不会！"……中午休息时，其他教师大多在班级里辅导学生，唯独她躺在躺椅上午休；每次考完试，她所任教班级学生的数学平均分总是拖年级的后腿。久而久之，很多班主任都不愿和她搭班，她和同事们的关系也很疏远。教务处有一条不成文的规定，任教主科的教师若无特殊原因，应该从高一一直执教到高三。可是到了周老师这里，她总是可以找到理由，永远待在高一，这样她就不用备新课了。其他教师愤愤不平：怎么她就可以无视规定呢？

领导认为周老师出现了职业倦怠。请问该怎么克服职业倦怠呢？

【理论应对】

我们处在一个高速发展的时代。不论在工作中，还是在生活中，我们都要面对许多挑战，更要承受非常大的压力。巴昂和斯坦于2011年提出的新的情商模型中就涉及压力承受这一能力。20世纪30年代，"压力"这一概念首次被应用于动物和人类，最初用来描述动物在遇到危险情境时产生的"生理唤醒"，后来用来表征人在不能满足的现实状况和想要达到的状态之间的差距。

美国心理学家弗登伯格首次采用"倦怠"一词，描述个体所体验到的负性症状，如长期的情感耗竭、身体疲劳、工作卷入程度低，对待服务对象采取不人道的态度以及工作成就感降低等。

教师的职业倦怠是他们不能顺利应对工作压力的一种极端反应，是他们在长期高水平的压力体验下产生的情感、态度和行为的衰竭状态。其典型症状是工作满意度低、工作热情和兴趣的丧失及情感的疏离和冷漠。

大量研究表明，教师是职业倦怠的高发群体之一。一旦教师处于职业倦怠状态，他们就很容易对学生失去耐心和爱心，导致教学准备的充分性和积极性降低，工作的成就感和控制感下降，甚至婚姻、家庭及人际交往也会受到影响。

教师作为一种助人的职业，他们面临的是具有压力情境的教育和教学工作，他们常常超负荷地工作，工作量大，工作时间过长，加上时代的飞速发展，学生的个体差异越来越大，家长及社会对教师的要求越来越高，久而久之，教师因不能及时有效地缓解工作压力、放松紧绷的神经而身心疲惫，从而对学生产生消极的态度，在工作中产生无能为力的挫折感。

博卡吉分析了教师职业倦怠的具体阶段，提出了"四阶段论"，具体如下。

（1）理想狂热期：初登讲台的青年教师，一般处于理想狂热阶段，即使遭受挫折，他们也不言败、不悲观、不退却。

（2）徘徊停滞期：主要指教师表现出与年龄不相称的衰老，是工作压力大、自我效能感低的心理重负在生理上的显现。个体感到缺乏效率、工作满意度下降。

（3）迷茫挫败期：个体出现无所不在的慢性病理症状，工作效率降至低谷。

（4）冷漠抑郁期：这一阶段的教师彻底放弃自己当初的理想目标，事事无所用心、不负责任，对自己的公众形象和未来前途漠不关心，个体耗竭达到最大限度，身心健康严重受损。

案例中的周老师似乎除了理想狂热期外，其他几个阶段的特征均有表现。

预防职业倦怠需要教师学会自我调节，增强心理弹性，懂得缓解压力的策略，对自己形成合理的认知，管理好自己的情绪，从容应对并平衡好生活和工作的关系。

3. 了解需求助发展——谈教师的涌流

【名言警句】

什么是成功？就是一个人为追求他的理想而不断获得道德、学识、才干去发展到能够利用机会使社会人类再进一步的那种表现。

——（英国）莎士比亚

【案例实录】

曾瑾（化名）是心理教师，也是学校新任命的教师发展中心主任。从基层教师走向管理岗位，她深深懂得教师发展最需要什么，她把平日里从教师们的交谈中了解到的信息千方百计地变为教师发展的切实举措。例如，为拓展教师们的国际视野，她与国外学校联系，短短几年时间，她所在的学校就结交了4所国际友好学校。在区教育局的批复下，他们与国外学校签署了友好交流协议，这样教师们可以公派出访美国、英国、澳大利亚等，促进了国际间的教育交流。为了发挥资深教师的作用，在曾老师的提议下，学校成立了学术委员会。既让资深教师带教青年教师，又让他们参与审卷、听课、评课、考核校骨干教师等活动，凸显他们在学校里的存在感。她还组织青年教师开展读书沙龙活动，带领他们到"最美书店"挑选喜爱的图书，举办读书分享活动，丰富青年教师的业余生活，提升其职业幸福感。针对二线员工相对空闲的情况，她引导这些教师在本职工作外，拥有一项兴趣爱好（如编中国结、绣绒绣等）。每当外国师生来访时，在学校丰富多彩的双语课程中，二线员工也有参与感和价值感……教师们在校园里夸曾老师是一位能够读懂大家心理的好主任。

请问曾老师的管理情商高在何处？

【理论应对】

米哈里·契克森米哈（Mihaly Csikszentmihalyi）是芝加哥大学著名的心理学家，他提出了"涌流"（Flow）这一概念，并且在建立积极心理学这门学问的过程中做出了主要贡献。"涌流"，也称"心流"，是一种将个人精神力完全投注在某种活动上的感觉。在涌流产生时，人们会有高度的兴奋及充实感（如艺术家在创作时的感觉）。当人们处于这种情境时，他们往往不愿被打扰，即抗拒中断。进入涌流状态是情绪智力的至高境界。涌流意味着情绪控制在表演和学习的目的下达到了极致。在涌流状态下，情绪不受抑制和牵绊，而是积极的、充满活力的，与当前的任务协调一致。

契克森米哈认为，引发涌流的活动有以下特征：①我们倾向于从事的活动；②我们会专注的活动；③有清楚目标的活动；④有即时反馈的活动；⑤我们对活动有主控感；⑥在从事活动时我们的忧虑感会消失；⑦主观的时间感有所改变（例如，可以从事一个活动很长时间，而感觉不到时间的消逝）。

案例中的曾老师在工作中体现了涌流的状态，她倾情投入，专心专注，为全校教师和员工的专业发展进行顶层设计，精准地把握和了解每一位教师的心理需求和个人发展路径。由于她对各种信息的掌控，以及与区教育局领导的良好沟通等，她对教师发展工作具有掌控感。在个人努力与领导的多方支持下，她看到教师们在热爱的领域充满兴趣地工作，并充分发挥个人的特长，此时曾老师感觉自己也体验到了成功的快乐！

普通教师在生涯规划、自我发展动机的引领下，全身心地投入自己的工作，在热爱并感兴趣的领域满腔热忱地工作，相信也会逐渐进入涌流状态。

4. 新手教师的高三舞台——教师的成就驱动力

【名言警句】

　　一个人可以选择退回安全的地方，也可以选择朝着成长的方向前进，你必须不断地选择成长，你必须不断地克服你的恐惧。

——（美国）马斯洛

【案例实录】

　　齐亚梅（化名）是一所实验性、示范性高中的物理教师，她刚来学校三年。因为她物理教得好，又与学生有共同语言，所以学生们会亲切地喊她"梅姐姐"。2018年9月，学校领导让她任教高三年级的物理，起先她有点犹豫。毕竟她觉得自己还是一名新手教师，如果学生考砸了怎么办？学生的高考可开不起玩笑。但是学校领导鼓励她："学校信任你，学生喜欢你，我们再给你配备一位资深的带教老师，你就大胆、放心地教吧！"这一年，小齐老师拼命钻研，几乎购买了所有的高考物理教辅材料，并且一题一题地研究。放学后和周末时间，她常常在学校里免费为学生辅导，对学生的学习情况了如指掌。果然功夫不负有心人，2019年6月，高考成绩揭晓，她所任教班级学生的物理均分远远超出其他班级。

【理论应对】

　　成就驱动力是一种引导人们努力改进、创造出色成绩的情感和兴趣的定向能力。人们一旦具备这种能力，就可以明确目标，实现目标，并拥有十分强烈的达到要求的愿望。

增强动机的大脑神经在杏仁核里。情感学习能力储存于杏仁核的情感记忆库以及有关的神经系统中，而情感学习能力可以决定某人在哪些活动中获得乐趣，回忆起哪些事情时会有怎样的情绪，也会让人想起与情绪相关的行为习惯。我们的动机对我们的意识具有引导作用，让我们留意自己所追寻的目标，不错过任何机会。杏仁核是大脑"神经通道"的一部分，我们所关注的一切、任何对我们有激励作用的东西都必须经过这个"神经通道"，并且对事物的刺激程度进行评估。我们的动机是成就人生大事时的向导，而杏仁核则帮助我们分清人生目标的轻重缓急。

与动机有关的神经系统是我们人生的导航系统，它连接大脑的执行神经中枢——前额叶。杰出的工作者具备以下三种与动机相关的能力。

（1）成就驱动力：努力改进，创造出色业绩。

（2）献身精神：将团队或组织的计划与目标谨记于心。

（3）主动性与乐观精神：这两种能力可以鼓舞他人，激励他们抓住机会，并坦然面对挫折和困难。

教师可以与学生一起克服困难，完成某项不容易完成的学习任务，体验成就感；教师可以与学生一起把学习过程与自己的生活和环境相结合，从而有所创新和发现，感受工作带来的愉悦感。这样的教师会把探索教育和教学的奥秘当作自己的目标，驱使自己不断学习、不断挑战自我，从而感受到成就感和幸福感。

案例中的小齐老师因为有强烈的成就驱动力，所以会想方设法地寻找能够减少不稳定因素的信息，发挥她的主观能动性，想尽一切办法把工作做得更好。

5. 新时代教师的颜值和时尚——魅力的色彩人生

【名言警句】

美的事物在人心中所唤起的感觉，类似于我们在亲爱的人面前洋溢于我们心中的那种愉快。

——（俄罗斯）车尔尼雪夫斯基

【案例实录】

"90后"教师温悦瑜（化名）出生于父母都是高级知识分子的家庭，任教英语学科。大学期间，她去澳大利亚友好学校交流过一年，英语口语流畅。因为从小父母花大力气培养她，所以她在音乐、美术等方面均有涉猎，多才多艺，身材高挑，长相漂亮，打扮时尚。如果上课内容与藏族文化有关，她便佩戴绿松石耳环；如果上课内容与日本文化有关，她便穿设计感强且有粉红樱花图案的衣服……她颜值高，爱笑，爱学生，她的课堂充满活力，她任教班级学生的英语平均分总是高于其他班级。有些老教师不理解她，觉得小温老师完全可以从事其他职业，而小温老师温婉得体地回应说："只有热爱讲台的人乐意从事基础教育事业，才可以影响并培养出更加优秀的学生，我们国家的未来也才会越来越好。"耳环配饰得当、服装时尚漂亮的温老师成了校园里一道亮丽的风景。

【理论应对】

在新的时代背景下，教师的颜值、时尚及个人魅力深刻地影响着课堂中的学生。

许多学校做过调查，年轻、时尚、高颜值的教师更容易受学生喜爱，她们所教学科的成绩也更好，所以教师应该懂一些色彩心理学。

色彩心理学是通过颜色来研究人类心理活动的科学。掌握色彩给人带来的影响，可以减少因色彩使用不当而给人带来的困惑；了解人与色彩的关系，可以通过颜色看清一个人的行为及其本质，还可以借助于色彩的魔力影响他人。

从原则上讲，服装有三个基本元素：款式、面料、色彩。心理学研究表明：人的视觉器官在观察物体时，最初的20秒内基本停留于外观，其中对色彩的感觉占85%，外形感觉占15%，2分钟后色彩感觉降到75%，5分钟后才趋于各半，并且这种状态将继续保持。可见，色彩给人的印象是迅速、深刻、持久的。

在生活中，当你的对面翩然走来一位穿着不俗的美女时，让你为之眼前一亮的首先是她身上的色彩。因此，善用色彩是搭配中最重要的元素之一，它是整体服饰的灵魂和支柱。配色得当是非常奇妙的体验，通过调整色彩对比、色块面积、色彩之间的比例等方式，任何一种改变都可以让设计产生意想不到的感觉和效果。

精致优雅的耳环、丝巾、别针、手镯等，与服饰巧妙搭配，可以看出一个人对细节的注重、对生活品质的讲究，以及对生活的热爱。随着时代的发展，人们的生活水平有所提高，对品质生活有所追求，愿校园里像小温老师这样充满魅力、对美有不懈追求、热爱学生、对教学精益求精的教师越来越多，让色彩服饰之光芒在教师身上绽放，用无声的语言传递丰富的信息，在讲台上充分展现新时代教师的学识、素养、情趣，从而影响一代学生的成长。

6. 超越自我的心愿和行动——让人生更精彩

【名言警句】

你过去或现在的情况并不重要，你将来想获得什么才最重要。除非你对未来有理想，否则做不出什么大事来。一旦有了目标，内心的力量才会找到方向。

——（美国）拿破仑·希尔

【案例实录】

戚老师是一位58岁的资深老教师，任教英语学科，早已取得高级职称，还是区骨干教师。临退休前，他向学校提出要去新疆援教，一年半回单位后正好退休，为教师生涯画上圆满的句号。很多人对此不理解，在不少教师的认知中，去新疆、西藏援教可能带有一些功利心和目的——为了评职称，为了干部岗位提升的需要，为了多一份工资……唯独戚老师什么也不图，他向校领导递交了一封言辞恳切的书信——《援疆，圆我的梦想》，其中写道："我的眼睛被新疆的景色征服，我的耳朵被新疆的音乐征服，我的味觉被新疆的美食征服，我的心被新疆的壮阔征服……无论我走到哪里，我都以新疆人自居，无论我走到哪里，我都想念新疆——我魂牵梦绕的家乡，这种感觉是非新疆人难以理解的。离开新疆到上海工作已有20多年，但我的心从未离开过……我的生活、我的一切都已深深地打上新疆的烙印。希望领导圆我一个援疆梦！让我的教学人生更加精彩！"学校领导为之感动，担心其因年龄问题不能成行，专门为他给教育局打报告，最终戚老师顺利赴新疆支教！

请问你有戚老师这样超越自己的心和行动吗？

【理论应对】

有个词叫"职场情商"，是指在就职领域中，信心、恒心、毅力、责任感、合作精神等一系列与个人素质有关的心理品质的反应程度。它是帮助你成功的必需的、适当的非智力因素，包括协同力、沟通力、抗挫力、应变力、自我管理能力、持久力等。将情商技能运用到工作中，能够使我们在职场中最大限度地实现个人价值，获得成功。

情商不仅是开启心智大门的钥匙，更是影响个人命运的关键因素。哈佛学者提出，人终其一生的成就至多20%归功于智商，另外80%则受情商影响。所谓的20%与80%并不是一个绝对的比例，它只是表明情商在人生成就中起决定性作用。尽管智商的作用不可或缺，但过去我们把它的作用估量得太高了。

很多时候，阻挡我们前进的不是别人而是我们自己，只有每一天都有超越自己的地方，生活才会值得期待、充满希望和惊喜。

高情商者可以充分发挥潜能，有效调节情绪，与周围的人和环境保持良好的亲近度，从而获得更多的机遇，并实现自己的人生梦想。人们经常说要勇于突破舒适圈，其实真正能够做到的人并不多。案例中的戚老师之所以能够在临近退休之年圆一个援疆之梦，与他锲而不舍的努力和有效的表达有关。他通过书信的方式艺术地表达了个人的援疆情怀，把家国情怀与个人发展需求巧妙融合，表达了自己的热切意愿，同时他饱满热忱的情绪也深深地感动了单位领导，使其愿意专门为他向上级主管部门递交申请报告。最终他才能得到上级部门的同意批复，得以成行！

追求超越自我的人，为了达到自己的目标能够尽己所能。他们不仅有激励自我的心愿，还有具体切实的行动，如此方可创造无悔的人生，无论在哪个年龄阶段，都可以让自己的人生过得足够精彩！

四、识别情绪和人际互动

在现实生活中，85%的决定往往是凭感觉做出的，所以想做情绪达人和人际互动的高人，需要体察和识别他人的情绪，拥有同理心，顾及他人的感受，懂得照顾他人的情绪……正所谓"世事洞明皆学问，人情练达即文章"，对情商的多维研究有助于我们进一步认识情绪素质。

1. "云美食争霸赛"——情绪的感染力

【名言警句】

原本心情舒畅、开朗的人，若同一个整天愁眉苦脸、抑郁难解的人相处，不久也会变得情绪沮丧起来；一个心情郁闷的人和一个快乐幸福的人相处，不久也会变得快乐起来，这种传染过程是在不知不觉中完成的。

——（美国）加利·斯梅尔

【案例实录】

蒋惠琥（化名）是一位美术教师，平常乐于助人，对其他人的事情非常热心。去年学校工会主席改选，全校员工一致推选蒋老师当选新一届工会主席。她组织大家开展了丰富多彩的活动，丰富了教职工的课余生活。今年的"三八女神节"到了，怎么为学校的女教职工庆祝节日呢？蒋老师设计了一个别具创意的活动："女神节，遇见最美的你——居家云美食争霸赛"。她动员教师们将居家期间烹调的美食拍成照片并上传,以年级组为单位进行比拼。教师们用自家厨房里的"柴米油盐",烹调出"山珍海味"的家常美食,为美好的生活增添乐趣和感动。这场"云美食争霸赛"既让居家期间的教师们心情愉悦,也展示了新时代女教职工们既上得讲台,又入得厨房的精神风貌。于是教师们的情绪获得提振,学校的凝聚力和教职工的归属感得到增强。

请问你知道情绪可以互相感染吗?

【理论应对】

情绪感染指人们可以通过捕捉他人的情绪来感知周围他人的情感变化的交互过程。我们每时每刻都会进入别人的情绪状态,别人也会进入我们的情绪状态。这有力地证明了一点:在工作中,如果一个人心情不好,不能随便发泄,否则不良的情绪会破坏工作气氛。

在单位里,工作效率高的人天生就会利用情绪,他们不动声色地用自己的情绪识别系统了解别人的反应如何,然后调适自己的反应,把互动反应推向最佳方向。比如,微笑不仅表明自己感觉良好,也让别人觉得愉悦。

构成同理心的基础并进行情感调适的同一大脑机制是构建情绪感染的通道。不过,除了发送杏仁核信号的系统外,还牵涉负责调节本能反应及自主功能的基础神经区域(包括脑干)。这些神经区域的活动产生了一个密切相连的生物学环路,受影响的另一个人的大脑基础神经区域会激发出这种生理活动,这似乎是情绪相互感染的途径。在某种程度上,情感表达就好像是舞台表演,我们有一个后台,这个后台是我们体验自身情绪的隐蔽场所。此外,我们还有一个前台,也就是我们表达情绪的社会舞台。

善于运用情绪感召力的人,能够策划引人注目的事件。案例中的工会主席蒋老师,就能够鼓舞并激励他人,牢牢地把握女教职工们的情绪特点。她巧妙地利用了情绪的感染力,以甜美的倡议、优雅的文字设计文案,编制微信推文,吸引教职工的兴趣,组织能够打动人、使人有参与感和成就感,并且令大家心情愉悦的活动。"人间烟火气,最抚凡人心。"此项活动不仅增强了团队凝聚力,还让大家特别难忘——将个人制作美食带来的幸福感与整个年级组、学校大家庭的归属感融合在一起。

2. 恋爱为何总受挫——情商中的亲密关系

【名言警句】

爱与工作是标志人全面成熟的双重能力。

——（奥地利）西格蒙德·弗洛伊德

【案例实录】

学校形体教师小吉身材苗条，长相靓丽，穿着打扮也很时尚。她是硕士毕业，要知道10多年前的中学体育教师中拥有硕士学历的并不多，所以小吉老师算得上是自带光环的"仙女"。可令人纳闷的是，从25岁大学毕业进入学校工作起，她谈了好多次恋爱，不是嫌男方身材不够高、颜值不够高，就是嫌男方是外地人、家庭关系太复杂，不是嫌男方智商高却缺乏情趣，就是嫌男方情商高却不够富有……她情路曲折，眼看已经39岁，仍然孑然一身。刚来学校的时候，她阳光开朗，在学校里指导学生舞蹈队编排形体操，并参加市区比赛，她和学生屡屡获奖。后来因为一而再、再而三的恋爱受挫，她整个人变得越来越萎靡，对工作提不起精神，性格变得怪僻诡异，同事们既替她心焦，也为她感到惋惜。

我们该如何理解亲密关系呢？

【理论应对】

每一种强烈的情绪从根源上来说都是一种行为的冲动，对冲动加以调节是基本的情绪智力。对于爱情关系，由于涉及切身利益，控制冲动尤为困难。由此引发的反应触及我们最深层次的需要——被爱和被尊重，害怕被抛弃或情绪被剥夺。马斯洛需要层次理论中的社交需求包括对友谊、爱情以及隶属关系的需求。如果这些需要得不到满足，那么个体就会产生强烈的孤独感、疏离感。关于爱的需要主要是爱和感情方面的因素。爱是一种两个人之间健康的亲密关系，表现为相互信任、相互理解和相互给予（包括爱和被爱）。

有学者把一般人惯有的爱情模式分成三种，并通过调查得到以下比率。

（1）安全型：约占56%。他们有安全感，不担心被抛弃，也不怕第三者出现，与伴侣关系良好，彼此互信且互相扶持。

（2）躲避型：约占25%。他们有极端的情感反应和嫉妒心理，害怕在情感方面和别人过度亲密，不能完全信任对方。

（3）焦虑矛盾型：约占19%。这种类型的人对爱情患得患失，担心对方不爱他，心理负担沉重。具有讽刺意味的是，他们经常因此失去所爱的人。

很多人认为，理想的爱情应该永远甜蜜快乐，没有冲突，然而一旦我们开始恋爱，日常生活中的多重考验马上会对我们造成极大的冲击。现实生活中的恋爱冲突包括权力争斗、门当户对、嫉妒、吵架、挫折和厌倦。两个来自完全不同生活背景的人要紧密相处，高度考验两个人的情商。

爱从来不是清浅的，其中有成全，有忍耐，有付出，有等待。爱是初次遇见的怦然心动，是百转千回的依旧挂念，是颠沛流离时仍然坚守身边。爱是一个诺言，也是一场盛宴。爱有时候是对人性的最大考验。

现今不少青年教师从小成长环境良好，多数还是独生子女，常以自我为中心，而恋爱是两个陌生人之间近距离的深层次情绪互动及深层的自我认识，这种亲密互动许多时候都是靠直觉的方式沟通，从而达到相互依赖的目的。高情商的人在亲密关系中表现为在求同存异中互相理解，尊重并寻求共同的价值追求，营造一段好的关系。希望小吉老师了解爱情模式及爱情真谛后对自己有进一步的认识，对恋爱沟通方式做出适当调整，以便获得一场契合自己的、足够好的亲密关系。

3. 不离不弃的相守——亲密关系中的承诺

【名言警句】

爱情，只有情，可以使人敢于为所爱的人献出生命；这一点，不但男人能做到,女人也能做到。

——(古希腊)柏拉图

【案例实录】

邢老师和周老师是一对恩爱夫妻。邢老师在高中教地理,知识面广,情趣高雅,尤其爱好写诗,是当地小有名气的诗人。周老师是小学音乐教师,性格活泼。当初邢老师追求周老师时,以一首首浪漫的情诗打动恋人的心灵。二人结成夫妻后,育有一个天使般的女儿,女儿漂亮聪慧。工作之余,一家三口弹琴唱歌,有时还将邢老师的诗谱成曲,在家里自娱自乐地唱。单位同事都称他们为"神仙眷侣"。然而天有不测风云,3年前的春节期间,他们一家三口遭遇车祸,邢老师被严重撞伤,人事不省,住进重症加护病房后,尽管被抢救回来,却成了植物人。周老师一个人带着女儿,日子过得很艰辛。不少人劝其改嫁,也好多一个依靠的肩膀,但周老师坚决不允,每天下班后去康复医院看望丈夫,然后回家照顾女儿的生活起居。幸好双方父母都已经退休,轮流照顾这令人心酸的家庭。当地教育局被他们的事迹感动,发动全市教师为他们捐款,以供邢老师康复使用。目前,邢老师虽然还不能下床,但已经可以认出妻女和父母,堪称当地医学界的奇迹。

请问你了解爱的情商吗?

【理论应对】

人是有感情的动物,从小到大都生活在感情的世界中,不断渴望被爱或爱人,并从中获得归属感和安全感。婚姻正是满足人类基本需要的源泉,夫妻关系更是人类所有关系中最亲密的一种关系。

心理学家斯腾伯格在爱的三角理论中认为:亲密是一种与伴侣亲近,互相契合、互相归属的感情经验,属于爱的情感向度;激情是指强烈渴望与伴侣结合,拥有浪漫、外表吸引力和性驱力的动力,属于爱的动机向度;承诺包含短期和长期两部分,短期来说是决定爱一个人,长期来说指以承诺维持爱的关系,属于爱的认知向度。

所谓完整的爱指爱的三元素均等分配，其中亲密是爱的核心元素，在爱的关系中，亲密影响爱的品质。承诺是爱情三角理论中的第三元素，与亲密和激情一起承托爱情的平稳与长久发展，三者缺一不可。承诺是维系爱情的基础，并且是爱情能够使人长期委身的决定。承诺使相爱的人愿意排除万难，培养亲密和享受激情。

但实际生活中的爱情，不仅有心心相印、灵犀相通带来的甜蜜满足，也有生活中的磨难和挫折带来的爱的迷茫和困顿，此时更是对夫妻亲密关系和情感的一种历练和考验。案例中的周老师对邢老师表现出了充分的爱和承诺，在邢老师意外遭遇车祸成为植物人后，周老师不离不弃，给予持久的关怀，形成一种爱的美德，最终让重病中的邢老师得以苏醒。可见，爱情是人类最美好、最动人的情感体验。

4. 与情绪和谐相处——识别核心情绪

【名言警句】

我认识到我只喜欢做一个学习者，而且只喜欢那种真正重要的学习，即能对自己的行为产生有意义的影响的学习。

——（美国）罗杰斯

【案例实录】

上午11点30分已过，到了午餐时刻，学生处吴主任还在台上滔滔不绝地讲话和布置工作任务。每周一上午本来就是班主任们最忙碌的时段：提前赶到班级，监管早自习，督促收交各科作业，上课，参加升旗仪式，开班主任例会……班主任们像陀螺似的一刻也没有停过。此刻大家因为饥饿表现出烦躁和无聊的情绪，并且开始心不在焉地玩手机。显然，吴主任并没有读懂大家的情绪反应，只顾埋头读自己的讲话稿，最终一位脾气急躁的班主任金老师站起来大声怼了一句："你可以住嘴了吗？"因为嗓门大，他这一吼让会场里的其他教师都愣住了。所幸吴主任没有发作，而是十分尴尬地结束讲话，匆匆散会。

请问你了解什么是核心情绪吗？你知道与情绪正确相处的知识吗？

【理论应对】

当代心理学家将情绪定义为一种躯体和精神上的复杂变化模式，包括生理唤醒、感觉、认知过程以及行为反应。这些是对个人知觉到的独特处境的反应。为了了解为什么这些成分是必需的，请先设想一个让你感到特别快乐的场景。你的生理唤醒可能是平缓的心跳，你的感觉是积极的，相关的认知过程包括那些使你将该场景界定为快乐的解释、记忆和预期，你的外显行为反应可能是表情上的微笑或动作上的拥抱爱人。我们对于情绪的说明试图将这些片段整合在一起——唤醒、感觉、思考和行动。

我们在日常生活中需要识别五种最基本的核心情绪——愤怒、恐惧、悲伤、快乐和性感觉。每种情绪都有其独特的能量模式，或在身体上的特定感觉。例如，当我们提到愤怒的感觉时，这包括：低强度的愤怒，如心烦意乱、紧张、生气、不满、沮丧、烦躁、烦恼和无聊（在我们看来，无聊通常是我们没有面对或表达的愤怒）；中等强度的愤怒，如激动、好斗、好战、厌恶、恼怒、怨恨和反抗；高强度的愤怒，如痛苦、暴怒、敌对、被激怒、沸腾和复仇。恐惧、悲伤、快乐和性感觉有相似的层次。

识别所有情绪体验下的核心情绪十分必要。有了这些基本的理解，我们才可以开始发展情商。如果我们不阻止情绪，它们会自然地释放自己，就像我们摄入食物和水，然后把它们排出体外一样。案例中金老师脱口而出的那句话，表达了他当时的愤怒情绪，但如果不表达、不释放，他的脸可能会涨得通红，脖子上的血管鼓起来，紧咬着下嘴唇……压抑是大多数人对情绪的典型反应。

情绪管理其实是认识到感受的起因（比如伤害会引发愤怒），然后学习如何处理焦虑、愤怒和悲伤。情绪回应的方式越多，你的人生就越丰富。有时候你可能被告知感到悲伤是可以的，但是你不可以愤怒并对他人发脾气。慢慢地，我们学会压抑情绪，否认感觉，并阻止情绪能量的自由流动。其实这样做，并不利于身心健康。

情绪最多持续 90 秒。当情绪到来时，我们的内在体验就像岸上的波浪一样，上升、到达波峰、释放（如果我们释放它），接着是一段平静、空旷的时期，之后通常是另一波浪潮。在情绪强烈的时候，这些波浪可能会非常大（像海啸一样），而且一浪接一浪。有时，它们只是水面上的涟漪。人们可以通过呼吸、转移、发声表达、休息等方式驾驭情绪到达终点。

如果吴主任在做报告时，不停地与班主任们进行互动，有眼神的交流，有敏锐的觉察，那么当看到班主任们流露出情绪时，他便可以及时停止发言。而金老师如果举手示意"听主任讲了这么多，能不能让我提个建议？"，婉转地表达自己的想法，那么尴尬的场面便不会出现。

5. 借助于他人迈向成功——多元化优势促发展

【名言警句】

人们在一起可以做出单独一个人所不能做出的事业；智慧、双手、力量结合在一起，几乎是万能的。

——（美国）韦伯斯特

【案例实录】

新校长归昌达（化名）来到学校悉心观察了一两年后，把中层干部中的一位计算机教师提拔为分管教学的副校长。因为该教师擅长数据分析，教师们所带教各班的成绩均分、标准差、成绩走向，他都能够了然于胸，牢牢地把握住教学生命线。归校长又把资深心理教师提拔为分管学校德育工作的副校长，从此班主任工作务实走心，各部门工作配合得井井有条，学校工作蒸蒸日上。在新高考改革的形势下，这所普通高中的本科率连年上升，多名学生考取重点大学，赢得了良好的社会效应和口碑。归校长倒是显得挺轻松，师生们常常在校园内看到他笑眯眯的样子。不少媒体来校采访，归校长谦虚低调地说："我没有什么秘籍，成绩的取得靠的是干部们的团队协作，我只是用他们之所长而已。"

请问这位校长的情商高在何处呢?

【理论应对】

普通大众对情商的看法不像专家那么有条理性和逻辑性,但在一项针对770人的调查中,大众公认的情商特征有:情绪调控能力强、善于沟通、积极乐观、会察言观色、适应能力强、交往能力强、团队合作能力强、问题解决能力强等。归纳起来,大约可以分为四大类,即人际交往和社会性、适应性、人格特点,以及情绪管理。由此可以看出,普通大众对情商的理解与巴昂等专家的观点有很多重叠之处。

哈佛商学院流行一句至理名言——"借助他人,迈向成功"。其实就是强调团队合作,优势互补。在差异中蕴含着力量,所以运用多元化优势成为越来越重要的能力之一。在许多涉及利用多元化优势的项目中,人们欠缺的往往是充分利用多元化优势把工作做得更好。不同背景的人在工作中感到轻松愉快是件好事,但我们还应该进一步利用多元化优势提高单位的工作成效。兼收并蓄的能力与狭隘偏执格格不入,我们倡导的是与不同的人和睦相处,重视别人特有的工作方式,善于抓住那些与众不同的方式可能带来的机会。

戴维·托马斯和罗宾·埃利认为利用多元化优势可以提高盈利能力,增进组织的学习风气,增强单位的灵活性和对不断变化的形势快速应变的能力。他们认为,不同的人群"在具体怎样工作、怎样设计、以怎样的方式达到目的和制定任务、怎样有效地协助和交流意见以及指挥领导等方面各有独到的见解和知识体系",只有充分发挥这种集体优势,才能使单位的状况彻底改变。

学校领导如果能够重视不同背景的教师给工作带来的不同思路,就会引导大家互相学习,从而提高学校的竞争力。大凡成功的人,都是运用不同的方法观察、研究他所要影响的一些人,然后反过来按照他们的心理需求满足他们。

比如这位睿智的归校长,他来到学校后并没有马上更换或提拔教师,而是观察一两年后再行动,将自己先融入团队中,形成教学命运共同体。他通过悉心了解每一位干部的个性特长及对各自职业生涯的发展需求,适时提拔他们,委以重任,同时将合适的人安排在适合的岗位上,用人之长。除此之外,校长还积极倡导和谐校园氛围,使干部们在工作中既有分工,又互相补充,共同实现学校的新发展。他充分利用新高考改革的契机与红利,通过努力奋斗实现合作共赢,不仅使干部们工作得欢快,而他自己也因为懂得信任和放手,活得潇洒轻松,最终使整个学校形成上一个新台阶的良好局面。

6. 构建屋顶心灵花园——人际融合的高手

【名言警句】

人生最大的财富便是人脉关系,因为它能为你开启所需能力的每一道门,让你不断地成长,不断地贡献社会。

——(美国)安东尼·罗宾

【案例实录】

佳琪(化名)是一位年轻可人的英语教师,到学校任教刚满三年,学校就委以重任,不仅让她承担高三的英语教学,还让她承担班主任工作。她是华东师范大学英语翻译学硕士毕业,大学期间还辅修了心理学。在工作中,她看到高三师生压力过大,于是就向学校提议在教学楼五楼的屋顶上,建一个屋顶心灵花园。因为她的创意不仅新颖,而且简单易行,学校领导对此很支持,并且刚好高三学生的教室位于学校教学楼最高层。在佳琪老师的倡议下,全体高三师生每人从家里带来一只花盆,她又联系生物教师,请他们教授大家如何种植绿植,以及相关的盆栽植物养护知识。课间和放学后,高三师生们走上屋顶平台,欣赏绿植,不仅能够呼吸新鲜空气,而且能够养眼养心,接受一次心灵疗愈。高三师生们都欢喜地对佳琪老师说:"感谢你给了我们一个屋顶心灵花园。"

请问你怎么看待佳琪老师的这一举动呢?

【理论应对】

加拿大情商研究专家哈维·得奇道夫指出:"当金钱和物质财富超过了某一个界限之后,就与人在生活中所体验的幸福感几乎没有任何关系了。然而,人与他人建立的关系却强烈地影响着幸福感。所有的证据都表明,一个人的人际关系质量直接影响着他的情感健康。"也就是说,人际交往能力、与人沟通合作能力越来越成为衡量情商高低的重要因素。

人类必须彼此互助合作:在众多生物中,社会复杂的人际关系一直都是人类生存的优势。人类的合作方式巧妙,这种天赋在当今社会中尤为重要。近些年来,职场中流行"软技能"一词,主要就是指与人合作交往的能力。

相信进化论的人曾想当然地认为,人们在从猿变成人的过程中,由于生活环境的改变,学会了社会协作。达尔文也认为,为了共同利益而彼此协作,比团体中的每个人只顾私利产生的结果要好得多。我们借着社会交际能力可以建立友谊与合作关系,这也有助于我们的发展。人们都喜欢与友善的人合作或交往。

良好的人际关系具有以下特征:双方都感到满意,怀有信任,表达尊重,愿意付出和接受。建立良好的互动合作关系需要认真倾听他人的心声,及时地出现在他人身边,努力支持他人的梦想,尽力信守自己的诺言等。

案例中的佳琪老师是一个"情商之父"丹尼尔·戈尔曼所称的"能在社会上生存的人"。她具备与人建立融洽关系,以及与团队成员形成一个朋友圈的能力。作为一名青年教师,她不仅能够耕耘好自己的"一亩三分田",还能够觉察到整个高三年级组同事们在工作中的压力,运用她曾经辅修过的心理学知识为大家做点事。同时,她能够主动找领导沟通,在取得领导的同意与支持下,发动大家一起把创意变成现实。师生们感激佳琪老师的创意点子,不在高三年级组的生物教师也给予配合和支持。最终,学校的屋顶心灵花园如约建成,她也非常有成就感。整个学校的高三年级成了一个互助合作的团队,大家友善相处,培养有效的人际关系,缓解工作压力,达到了合作共赢的目的。

第二章 情商案例剖析篇
——发现你的情商

丹尼尔·戈尔曼在《情商》这本书中说到,人的大脑不是一生下来就定型了,而是终其一生不断成长,因此,大脑中掌控情绪的杏仁核也会发生改变。在不断的学习和强化中,人的自我认知、自我管理、同理心和社交技巧能力会不断提升,情商也会随之变化。

作为教师,不能只是富有热情地投入到教学过程中,还应当有效地管理自己的情感,并能够引导和激励学生们的情感发展。本章用 24 个案例,让教师发现自己的情商特点,并指导教师选择更有效的处理方式,达到育人、育己的目的。

一、认知与推动自我成长

一个人有了自知之明才是真正地认识自己,对自己了如指掌,才会推动自己不断前行。"认识自己是智慧的开端!"一个智慧的人能知道自己需要什么,有怎样的优势和短板。

1. 从"职场小白"到"骨干精英"——精准定位,扬长补短

【案例回放】

6 年前,沈溪(化名)是一个在外地新闻部门工作的小职员。婚后,为了更好地照顾孩子,她选择带丈夫和刚出生的女儿回到家乡。一开始,她不想丢掉自己的专业,但是屡遭淘汰后,她在无奈中选择到乡下幼儿园当一名临时保育员。

懵懂地到乡下当了半年的幼儿园临时保育员后,她发现有无教师资格证

在各方面都相差很大，而且如果没有这个证书，她随时都面临着被解聘的危机。她是非师范专业毕业的，所以只有通过考试才能拿到这个证书。没有片刻犹豫，她随即捧起书本，开始苦读。1年后，她顺利地取得幼儿教师资格证，避免了被解聘的危机。

取得教师资格证后，小沈在另一件事情上犹豫了。她已经接近考编制的最高年龄，要考幼儿园教师编制，不仅需要笔试，还要进行各种技能的考试。她是一个非师范生，弹、唱、跳、画、写都不是强项，弹钢琴和跳舞更是一点基础都没有。要克服这些困难，从她自身的条件看，短时间内几乎不可能实现。

面对这样的实际情况，你会怎么做？

A. 既然有了教师资格证，至少不会找不到工作，考编制的事太难了，不想尝试。

B. 走一步看一步，不要太强求自己。

C. 不做准备，先去试试，如果考不上就算了。

选择 A 的老师知难而退。

选择 B 的老师跟着感觉走。

选择 C 的老师愿意尝试，但不会努力。

小沈老师是怎么做的呢？

小沈仔细分析了自身的条件，除了书写没有问题，画画、唱歌也勉强过关，弹钢琴和跳舞真的是一点基础都没有，而且她知道弹琴和跳舞并非一朝一夕就能学会，面临的种种困难压得她有点喘不过气来。但是这时，小沈没有畏惧，她根据自己的空余时间列出了学习各项技能的时间表，把每项训练进行分类——短期见效的和需要长期练习的，然后将训练时间根据自己的熟练程度进行合理分配。

学会弹钢琴所需要的时间最长，所以她觉得需要最先学习弹钢琴。几天后，她经过多方打听，联系了一位非常有经验的钢琴教师，并与教师一起制定学习方案。根据小沈的年龄和基础，钢琴教师给她"量身定做"了学习"套餐"。从最基础的认识简谱和指法练习开始，几周后，基本的指法已经没有问题，于是她就根据幼儿园的教材进行简短的歌曲练习。一开始，小沈只能按照教师的示范，教师弹一句，她跟一句，慢慢地，她也掌握了一些规律，曲子也开始着调了。看到了这么明显的效果，小沈决定在继续练琴的同时进行舞蹈训练。

小沈个子不高，又有点微胖，选择怎样的舞蹈会对自己有利呢？她找了一位相对资深的舞蹈教师，为她指导舞蹈的训练。舞蹈教师根据小沈的身体条件，为她考编制准备了一段使用水袖的舞蹈。因为她个子不高，甩水袖的动作可以增加整个人的延展性，而且水袖舞能把整个场地填满，吸引眼球，降低对舞蹈基本功的要求。训练之初，小沈的身体硬得像一块铁板，一点没有跳舞的感觉。看着镜子里的自己，她对一个又一个动作进行分解，把每个动作都练得非常流畅。随着时间的推移，小沈很好地克服了身体僵硬的问题，不仅把舞蹈动作练得非常流畅，还掌握了这个舞蹈的江南韵味。

不到 1 年的时间，经过强化训练的小沈虽然没有对自己的训练结果信心满满，但是她已经做好了充分的准备。在第二年的编制考试中，她非常出色地完成了需要考核的所有项目，毫无悬念地取得了幼儿园教师编制。

又 1 年后，小沈决定离开乡下，回到城里，以便给孩子提供更好的教育。但是进城也需要笔试和面试，有了之前的经验，小沈很快就找到了自己的优势，然后精心准备了技能测试的内容。在这次面试中，她准备的带有中国风韵味的《伞舞》又为她加分不少，个子不高的她这一次赢在了道具上。

现在，小沈已经是一所城镇集团幼儿园的保教主任，具体负责实验园区的保教工作。在单位里，领导信任她，点名让她做园长助理，同事喜欢她，总是围着她转。她带领的教学团队还多次得到了领导的表扬和肯定。

【案例分析】

小沈能在短短几年中取得如此成绩，与她的高情商息息相关。沈老师的高情商主要表现为以下几点：

（1）不畏惧自己的劣势，充分发挥自己的优势。小沈是学前教育的门外汉，如果只是为了工作，她取得教师资格证后就可以止步了。但是她在面对更高要求的编制考试时，虽有畏惧心理，但没有放弃这个机会，根据自己的条件进行详细的分析：分析自己在外形上的优势和劣势，可以通过怎样的训练进行改变，如何借助于外力对自己进行专业指导等。因为她对自己了解透彻，所以能够精准地进行考前准备，最终取得想要的结果。

（2）具有成长型思维。短短的6年，也是她成长最快的6年。在6年中，她没有停止脚步，而是一路向前，毫无畏惧，充分体现她在自我成长中的高情商。几年来，她的荣誉已经可圈可点——市级教坛新秀，三篇市级获奖论文，一项省级课题立项，区级骨干教师。可喜的是，她在职研究生学业的学习也即将结束，她的人生充满希望，从一个"无知"的"职场小白"，一跃成了职场中的"骨干精英"。

【案例启示】

在职业成长的路上，任何人都会遇到困难。面对困难是选择放弃，还是迎难而上，每个人的选择都不一样。案例中的小沈就是选择直面困难，然后根据自身的实际情况努力前行，从一个什么都不会的"门外汉"成了职场中的精英。成长的道路上可能会充满荆棘，但是只要坦然面对，困难一定会被克服。

高情商的人对自己有充分的认知，知道自己的优势，并能根据优势把自己塑造成社会需要的人，从而给自己的人生做最好的定位。

2. 追逐成长的自己——终生学习，幸福人生

【案例回放】

蔡江勇（化名）是一所高中的校长，在10多年前他就已经被评为省级特级教师。他在学术上非常出色，经常被全国各地的学校邀请讲课。再过1年，

蔡校长就可以退居二线了，然后在市区学校里工作到退休，为自己的人生画上一个圆满的句号。

但是，4月的一天，蔡校长接到了市教育局的电话，由于工作需要，他将被临时派往一所面临困境的民办学校担任校长。

在接到通知后，蔡校长有点措手不及，他犹豫了好久。一方面，他非常清楚，再过1年，他将退居二线，如果接任这份工作，他任职的时间可能至少要延长3年。另一方面，他虽然有创办民办学校的经验，但是他现在需要接手一所面临诸多困境的学校，该校正常运转的资金都难以保证。如果他接手该校，那么必须让学校起死回生，不然，不仅会辜负教育局领导的期望，也会给自己的校长生涯留下些许遗憾。

经过一番思想斗争，蔡校长最后还是"临危受命"，接受了教育局的安排，经过简单的工作交接后就正式上任了。

这所民办学校地处偏远山区，虽然有当地政府的支持，但是学校教师的组成特别复杂。有一部分教师是因为高薪承诺而放弃公办学校编制到这所学校任教的，而学校开办多年并没有实现当初的承诺，有几位教师已经另谋新路，剩下的一些教师也有点心猿意马。有一部分教师是从乡下借调到这所学校的，其中几位教师看到学校发展前途迷茫，转身又回去了，剩下的一些教师还在观望。还有将近一半的教师是刚毕业的大学生，缺少教学经验，大多是外地人，随时都有离开的可能。师资不稳定和素质管理难题对蔡校长来说是不小的挑战。

幸好，蔡校长经验丰富。他来到学校后，对所有的教职工进行职业道德教育，同时严抓学校的教学质量，毕竟民办学校的生命线就是教学质量。他带头对学生的学习心理进行研究，然后提出适合高中生的教学模式，每周对教师进行周前培训，引导教师改变思维，对学校和教学工作充满信心。

转眼间，经过将近1年的努力和调整，蔡校长接手的这所学校已经完全走上正轨，教学质量飞速上升，得到当地政府和家长的一致好评。这时蔡校长已经没有当初的压力，大家都觉得他可以松一口气了。

这年的9月份，人力资源和社会保障部发布了一个晋升正高级教师的通知，在这所学校里，只有临近退休的蔡校长有资格参加评选，如果你是蔡校长……

> **学校好不容易稳定了，你会怎么做？**
>
> A．已经拥有特级教师的荣誉了，正高级教师的评聘还需要考试、说课等，不想再折腾。
>
> B．已经是快退休的人了，万一没有考上就太丢面子了。
>
> C．有资格不代表能评上，这件事太难了，还是放弃吧。
>
> 选择 A 的老师喜欢安于现状，不愿挑战自己。
>
> 选择 B 的老师愿意活在别人的世界里。
>
> 选择 C 的老师表现出知难而退，缺少自信。
>
> 蔡校长是怎么做的呢？

蔡校长的选择让全校教师敬佩不已，虽然他已经好多年没有正式给学生上课了，但是他的内心又燃起了奋斗的火花。他选择接受这份挑战，为自己报名参加正高级教师职称的评选。

正高级教师职称的评选非常严格，因为有资格参加评选的教师都非常优秀。虽然蔡校长已经是省级特级教师，但是他没有丝毫懈怠，为了迎接各类考试，他推掉了外校的讲座邀请，静心在学校里认真备课。他找出了高中三年的所有课本，把每一篇课文都写好教案，然后把每一节课都熟记在心。他还经常借班上课，把理论知识运用到每一堂课中。

白天，他在学校里处理常规事务，有时还要处理一些突发事件；晚上，他通常最后一个离开学校。毕竟蔡校长已经接近花甲之年，所以那段时间，教师们明显感觉蔡校长消瘦了许多。

一段时间后，有一次蔡校长在给高三学生做讲座时，学生提起他评选正高级职称的事情。他说，他已经非常幸运地从全市近 300 人入围到上报省级的名单中，接下去就是要从 100 多个省级名单中再挑选 33 名教师成为正式人选。蔡校长没有说自己能否被评选上，但是如此努力的蔡校长已足以让人钦佩。

最终，他如愿以偿，从100多个正高级候选人中顺利地获得了正高级教师职称。

【案例分析】

蔡校长虽然带着"光环"来到这所民办学校，但也是"临危受命"。面对岌岌可危的学校，他没有唉声叹气，怨天尤人，而是从每周给教师举办的讲座开始，把教师从无序状态调整到有序状态，从信心不足调整到充满能量，这与他的高情商密不可分。

蔡校长的高情商主要表现为以下几点：

（1）擅长引领教师成长。两年中，蔡校长给教师举办过多场讲座，切实地帮助和指导教师的成长，教师们也看到了自己的进步。两年中，学校教师的流动人数比之前下降了三分之二，还吸引了很多优秀的教师来学校应聘。教师们在蔡校长的带领下获得了很多荣誉，整个学校还获得省级科研基地的称号，一所研究型学校应时而生。

（2）不断提升自己的学习能力。这所学校在蔡校长的引领下熠熠生辉，蔡校长自身的发展也没有停下脚步，并没有因已有荣誉而对自己的成长置之不顾。他努力向上的精神感染了很多教师，在他的鼓励下，学校里几个年纪较大的教师又燃起了努力奋斗的火苗，其中有两位教师还获得了省级荣誉。

【案例启示】

一个人真正的成长是不会因年龄的增长而停止脚步，正所谓"活到老，学到老"。在蔡校长的身上，我们不难看出他成长的动力十足，他没有因为自己已经快到退休的年龄而止步不前，他用自己的成长经历给所有人诠释了人活着的意义，他的所作所为充满了正能量。

高情商的人始终将终身成长作为自己的人生追求，无论处在哪个阶段和哪种环境，他们都能展现出拼搏向上的力量，让自己的人生充满希望。哪怕是遇到艰难险阻，他们也会迎难而上，不言放弃！更可贵的是，高情商的人还能很好地感染身边的人努力向前。

3. 柳暗花明又一村——迎难而上，挑战自我

【案例回放】

黄英（化名）出生于一个偏僻落后的小山村，家境并不富裕，从小接受的家庭教育就是"唯有读书才能改变命运，才能走出大山"。所以黄英从小就特别用功，因为她深知，在这样的家庭中，要想得到幸福只能靠自己努力。

功夫不负有心人，黄英终于在初中毕业后如愿跳出"农门"，考上一所中等师范学校，成为一名"中师生"。在那个年代能考上师范学校的都是当地比较优秀的学生，而且一旦毕业，国家分配工作。

3年的学校生活，黄英过得如鱼得水，很快就拿着优秀毕业生的证书走上工作岗位。虽然她被分配到一所农村小学，但是她没有任何怨言，因为她觉得这份工作虽然薪水不高，但非常稳定。

刚开始，黄英没有任何教学经验，既要上语文课，又要担任班主任工作，她感觉特别辛苦。好在学校给她安排了带教教师，好学上进的她在短时间内渐渐地适应了教学工作。

在担任班主任期间，黄老师遇到了很多棘手的事情。比如，孩子们看黄老师年纪小，没经验，只要黄老师不在班上监督他们，学生就在班级里"大闹天宫"。即使黄老师非常严肃地批评他们，但部分学生还是我行我素，为此她感到特别无奈和挫败。

出于提高自身教学和管理能力的考虑，黄老师决定用学历提升自己。1年后，她顺利地考上了大专函授班，利用寒暑假时间努力学习，最终获得了大专毕业文凭。

3年后，一个机会来到黄老师面前。因为当时农村初中教师编制明显不足，所以当地教育局需要从小学教师中抽调一部分相对优秀的教师到初中任教。因为黄老师有大专学历，各方面表现也比较出色，所以教育局领导推荐

黄老师到初中任教。遇到这样的机会，黄老师的内心非常高兴。

但对只有小学教师资格证的黄老师来说，进入初中任教，必须要有初中教师资格证。按照规定，小学教师不能直接转为初中教师。她不仅需要有本科文凭，还必须参加资格考试。黄老师如果要取得中学教师的资格，还需要把小学职称转为初中职称，这又需要经过考试、评审才可以完成，而且难度比较大。假如不能顺利通过考试，那么她以后的职称评审、工作安排和收入待遇都会受到一系列的影响。但教育局领导非常希望黄老师能够到初中任教，并且相信她可以战胜困难，胜任工作。

是"走"，还是"留"，让黄老师非常犹豫。"走"意味着新机遇，但需要接受新挑战；"留"意味着平稳，但会失去发展机会。

面对黄老师的困境，你会怎么做？

A. 拒绝教育局领导的推荐，坚决不去初中任教。

B. 暂时答应在初中任教一年，一年之后回到小学。

C. "胳膊扭不过大腿"，只能委屈自己，然后走一步看一步。

选择 A 的老师缺少理智的思考，不能三思而后行。

选择 B 的老师会用缓兵之计。

选择 C 的老师遇事悲观，缺少主见。

黄老师是怎么做的呢？

黄老师不仅评估了自己的能力，也认真地思考了自己对未来的追求目标，在权衡利弊后，听从自己内心的声音，抓住机遇求发展。她觉得教育局抽调自己的原因是她有大专资质，有上进心，而她也觉得自己还年轻，有精力，有拼劲儿，相信"船到桥头自然直"。

经过慎重考虑后，黄老师接受了教育局的安排，带着压力与挑战，开始了职业生涯的新征程。

秋季开学后，黄老师就正式到岗了。她教的是七年级学生，因为刚带过六年级学生，所以课程衔接方面没有特别大的问题。2个月后，黄老师已经基本适应了初中的教学。这时，她想到了自己的资格考试与职称评定，这个问题将会关系到自己以后的发展。黄老师为自己制订了成长计划，为取得初中教师资格证做准备，而且要求自己必须在3年之内拿到本科文凭，让自己成为一名名副其实的初中教师。

说做就做，黄老师根据计划开始一步一步地实施，首先职称转评成功，继而马上考入本科函授班，参加汉语言文学专业的本科学习。在拿到本科文凭的那一年，她又马上参加教师资格证考试，因为准备充分，她一次性通过了每一场考试，非常幸运地拿到了本科毕业证书和初中教师资格证。之后她又参加了初中一级教师的职称评定，所有的项目都圆满通过。

在评上一级教师后，很多同事纷纷赞扬她努力拼搏的精神，并且认为黄老师终于可以"歇一歇"了，暂缓前进的步伐。一次偶然的机会，黄老师因为出色的业务水平和富有激情的工作状态，被市内一所学校的校长相中，经过面试、选拔，她顺利地被录用到市内初中任教。面对新的环境和新的同事，黄老师在努力地适应，当发现这所学校的教师基本上都是本科毕业和硕士毕业时，她的内心又一次被激活："我要报考在职研究生！"当她与同事交流考研究生的想法时，有年长的同事善意地提醒："考上研究生又不会加工资，再说，在初中教书有本科学历就很好了，不需要这么辛苦。"也有同事说："你不考研究生，学校也会给你同样的待遇。你也不年轻了，不要浪费时间和精力进修了。"

……

听了同事们的话，黄老师没有解释，也没有辩解，但暗下决心，一定要考取教育硕士。她用之前的方法列出了自己的目标和实施计划。虽然要考上研究生确实是件不容易的事，但黄老师坚持考了两年，最后终于如愿考上某师范大学的在职教育硕士研究生，专修汉语言文学。几年后，闪亮的硕士学位证书被黄老师捧在手中，她还顺利地通过了中学高级教师职称的评审。

黄老师努力实现自我追求的行动，再一次感动了身边的人。

【案例分析】

黄老师最初只是一名具有中专学历的小学语文教师，不具备担任初中教师的资格，更没有改变教学年段的想法。但是，当真正遇到困难和机遇时，她理智地审视了自己的处境，迎难而上，体现了她的高情商。

黄老师的高情商主要表现为以下几点：

（1）脚踏实地，从点滴做起。黄老师在自己的职业生涯中，能放下身段，从点滴做起，结合自身的特点，把握住发展的机遇，让自己从一名小学教师成长为出色的初中教师，从中专学历提升到研究生学历，从二级教师成长为高级教师。这些努力的"脚印"，是黄老师脚踏实地地走出来的。

（2）善于自我挑战。自我挑战、自我规划、自我追求，黄老师的成长过程让人深深地感受到"爱拼才会赢"的道理。

【案例启示】

每个人在自己的发展经历中都会遇到意料之外的机遇与挑战。有的人善于接受挑战，把握机遇；有的人享受平静，可能会放弃机遇。在职业发展过程中，我们可以看到一个现象："天下没有免费的午餐。"黄老师在面对挑战时，没有意气用事，而是努力寻找自身优势，制定合理的目标和方向，脚踏实地地走好每一步。在实践的过程中，虽然压力很大，但是只要有为目标拼搏的精神，相信机遇总是垂青努力的人。

高情商的人善于发现自己的优点，更善于目标的制定和执行。如果加上坚韧不拔的品质，他们一定会在自己的事业上或者某个领域中闪光。

4. 频频响起的电钻声——宽容他人，善待自己

【案例回放】

魏然（化名）是一名高三语文教师。因为教学时间紧迫，她每周周末都会在家里给学生上两节网课，帮助学生及时巩固所学知识。网络直播虽然不

能面对面地看到学生，但是魏老师从学生的作业反馈中仍然能够感觉到学生的学习效果比较好，所以她也为自己的线上教学感到欣慰。

这一天，她打开直播系统开始讲课，正讲到兴奋处，突然楼上传来了"吱吱吱"的刺耳声音，声音的分贝明显高于寻常。魏老师一开始没有特别在意，她想着声音应该很快就会消失。结果，这个声音持续了近3分钟还没有结束，学生都忍不住发来留言说，"这个声音太刺耳了，根本无法听清老师讲课"。这时，魏老师不得不暂停讲课，去楼上交涉。

"咚咚咚"，魏老师敲了敲邻居的门。稍许，一个戴着安全帽、手拿电钻的师傅开了门。

"您好！我是楼下的邻居，是一名老师。我现在正在上网课，您能否过会儿再工作，不然会严重影响我给孩子们上课。"魏老师很有礼貌又开门见山地对他说。

师傅看了看魏老师，显然有点不好意思地说："对不起，我不知道你在上课。因为房东要求装修，所以我就按照他的要求做了。"

魏老师听了他的话，觉得也不能完全怪他，于是便和气地说："我这两天上午都需要上课，如果可以，希望您在上午做一些声音不是很响的工作，下午就没有关系了。"

师傅看到魏老师说话非常礼貌，于是对她说："好的，那我就先做其他的工作，我会注意的。"

魏老师觉得师傅比较能理解她的处境，转身就跑到楼下继续上课。一个上午相安无事，魏老师觉得楼上的师傅为人真不错。

第二天上午，魏老师正常线上上课，开始时一切正常。可是，没过多久，楼上猛地又传来了刺耳的"吱吱吱"声。魏老师一惊，昨天不是跟楼上的师傅协商好了吗？现在……

面对这种情况，你会怎么做？

A. 立即冲到楼上和师傅理论，指责他言而无信。

B. 直接给物业打电话，然后让物业干涉此事。

C. 强忍住怒气，不想再理会楼上的师傅，继续上课。

选择 A 的老师情绪管理存在问题，可能会引起不必要的麻烦。
选择 B 的老师能借助于其他力量处理比较棘手的事情，但是没有直面问题。
选择 C 的老师遇到困难容易退缩，不愿意多事。
魏老师是怎么做的呢？

魏老师听到刺耳的电钻声后，心里确实有点不解，但她还是这样对学生说："各位同学，非常抱歉，昨天的电钻声又来凑热闹了，现在老师只得暂时离开你们，让我再去处理一下。"同学们听老师这样说，没有任何怨言。有的学生还给老师出主意，让老师带点好吃的上去，然后和师傅说一下，让他先休息会儿，等会儿再工作；有的学生说，老师可以直接给房东打电话，因为师傅毕竟是房东找来干活的，只要房东让他暂停，师傅肯定会停下来；还有的学生说，老师可以直接打"110"报警电话，告知有人扰民……

学生们在群里议论纷纷，但是魏老师没有说什么。她转身走到楼上，然后轻轻地敲了敲门。可能是声音太小了，房间的门没有打开。魏老师又加重了敲门声，这时，正好电钻不响了，门继而就打开了，还是昨天的那位师傅。

"师傅，不好意思，又来打扰您做事了。"魏老师非常有礼貌地对他说，"我还是昨天的老师，我知道您也是替房东做事，我本来也没有理由让您停工。但是，我确实要给孩子们上网课，他们已经高三了，马上就要高考了。我想早点儿给他们讲完课程内容，因此希望您这几天不要在上午使用电钻，下午都是可以的。"

听了魏老师的话，师傅也非常不好意思。他说："实在抱歉，我想着今天是周日，你们应该不上课了，所以我又来了。"

原来是这样，魏老师耐住性子，对师傅说："我们周六和周日上午都要上课，所以请您站在孩子的角度上考虑一下实际情况。"

师傅立马说："好的，听你这么说，就知道你是一位好老师。无论如何，我都不能影响你上课。老师，请放心，我一定会调整好手头的活儿。"

一场风波在魏老师彬彬有礼的沟通中化于无形。

【案例分析】

网络直播课的实施，给教师和学生带来很多便利。但是，教师的上课地点通常在家里，因此左邻右舍的相互影响在所难免，邻里关系问题、意外突发事件时有发生，如何处理也体现了一个人的情商。

魏老师的高情商主要表现为以下几点：

（1）善于处理突发事件。案例中的魏老师非常负责任。她平时非常注重教学研究，有高三教学的丰富经验。因为高考临近，她对学生的学习感到焦急，所以抓紧时间为学生上网课。当遇到这样的突发事件时，魏老师虽然心中有诸多不悦，但是她并没有采取极端的行为，而是在安慰学生的同时，通过有效的沟通保证网课教学的效果。

（2）个人素养高和情绪控制能力强。幸好魏老师遇到的师傅通情达理，没有推卸责任，并且能及时调整工作方案。但是从整个事件看，电钻声音风波的及时化解，完全离不开魏老师的个人素养和情绪控制能力。特别是第二次事件发生时，魏老师在说明实际情况后，师傅还出现类似问题，一般人都会特别生气，但是魏老师的可贵之处在于：她仍然能站在师傅的角度为他考虑，也把自己的难处清楚地告知对方。俗话说："张口莫骂赔礼者，伸手不打笑脸人。"魏老师有一颗理解包容的心，所以在处理事情时比较顺利。

【案例启示】

我们在社会生活中，一定会遇到形形色色的人。每个人都有自己的个性，如何与周围的人相处是一门大学问。宽容他人，幸福自己，是我们的做事原则。在生活中，如果每个人都能站在他人的角度相互理解，一定会减少很多矛盾和冲突。

"海纳百川，有容乃大。"高情商的人不仅能宽容他人，也能悦纳自己，能充分运用自己的智慧处理棘手的事情，在顺利解决问题的同时让自己和他人都能得到幸福和快乐。多一点对别人的宽容，生活中就多一点空间；宽容别人，就是善待自己！

5. 破椅子事件——以治待乱，以静制动

【案例回放】

　　班主任吴仁彬（化名）老师从科学教师那里得知班级中发生了椅子损坏的事件。事情的经过是：方亮（化名）和余文（化名）坐在同一把椅子上前后摇晃，结果"咔嗒"一声，他们的身体歪向了一边，两人赶紧站起来查看情况，发现椅子的一边裂开了一条大缝，已经不能再坐了。科学教师看到后，嘱咐他们及时和班主任联系，商讨赔偿的事情。

　　得知事情的经过后，吴老师在课间找到了方亮和余文，再次了解了事情的经过，并对他们说："既然事情已经发生了，我们现在要面对的是怎样处理这件事情，我想先听听你们的意见。"

　　吴老师以为两个孩子会承认自己弄坏了椅子，并主动提出赔偿。但是，令他没有想到的是，两个孩子根本没有承认错误，更别提赔偿的事情了。方亮说："我觉得这件事情我们没有错，因为这把椅子本来就是坏的，学校给我们坐这样的椅子，我还想让学校赔偿我们的损失呢！"

　　余文在旁边也附和道："我也觉得这不是我们的责任，如果椅子本来是不坏的，那么我们坐在一起肯定没有问题。"

　　吴老师没想到这两个孩子会说出这样的话，但是他马上就镇定下来。他认为两个孩子有这样的想法，或许是为了逃避自己的责任，或许是担心受到家长的批评。于是，吴老师接上他们的话说："如果之前这把椅子是坏的，你们发现后可以马上让后勤部更换，为什么当时没有及时更换呢？"

　　方亮说："因为当时我以为不要紧，所以就没说。"

　　吴老师接着说："是的，当时可能你觉得不要紧。那是因为椅子承担你一个人的重量是没有问题的，但是现在你们是两个人坐在一起，而且你们俩的体重是我们班最重的，椅子自然就无法承受了。现在，这把椅子确实坏了，那么就需要按照学校的规章制度处理，你们一会儿就带着椅子到后勤部接受

核定，然后把处理意见告知我和你们的家长。"

听完吴老师的话，方亮和余文有点不情愿地带着椅子去了后勤部。回来后，他们把处理意见反馈给了吴老师。按照学校的公共财产管理办法，他们的行为属于损坏公物，所以他俩需要照价赔偿。接着，吴老师让两名学生务必把后勤部的反馈意见告知家长。

第二天，吴老师接到了方亮爸爸的微信消息。内容是这样的："吴老师，你好！我是方亮的爸爸，孩子说学校让他照价赔偿椅子，但我觉得有三方面不合理。①这把椅子本来就是坏的，不应该让他们赔偿，这样的损耗应该算学校的。如果这个损耗也要家长赔偿，那么学校就没有一点损耗了。②这把椅子不是新椅子，不能照价赔偿。③两个孩子坐一把椅子，是很正常的行为，哪个孩子不调皮呢？！幸好他们没有出意外，不然，因这把破椅子而让我的孩子出现身体问题，就是你们学校的责任了！"

面对家长的质疑，你会怎么做？

A. 不想理会这位家长，然后抱怨自己的运气不好，竟然遇到了这样一位家长。

B. 马上给家长回复，让家长到学校来处理这件事情。

C. 不知道怎么处理，干脆把这件事情报告给领导，让领导去处理。

选择 A 的老师在面对困难时选择抱怨和不作为。
选择 B 的老师在处理问题时简单粗暴，容易引起更大的麻烦。
选择 C 的老师把责任推给他人，这是非常不理想的做法。
吴老师是怎么做的呢？

吴老师没有马上回复家长的质疑，而是仔细地思考家长提出的三点理由。从家长的字里行间，吴老师可以感受到家长认为这把椅子之前就是坏的，所以埋怨学校不应该让家长照价赔偿，然后以孩子的安全为由，不想承担孩子不良行为造成的后果。为了解决家长的质疑，吴老师决定再次进行调查，从

椅子之前是否已损坏的情况开始了解。

吴老师再次找到方亮和余文,详细地了解方亮是从什么时候开始发现椅子是坏的(是开学的时候,还是后来才发现的)。在询问中,方亮说这把椅子本来不是他的,是在一次测试时,他因为不想整理自己的课桌,就从教室后面备用的两套桌椅中拿了一套。本想考试结束后,他再重新换回来,结果后来他不想搬,所以就没有换。再后来,他发现这把椅子有裂缝,但是他也没有和老师说,以为不要紧,平时他的椅子也经常是好几个同学一起坐,一直都没有出现问题,直到和余文同学坐一起时才出现问题。

了解清楚后,吴老师给方亮爸爸回复了微信:"方亮爸爸,经过详细的了解,事情的经过如下。方亮的椅子本来是不坏的,后勤部和我都检查过。事情的发生主要是因为他自己换过桌椅后没有及时换回,然后知道有裂缝也没有及时向老师反馈,所以这个责任主要还是在方亮同学。虽然同学之间的玩闹经常发生,但是椅子是因为他们坐在一起而裂了一个大口子,已经无法修复。虽然他们不是有意为之,但确实造成了不可弥补的损坏,是要照价赔偿的。其实,我们处理这件事情的最终目的也是为了让孩子吸取教训,不随意动用不属于自己的东西,不做一些不文明的行为。相信您一定能理解我们的工作。"

收到吴老师的回复,方亮爸爸在许久后才回复:"如果事情的经过是这样的,那么我和余文的家长再商量一下。"

又隔了一天,吴老师在微信上收到了方亮爸爸的微信红包,红包上面写着"赔偿椅子"。

在收到方亮爸爸赔偿椅子的钱款后,吴老师再次和两名学生进行了谈话。他把最终的处理结果告知了两名学生,然后让他们说说对这件事情的看法。方亮同学觉得自己确实有做得不好的地方,之前也是因为偷懒,不愿意把椅子换回去,如果能及时更换桌椅,后面的事情就不会发生。在发现椅子有裂缝时,如果早点汇报给老师,及时调换,也不会把椅子彻底弄坏。总之,都是他自己怕麻烦才惹出的事情,今后一定会吸取教训。余文也说,其实之前只是觉得好玩,所以几个人总是坐在一把椅子上玩,现在知道这样的行为确实不好，不仅会损坏公物，还会带来安全隐患，今后不会再这样玩了。

又过了几天，方亮的家长发来了信息，解释说当时自己是一时情绪激动，请吴老师不要怪罪，并且向吴老师道歉。看到家长的信息，听到两名学生的回答，吴老师觉得，这件事情的处理过程虽然令人感到辛苦，但事情还是得到了圆满的解决，能够让学生从事件中得到启发和教育，也是一件快乐的事情。

【案例分析】

案例中的吴老师在处理学生这起椅子事件中表现的是睿智和冷静，吴老师的高情商主要表现为以下几点：

（1）沟通方法循循善诱。在了解具体的情况时，面对学生推卸责任，吴老师没有当面和学生发生冲突，只是循循善诱，仔细了解学生的真实想法。

（2）善于运用事实说话。对于家长的质疑，吴老师没有据理力争，而是静心思考、悉心调查、用事实说话。

（3）能抓住每个教育机会。虽然方亮爸爸已经把赔偿的钱款交给了吴老师，但是他没有因此就结束了这件事情。作为教育工作者，吴老师特别懂得事情处理的时机，最后那段与两名学生的交谈体现了他的高情商。孩子的心智一般都不够成熟，他们往往喜欢在一些事情上推卸责任。吴老师在与他们交谈的过程中，以帮助他们学会一些方法出发，设身处地地指导他们学会处理问题并勇于承认自己的错误。

【案例启示】

俗话说："林子大了，什么鸟都有。"在日常生活中，我们一定会遇到各种各样的人。有的人喜欢颠倒是非，推卸责任；有的人不仅不承认自己的错误，还会反咬别人一口。面对这样的人，我们只能耐住性子，控制好自己的情绪，然后通过多方了解，找到证据，用事实说话。

高情商的人不会被毫不讲理的人威慑到，也不会因棘手的事件乱了方寸，他们会冷静思考，仔细分析，相信所有的问题一定有解决的办法，然后从繁杂的事件中找到突破口，最后完美地解决问题。

6. 瞬间平息的风浪——雷厉风行，当机立断

【案例回放】

　　上午的大课间时间，姚佳明（化名）老师带着五（2）班的学生到操场上做操。结束后，姚老师对学生们说，回去的路上不要追逐打闹，到教室里一定要马上准备好下节课上课的物品。而下节课就是他的数学课，他需要先到办公室里取教学用具。

　　五年级数学教师的办公室离五（2）班的教室有点远，姚老师一路小跑到办公室，一拿到教学用具就快速返回。快到门口的时候，忽然听到教室里传来一阵惊叫声，他快步走进教室，发现放在一角的盆装绿萝横在地上，花盆已经碎了一大块，花盆里的泥土洒了一地。班里的毛小宇（化名）同学半躺在一边，一只手放在背后，一只手艰难地支撑着，脸上露出痛苦的表情。离他最近的地方站着班里力气和块头最大的李哲翔（化名）同学，从表情上能看出他的不知所措，显然他是被刚发生的事件惊到了。其他同学估计是听到响声后发出了尖叫，有几名同学正准备走向毛小宇探个究竟，有一名同学一边走一边对着李哲翔说："你这次真的闯大祸了！"

　　姚老师看到这个场景，估计是"调皮大王"李哲翔与同学打闹，把毛小宇推到花盆上了。于是，他赶紧放下教具，跑到毛小宇身边，轻轻地把他扶起来，一边扶一边问道："你是碰到了花盆吗？哪个地方最疼？"

　　毛小宇明显也是被吓到了，没有马上回答姚老师的话，他在姚老师的搀扶下蹒跚地走到了自己的座位。姚老师看到他不能直立行走，估计他是伤到了背部，在他坐下后，姚老师拉起他的衣服一看，发现他的背上有一个很大的伤口，鲜血已经隐隐透出。姚老师一阵眼晕，但是马上镇定下来，向一名学生要了纸巾，拦在伤口的下面，然后派一名学生到校医室通知校医，并让其带上包扎伤口的医用物品。

　　一会儿，校医就背着卫生箱来到教室。在检查伤口后，校医做了简单的

处理，然后就让姚老师赶紧将毛小宇送去医院。因为伤口太大了，需要缝针，校医无法处理。

姚老师立即让一名学生通知语文教师来临时代课，然后就和校医一起将毛小宇扶到校门口。在这个过程中，他通知了学校的校车。然后，他陪着毛小宇去医院就诊。

毛小宇的伤口确实有点可怕，医生整整缝了8针，姚老师看得十分心疼。姚老师自己也有孩子，所以他马上就想到了毛小宇的家长。如果知道自己的孩子在学校里出了这么大的事情，家长或许会兴师问罪。因为据姚老师了解，毛小宇的爸爸对孩子非常宠爱，平时只要孩子有一点不舒服，他就会打电话千叮咛万嘱咐。现在孩子受了这么重的伤，他又是火暴脾气，他会不会到学校闹事呢？而李哲翔的爸爸则是对孩子恨铁不成钢，经常疏于对孩子的管理。在这种情况下，姚老师该怎样处理呢？

> 孩子因打闹受伤，教师该如何通知家长？你会怎么做？
> A．直接给双方家长打电话，让家长赶紧到学校来一趟。
> B．给受伤孩子的家长打电话，让他把孩子直接带回家。
> C．先不告知家长，待受伤的孩子回校后，把事情调查清楚再说。
>
> 选择A的老师处理事情比较迅速，但是容易让家长带着情绪到校。
> 选择B的老师考虑问题不够全面，会给事情的后续处理埋下隐患。
> 选择C的老师能做到先调查，再告知，相对比较合理，但孩子的伤势有点严重，容易引起家长的不悦。
> 姚老师是怎么做的呢？

在毛小宇接受治疗的过程中，姚老师选择先给没有受伤的李哲翔的爸爸打电话。电话接通后，他说："哲翔爸爸，你先不要着急。今天给你打电话是因为哲翔与同学发生了打闹事件，他可能不小心把同学推到了花盆上，对方的背部已经磕出了一个大口子，在医院里缝了8针。无论怎么说，对方孩子已经受伤了，他的父母如果知道这件事情，一定会很难过。你先不要急于怪罪自己的孩子，一会儿我会通知受伤孩子的父亲到学校，你现在赶紧买一点给孩子吃的水果和牛奶，然后给家长赔礼道歉，家长看到你的态度，心里也会好受一点。"容不得哲翔爸爸回应，姚老师一口气把事情的解决方案都告知了他。哲翔爸爸觉得姚老师说得很有道理，急忙连声答应。

挂断电话后，姚老师马上给毛小宇的爸爸打电话："小宇爸爸，你好！你现在方便接电话吗？"小宇的爸爸是一个单位的领导，姚老师担心他在忙，所以确认对方方便后才对他说："非常抱歉，在课间的时候，因为我要去办公室拿上课的教具，所以没有留意孩子们的课间安全。你的孩子和班里的哲翔同学发生了冲突，结果他不小心撞到了花盆上，背上磕出了一个伤口。不过小宇已经在医院里缝过针了，医生说他没有大碍，只是需要静养。如果你现在可以出来，辛苦你到学校来接一下孩子，具体的处理方案等你到了我们再聊，可以吗？"

听到姚老师说自己的孩子受伤了，而且到医院缝针了，小宇的爸爸非常着急，连忙问道："现在我家小宇在什么地方？你让他接电话，我马上赶过来。"

姚老师把手机交给小宇，小宇与爸爸交谈了几句。虽然小宇的爸爸很着急，但是听到孩子的声音，他还是镇定了下来。

回到学校后，姚老师安排小宇在一间空教室里休息，然后他就到校门口等两位家长。李哲翔的爸爸离学校比较近，他先到学校，手上拎着水果和牛奶。姚老师看到他后，把之前了解的事情经过和他详细地说了一遍，特别强调对方的孩子伤势比较严重，作为家长，要首先承认自己孩子的不足，然后双方协商，最后达成和谐处理。哲翔爸爸听过后，觉得老师说得很有道理。

一会儿，小宇的爸爸也到了学校。一下车，他就火急火燎地来到姚老师身边。这时，哲翔爸爸马上把手上的物品递给小宇爸爸，然后说道："对不起，小宇爸爸。我的孩子不知道轻重，让你的孩子受苦了。这点水果和牛奶就给孩子压压惊，医疗费我会全部负责的。"

听到哲翔爸爸诚恳的话语，小宇爸爸也不好意思多说什么。只是客气地说道:"不用,不用,孩子之间有矛盾也很正常,这些东西你还是拿回去给你的儿子吧。"但是哲翔爸爸再次把东西往他手边递,小宇爸爸觉得拒绝也不是很礼貌,于是接下东西,然后转身将其交给姚老师,说道:"那这些东西就算作哲翔爸爸买给班里孩子的,你拿去分一下吧。"姚老师听到这样的安排,觉得还是不要让两位家长特别尴尬,于是对他们说:"那我就当是小宇爸爸接受了哲翔爸爸的道歉,我会对全班同学说这是小宇爸爸的心意。不过医药费,我觉得还是要让哲翔爸爸出,毕竟这样的行为伤害到了小宇。"

哲翔爸爸听后,马上说:"对,医药费我们一定承担,如果后期还需要治疗,我们还是会负担的。"

看到哲翔爸爸如此诚恳的态度,小宇爸爸的气已经消了一大半。这件看似暴风骤雨的事件在姚老师及时、机智的处理中落下了帷幕。

【案例分析】

学生在校发生意外伤害,虽然是无法避免的,但是如何处理这样的事件,对每名教师都是一个挑战。案例中的姚老师就具备很高的情商。

姚老师的高情商主要表现为以下几点:

(1)善于处理突发事件。案例中的姚老师在面对突发事件时,首先想到的是孩子的伤势,所以他非常镇定地用最快的速度带学生到医院进行治疗。在学校里,学生的身体安全是最重要的。

(2)具有高超的与人交往技巧。姚老师在与家长沟通方面很有经验,对家长的个性特点都有所了解,特别是在通知家长时,他能够站在对方的角度考虑,让双方家长都不带着怨气来处理孩子的事件,这充分体现了姚老师高超的与人交往技巧。事后,小宇爸爸还对姚老师说,他在路上已经想好一定要学校给个说法,现在看到对方家长这么诚心,他也不好意思让对方为难,同时感谢姚老师及时将孩子送医治疗。

【案例启示】

俗语说:"知己知彼,百战不殆。"善于了解他人,遇事冷静,能设身处地地为他人着想，面对棘手的问题能全盘考虑，始终把学生和家长的利益放在重要位置，诚心待人，耐心指导，这样的做法一定会得到他人的赞扬和肯定。在生活中，我们可能会遇到各种类型的人，但是只要我们用诚心对待他人，相信我们的付出一定会得到回报。

高情商的人善于沟通，善于交流，而且能与他人坦诚相待，真诚且有礼貌。在遇到问题时，他们不推卸责任，能准确地分析问题、解决问题，做事情也绝不拖泥带水，果断而正确。

二、识别与管理他人情绪

在现实生活中，善于察言观色、识别他人内心的人一般具备超人的耐心和承受力，他们不仅能很好地控制住自己的情绪，更能在关键时刻帮助他人管理好情绪，这便是高情商者，也是成功者。

1. 雨夜寻生记——动之以情，晓之以理

【案例回放】

时针已经指向晚上10点30分，于欢（化名）老师正想洗漱休息，忽然听到手机传来了一阵急促的铃声。这么晚了，是谁打电话呢？于老师拿过电话一看，来电显示是学生小杭的家长，她急忙接通电话。"于老师，我是小杭爸爸，小杭不见了！"电话的那头，小杭爸爸强忍住担忧的情绪，尽量平静地说："我现在正在街上，在十字街的位置，我已经找了他好几圈了，一直都没有找到。你能否帮忙问问班级的其他学生，看看是否有同学知道他的去处？"

于老师一听到这个消息，疲劳和困意全部消失了。她马上打电话问了平时与小杭关系比较好的几个同学，得到的回复都是没有见到他。于老师随即决定，立刻出发与小杭爸爸一起寻找小杭。

深秋的雨夜，夹带着阵阵寒意，于老师拿起雨伞就冲进了夜色中。虽然

此时是没有方向的寻找，但是于老师的心中只有一个想法，就是一定要尽快找到小杭。雨夜的大街上行人稀少，于老师一边仔细察看路边角落，一边向行人打听是否见到一个小男生。一个半小时过去了，时间也到了深夜 12 点，寻找无果的情形更加令人不安和担心。小杭爸爸已经筋疲力尽了，他见到浑身湿透的于老师，无奈而又歉意地说："真不好意思，让你受累了，要不你先回家休息吧，毕竟你明天还要上课，我再到别处找找。"虽然此时于老师因全身湿透，寒意让她的嗓子出现沙哑，但她并没有因此打退堂鼓，她用肯定的语气对小杭爸爸说："我们还是一起再找找，不然我还是不放心。"

当他们再次来到校园附近寻找时，于老师在墙角看到了一个蜷缩的身影，走近一看果然是小杭。他没有雨伞，全身淋得湿透，只见他抱着书包，浑身发抖。爸爸一见到小杭，就火冒三丈，一把拉起小杭，扬起手就要落下。

面对这样的突发事件，你会怎么做？

A. 站在一边不说话，觉得孩子的父亲用打的方式教育孩子也是应该的。

B. 和孩子的父亲一起责骂孩子，认为孩子的这种做法确实不应该。

C. 等家长打完后，再好好与孩子交谈一下。

选择 A 的老师不懂更好的教育方式。

选择 B 的老师对自己的情绪毫无掩饰，不利于与学生沟通。

选择 C 的老师没有真正理解学生的内心需求。

于老师是怎么做的呢？

于老师见状，马上把小杭揽到自己身边，转身对小杭爸爸说："您先不要激动，孩子找到了，现在也没事，让我和他说几句话。"

听到于老师的话，小杭爸爸把扬起的手无奈地放了下来。灯光下，小杭抬起头，用充满疑惑和不安的眼神看着老师，他眼中流露出的乞求被于老师捕捉到了。他不知道，这位深夜冒雨辛苦寻找他的老师会对他说些什么——是愤怒的训斥，还是理解的安慰？

显然，于老师读懂了小杭的无声言语，她平静地说道："小杭，你知道吗？在寻找你的过程中，我和你爸爸有多着急，多担心。现在看到你安全，我们感到很欣慰。无论今天发生了什么事情，我们都不再追究，因为现在已经很晚了，我先送你回家，你赶紧洗个热水澡就休息，有什么事我们明天再谈，好吗？"

于老师转身对孩子的爸爸说："事情的发生一定是有原因的，您再责怪也没有意义。小杭此时又冷又饿，但是已经安全了。回家后，您给他准备些干净衣服和点心，这是他最需要的。"于老师一直目送小杭和爸爸走进小区大门才离开。

第二天，小杭虽然双眼红肿，带着一副疲倦的神情，但还是准时来到了学校。于老师没有在班级里提及昨晚小杭离家出走的事，也没有把雨夜寻生的事汇报给学校，因为她想了解孩子出走的原因。

于老师认真观察小杭，坐在教室里的他一直低着头，完全没有听课的心思。

中午休息的时候，于老师找小杭谈话："你能告诉我，发生了什么事，让你选择离开家吗？"

"数学老师打电话给我爸，说我数学测试时不认真答题，在试卷上画美女。爸爸非常生气，在晚饭时不停地数落我，说如果不想好好读书，就不要待在家里，他把我的书包丢出了窗外。"

"当时你是不是也很生气？"

"不光生气，而且还着急，我饭也没吃，就跑出家门捡书包了，见爸爸一路追来，我也就越跑越远。"

"在雨夜无处可去的时候，是不是特别希望有人帮你，而不是训斥你？"

小杭认真地点头回应。

因为小杭同学有过"逃学"的经历，所以于老师向他提出一个要求："如果哪天真不想到学校上课，或者有什么烦恼的事情，希望你能事先告知我。我是你的班主任，我会尽我所能地帮助你。只是你不能悄无声息地离开，那样既不礼貌，也不安全。这是老师的电话号码，你收着备用。"

小杭把写有电话号码的纸片，紧紧地握在手中，眼神中充满着感激。

一天，小杭给于老师打电话说："老师，今天我头疼，想请假。"于老师知道他可能是想编个理由逃学，但还是关切地回复说："好的，如果严重就一定要去医院看看。"谁知，到了中午，小杭就到了学校。于老师抓住时机对他说："你今天做得很对，事先告知我你的状况，这样可以让我安心，也希望你今后有什么状况一定要及时和我说，老师真心希望你能成为一个懂事的好孩子。"

【案例分析】

于老师是一位有20多年教龄的初中班主任，她在与学生沟通方面很有经验与成效，这与她的高情商分不开。

于老师的高情商主要表现为以下几点：

（1）不会给学生贴"标签"。案例中的小杭同学，是一个被贴了"标签"的"问题学生"。在他初中刚入学时，就有人提醒于老师："你们班的小杭同学，在小学时就经常逃学，与老师顶嘴，打架闹事也是家常便饭。"面对这样的学生，教师该怎么做？是先声夺人（一开学就给他来个下马威），还是静观其变？于老师选择了后者。

（2）真诚关心学生。在接到小杭爸爸的求助电话时，于老师没有用有色眼镜看待学生，当时她的第一个念头就是要找到孩子，她知道孩子的安全才是最重要的。当苦苦寻找，终于找到小杭后，面对小杭爸爸举起的手，她虽然很疲累，但是她能读懂小杭的内心，用理解和宽容保护了小杭。在孩子最需要温暖的时刻，她给予孩子心理抚慰，而不是训斥，并且她还让家长准备干净的衣服和点心，不仅为孩子提供物质需要，更让孩子感受到接纳和温暖。

（3）懂得学生的需求。在第二天与学生的谈话中，于老师从了解冲突的原因出发，切身体会孩子的心理感受，在让孩子感受关爱的基础上提出要求，动之以情，晓之以理。

【案例启示】

于老师不仅是一位有丰富教学经验的老师，她更懂学生的心理，善于捕捉学生的情绪状态，及时与学生的心理需求连线，通过心与心的交流让学生信任她。"亲其师，信其道"，教育自然就能达到春风化雨、润物无声的境界。初中生的逆反心理比较严重，稍有不慎就会被激怒，引发更多的麻烦，这样的"雷区"处理非常考验教师的情商。

高情商的表现在于尊重他人（特别是处在矛盾中的他人），要善于分析，并且在面对突发事件时迅速控制自己的情绪，进而机智巧妙地化解各种矛盾。

2. "愤怒"的女生——推己及人，同理在线

【案例回放】

一天，郭美芳（化名）老师忽然接到了学校领导的通知，让她去接一位新老师带了两个月的601班。原班主任刘老师是一位新教师，缺少班级管理经验，与学生家长发生了一些冲突，加上有一些学生特别调皮，所以刘老师无奈地提出了卸任。

虽然郭老师是一位有经验的班主任，但在接到工作任务后，她还是仔细了解了班级的具体情况，并利用周末给孩子们准备了"见面礼"。601班的学生都是住校生，于是郭老师选择在周日晚自习的时候进班，以班主任的身份与学生们正式见面。铃声响过，郭老师带着"见面礼"，踏着轻快的脚步走进了班级。郭老师刚走到讲台边，还来不及正面与大家打招呼，坐在后排的一名女生就"噌"地站了起来，用食指指着郭老师大声说道："都是你，把我们的班主任赶走了，我恨你！"瞬间，女生的愤怒弥漫到整间教室，几十双眼睛齐刷刷地看着郭老师。郭老师设想过很多种与学生第一次见面的场景，但她万万没有想到是这样的情形。

> **面对学生的责骂，你会怎么做？**
>
> A. 生气地指责学生不礼貌，让她课后到办公室里谈话。
> B. 趁机把中途接班的怨气当着孩子们的面发泄一番。
> C. 淡定地对待学生的抱怨，不予理睬。
>
> 选择 A 的老师是用威严控制学生。
> 选择 B 的老师的抱怨情绪会影响学生，也会影响教师的自我形象。
> 选择 C 的老师用淡定控场，但不利于建立良好的师生关系。
> 郭老师是怎么做的呢？

郭老师明显感到有点尴尬，但她马上镇定了下来，然后当着全班同学的面温和地说："同学们好，确实我今天是作为你们的新班主任与大家见面。我非常理解这名女生对原班主任的喜欢，但我相信，在不久的将来，你们一定也会喜欢上我。现在请这名同学先坐下，有想法我们慢慢交流，可以吗？"

过了一会儿，该女生虽然心中还有不满，但是听了郭老师的话后只能默默地坐下。

这时，郭老师把事先准备好的"见面礼"——画笔和卡片，发到每个人的桌子上。然后在大家疑惑的眼神中说："我知道刘老师和大家相处了两个多月，你们对刘老师都已经有感情了。她临时卸任，让我接班，这些都是我们不能左右的，但是大家可以把自己的想法画在卡片上，或者写下自己想说的话，然后把卡片送给刘老师，刘老师一定会很开心。"

同学们面面相觑，不知道如何是好。这时，机智的班长显然领悟了郭老师的用意，他站起来说："同学们，既然新班主任想让我们表达对刘老师的感激之情，还给我们买了画笔和卡片，那么我们就把自己想对刘老师说的话写到卡片上吧。这样既是对刘老师的感恩，也不辜负新班主任对我们的期望。"说完，他就带头开始作画了。

看到班长已经行动，大部分同学也赶紧开始勾画和填色。那名站起来发怒的女生，显然还没有从刚才的情绪中走出来。郭老师慢慢地来到她的身边，见她桌上的画笔和颜料一点都没有动过,便弯下腰轻轻地问道:"你好!你选择了什么图片,需要我帮忙吗?"

这名女生看也没看郭老师,就扔下一句:"我不会画!"她表现出明显的对立情绪。

"你看,这画稿都已经把轮廓画好了,你只要根据自己的意愿填色,然后写上你对刘老师想说的话就可以了。"郭老师打开画稿,给女生一些具体的建议。

此刻,这名女生不像之前那样抗拒了。她停顿了一下,用眼睛瞄了一眼画稿,画稿上是一位美丽的公主,她穿着华丽的衣服,戴着皇冠,手里还拿着一个类似于魔法棒的东西。也许是女孩对公主的天生偏爱,这名女生扭动了一下身子,让自己坐得更直了。这时,郭老师看到女生桌上的本子封面写着"林斯雯"(化名)。"斯雯",一个很有诗意的名字,郭老师想着这应该就是她的名字,便瞬间记住了。

"斯雯,你看这个公主长得是不是很好看?"听到郭老师说出自己的名字,斯雯不自主地抬头看了郭老师一眼,眼神中充满好奇,似乎也在疑惑为什么老师知道自己的名字。她的嘴唇张了张,欲言又止。很快,她又把头低下了,好像是在思考该如何回答。郭老师看到斯雯有了回应,接着说:"我想,在你的心目中,刘老师一定也是一位美丽的公主吧!那你现在可以根据自己的想象把颜色填上,然后把它送过去,我想刘老师一定会很开心。"

斯雯没有说话,她用右手拨弄了一下桌上的画稿,然后看了一眼她的同桌。她的同桌正在认真地填色,一边涂,一边自言自语地说着:"嗯,这个颜色我喜欢,刘老师也一定会喜欢。"

郭老师没有继续说下去,她转身查看其他学生的画作。当她转到讲台时,斯雯已经打开颜料盒,拿着画笔仔细地填涂着。

一节课很快就过去了,学生们陆陆续续把自己精心设计的画作交到讲台上,斯雯还在埋头写着。郭老师对全班学生说:"现在我们需要选出两名同学,代表大家把你们亲手制作的礼物送给刘老师,有谁愿意?可以毛遂自荐哦。"

郭老师话音刚落，十几双小手就高高举起。郭老师一时无法确定选谁合适，就让班长在举手的学生中进行选择。很显然，班长也想去，于是他站起来说："我是班长，我肯定要代表班级同学给刘老师送礼物，再选一位的话，我觉得刘老师的课代表比较合适，他也举手了。那我们两个人一起去，这样可以吗？"

郭老师觉得这样的安排比较合理，但是她想让斯雯也一起去，于是说："班长的提议很好，如果大家没有意见，一会儿你们就去给刘老师送心愿礼。但是我还有一个小小的提议，特邀斯雯同学一起参与送礼活动，大家觉得可以吗？"

"我们同意。"很多同学都理解郭老师的意图，并大声地回应。

郭老师来到斯雯身边说："你不要着急，我让他们等你完成后一起去。"斯雯没有说话，明显加快了写字的速度。她一边写着，一边用本子挡住自己写的语句。郭老师知趣地离开了她的位置，转身招呼其他学生做好下节课的准备工作。

"老师，斯雯完成了。"班长向郭老师汇报。

郭老师听到后马上招呼斯雯："走，让我们代表全班同学给刘老师送心愿礼。"

斯雯虽然没有直接回应郭老师，但是她把椅子往后推了推。很明显，她非常乐意一同前往刘老师办公室。这时，她抬起头看了一眼郭老师，脸上露出了为难的表情。

郭老师马上意识到她的顾虑，于是把班长和课代表叫过来说："我刚想起来，我还有一件重要的事情需要马上处理。你们和斯雯一起到刘老师那里送礼物，你们想与刘老师聊多久都行。下节课是自习课，你们在晚自习结束前回来就可以。"

说完，郭老师看到斯雯的眼神中快速地闪过一丝惊喜，她拿着自己的作品与班长和课代表一同走出教室，轻松地朝着刘老师的办公室走去。

后来，原班主任刘老师向郭老师反馈了她收到礼物后的感激之情，还特别把斯雯的礼物拍了照片发给郭老师。郭老师看到斯雯在画稿中写道："刘老师,你为什么不带我们,我们那么喜欢你,可是你却不要我们了,我真的很想你……本来,我是想把新来的班主任骂走的,这样你就可以回来继续当我们的班主任。可是我当众骂了新班主任,结果她不但没有生气,还说她会让我们喜欢上她。我现在不知道该怎么办。你能告诉我吗?……"刘老师后来告诉斯雯,她是因为自己的原因才不带他们的,并且让斯雯多点耐心,相信郭老师一定会深受大家的喜欢。

为了更快地与斯雯建立良好的关系,郭老师在接班后对斯雯倾注了更多的关注:圣诞节时在她挂在床头的袜子中悄悄地放进巧克力;在她生理期时让同学转交一包红糖;斯雯不在教室里时,主动帮她整理书桌……一个月后,斯雯主动走到正在办公的郭老师身边,微笑地递上一包饼干,轻轻地说:"这是我最喜欢的口味,与您分享。"看到斯雯脸上露出的冰雪消融后的清澈笑容,郭老师的内心是一份久违的愉悦感。

【案例分析】

如何处理课堂上的突发事件,最考验教师的教育机智。郭老师在面对学生的质疑和愤怒时,表现得非常镇定,没有居高临下地指责学生,也没有急于解释自己的难处,而是站在学生的角度,充分理解学生的心理,并且抓住学生与原班主任的情感线进行过渡,让学生感受到新班主任的善解人意。这些都是郭老师高情商的表现。

郭老师的高情商主要表现为以下几点:

(1)遇事镇定,巧妙化解。面对学生的当场指责,郭老师能迅速地稳定情绪,特别巧妙地处理这场突发事件。事后,郭老师从副校长那里了解到,这名女生曾经到办公室里哭求副校长不要把原班主任换掉。但是副校长向她说明了这件事无法改变,所以这名学生就固执地认为是郭老师赶走了原班主任。后来她甚至当面愤怒地指责郭老师,幸好郭老师理智地处理了此事。

(2)积极接受临时工作。中途接班最考验一位教师的能力和水平。如果当初是因为班级难管理而换班主任,那么这个班级就是棘手的"烫山芋"。郭老师"明知山有虎,偏向虎山行",在接到临时通知后没有埋怨和消极怠工,而是精心准备给学生的见面礼,从而让学生和原班主任建立了较好的联结,也让自己和学生建立了良好的关系。

（3）宽容大度,欣赏他人。在案例中,郭老师没有因学生的不尊重而耿耿于怀,而是让学生真实地感受到自己对她的关心和帮助,并与她建立良好的关系。

【案例启示】

一位优秀的教师不一定是业务精湛、品格高尚的人,但他一定能站在学生的角度思考问题,并能从学生的言行中读懂心理。每一句话、每一个行为的背后都隐藏着孩子的内心世界,只有用心揣摩、冷静思考、真心付出,才能与学生建立良好的师生关系。

高情商的人善于察言观色、识别他人的情绪状态,更能设身处地地激发他人的正能量。他们具有超强的同理心,能够推己及人,在无形中用自己的魅力影响他人,最终成为深受他人喜欢的人。

3. "神奇"的操作台——以心换"心",教育赢家

【案例回放】

学校开展的"红五月"活动终于在一片掌声中落下帷幕。805班的朗诵节目在这次比赛中获得校级一等奖,全班学生欢呼雀跃,大家哼着小曲从剧场回到班级。班长把刚领到的奖杯得意地放到讲台上,然后招呼所有同学赶紧坐到自己的座位上,等待班主任张洁（化名）老师的到来。

张老师到办公室放好东西,拿起一叠作业本就往教室赶。这段时间,为了参加这次比赛,张老师把自己的语文课都奉献出来了。今天比赛终于结束了,她得马上把之前落下的课程给同学们补上。

走近教室时,张老师忽然觉得有点奇怪。之前每次快到教室的时候,她总能听到学生在班级里大呼小叫,一直到老师走进教室,那些声音才会变小。可是今天她都已经快走到教室后门了,教室里却异常安静。难道学生们都不

在教室里？带着疑惑，张老师快步从前门走进了教室。随着她的出现，教室里所有学生的目光都齐刷刷地看着张老师，张老师感到有点不适应。她心想：这些孩子今天是怎么了？难道又有什么不好的事情要发生了？张老师所带的这个班级是整个年级中调皮捣蛋的学生最多的班级，只要没有老师在场，整个班级就会"鸡飞狗跳"，类似的情况令张老师头痛不已，所以今天大家如此安静，反而令她疑惑不解。

张老师快速走到讲台边，准备解开内心的疑惑。此时班长迫不及待地站起来，用手指着讲台说："张老师，您快看啊！"张老师定睛一看，心想：不就是一个刚拿到的奖杯吗？之前在剧场，张老师已经看到过奖杯，并没有觉得有什么稀奇之处。张老师不知道班长要说什么，疑惑地问道："是让我看这个奖杯吗？"

被张老师一问，班长一时无语，不知道该怎么说。这时，班里最调皮的学生李天乐（化名）站了起来："老师，我们辛辛苦苦排练了那么久，终于把一等奖的奖杯得来了，您是不是该表示一下，给全班同学一点奖励呀？"说完，所有的学生都使劲儿地鼓起了掌，掌声溢满了整间教室。李天乐与班长相视一笑，随即都坐了下来，期待着张老师的回应。

面对学生公开索要奖励，你会怎么做？

A. 不理会，按自己的计划开始上课。

B. 告诉学生，奖励的事情以后再说，最重要的是先上课。

C. 趁机对排练不认真的同学，进行集体荣誉感教育。

选择 A 的老师没有理解学生的心情，难以与学生产生情感共鸣。

选择 B 的老师会让学生感觉老师给出的是空头支票，无法兑现。

选择 C 的老师在本该积极鼓励的时刻，却用批评教育，让学生感觉失望。

张老师是怎么做的呢？

张老师环视了全班学生，发现一双双眼睛里充满着期待，他们的两只耳

朵直直地竖着，生怕听漏了老师的话语。张老师略一思考，就从口袋里掏出了一张卡片，有的学生忍不住伸长了脖子往前看，想知道张老师拿出的是什么好玩意儿。张老师把卡片高高举起，然后对全班同学说："确实，这次我们班能获得这么高等级的奖项，我由衷地感到高兴，也非常感谢每名同学的辛苦付出。因为你们的努力，我们班才能取得这样高的荣誉，从中我也看到了大家的集体荣誉感。所以为了表达对大家这份努力的肯定，我把我的饭卡给大家，每个人都可以到小卖部买一支棒冰，天气炎热，就当给大家消消暑。"话音刚落，所有的学生再次兴奋地欢呼起来，有几个男同学还拥抱在一起。看着孩子们开心的样子，张老师才发现，原来一个小小的奖励竟可以这样深入人心。

"那这张卡交给谁呢？现在还不是下课时间，你们觉得什么时候去买比较合适呢？"张老师把问题抛给了学生，让他们自己做决定。

"我觉得这张卡就交给班长吧。"李天乐站起来说，"然后我们自己去挑，让班长最后结账就可以了，大家觉得怎么样？"

话一说完，大家就发出了一阵掌声，这事就算敲定了。

"那什么时候去买，我们听一下班长的意见好吗？"张老师又把问题交给了班长。

班长从张老师那里接过卡片，转身对全班同学说："既然张老师和你们都信任我，现在卡已经在我这里了，我们也不用太着急，其他班同学看到我们不上课去买吃的，对他们也会有影响。要不，等张老师把这节课上好，下节活动课我们再去学校小卖部买，可以吗？"

同学们觉得班长说得在理，都表示同意。待班长坐到位置上后，学生们都把语文书拿出来了，张老师也趁机开始讲课。这一节课，同学们听得比之前的任何一节课都要认真，回答问题也非常积极。转眼，下课的铃声响了，同学们一听到张老师说下课，就拥着班长跑出了教室。

在放学前，班主任还要到教室里进行当天的班级总结。张老师从开着的后门进到教室，看到很多同学都在安静地写作业。她没有忍心马上打断他们，慢慢地往前走。教室的前面是一个可以移动的讲台，右侧是计算机操作台。那个台子比较大，平时除了放点白板笔，没有其他物品。张老师站到讲台边，看着学生们。这时，张老师看到坐在最前排的一个男生抬起头，向她挤了挤眼睛，然后把头往操作台一边示意了一下。张老师不知道是什么事情，就向操作台走去。忽然，她一下子怔住了，原本空空的操作台上，一个大大的爱心围着"张洁"两个字，再仔细一看，爱心和名字全部都是用棒冰棍拼成的！张老师仿佛明白了什么，她鼻子一酸，眼眶顿时湿润了，她怕自己忍不住，快步走出了教室，靠在无人看见的柱子后面，捂着嘴巴，任由滚烫的泪水倾流而下。

许久，张老师终于平复了自己的情绪。她走进教室，然后深情地对同学们说："今天，我真诚地感谢大家，是你们让我真正明白了什么是心与心的交换，什么是爱的真谛！谢谢你们，我感到无比的幸福，我会永远记住大家的。"同时，张老师给大家深深地鞠躬以表示感谢。

事后，班长在还给张老师饭卡时说，这个创意就是李天乐提出来的，他收集了班里所有同学的棒冰棍，和几名男同学仔细清洗、擦干后拼成了这样的图形，代表全班同学用这种方式感谢老师。其中还有一个细节是，他们不忍心让张老师太破费，就特意买那种一袋有好几块小棒冰的，这样就可以几个人分着吃，不至于花太多的钱。听着班长的讲述，张老师的眼眶再次湿润了。

【案例分析】

张老师是班主任，也是语文任课教师。她不仅要管理班级事务，教学工作照样不能落下。张老师的可贵之处在于她能敏锐地感受到学生的需求，并为他们送去温暖的关怀。

张老师的高情商主要表现为以下几点：

（1）反应迅速，机智应对。面对学生在课堂上"邀功请赏"，张老师不是居高临下、不近人情，而是顺势而为，快速反应，用每人一支棒冰的奖励，抚慰孩子的心灵。

（2）情感真挚。每个人都是情感动物，当张老师意外发现学生的情感表达时,她也忍不住热泪盈眶。但是作为教师,她担心在教室里失态对学生有影响,于是控制住自己的情绪,选择在无人的地方进行情感宣泄,然后及时对班级所有学生表示真诚的感谢,从而让学生感受到感恩是双向的。

(3)对学生一视同仁。从案例中我们也不难发现,张老师具有大爱,她不会对学生产生偏见,没有因某几个孩子调皮就不给其奖励,真正做到了一视同仁。

【案例启示】

俗话说:"种瓜得瓜,种豆得豆。"张老师"种"的是爱心,收获的也一定是爱心。只要你真心付出,"爱的种子"就会在学生的心中生根发芽,长出美丽的花朵。有些老师总是责怪学生不懂事,然后用严厉甚至苛刻的教育方式对待学生。面对这样的方式,学生不仅不会领情,甚至会与老师"对着干"。

高情商的人始终懂得关照他人的需求和感受,能顺应时势,爱得自然,爱得真切,同时用自己的真诚鼓励和支持他人,真正做好他人的贴心人。

4. 千里之外的"热线"——疏还是堵,一念之间

【案例回放】

高琪琪(化名)老师是903班的班主任,因为带的是毕业班,所以高老师对班级管理特别上心。学生中如果有一丝风吹草动,她都会快速做出处理。多数学生知道已经临近中考,所以学习态度比以前好很多。但是高老师并没有松懈,她经常与学生沟通和交流,及时掌握班级学生的思想动向。

一天午饭过后,高老师来到自己的办公室,准备拿资料到班级里备课,顺便监管班级午自习的纪律。她来到自己的办公桌边,刚想拿书本,结果发现桌上有人用一支笔压着一张纸条。她赶紧拿起纸条,打开一看,只见上面写着:"高老师,你快救救晓晨(化名),她早恋了!每天中午她都要给男朋友打电话,一打就是几十分钟,我们都轮不上打电话了。"令高老师比较意外

的是，写纸条的同学毫不隐瞒自己，在纸条下方大大方方地署上了自己的大名——鲍晓军（化名）。

鲍晓军是班级里最没有上进心的一名男生，每天都无所事事。班级里的计算机他用得最多，只要一下课，他就会坐到操作台前，趁计算机还没自动锁屏，点击各种页面，有时是听歌，有时是看小视频，有时也会看看球赛……总之，他经常无视班规，惹是生非，屡次违反校纪校规，被批评教育后也不悔改。在学习上，他也不上心，总是把问题归于外部原因，从来不从自身出发找内部原因，所以学习成绩一度在班级里垫底。高老师用了很多方法帮他，可是他身上的陋习实在是根深蒂固。他好不了两天又会重犯，即使高老师屡次与其家长沟通，也无济于事。

对于这样一名学生的举报，高老师虽然心中嘀咕，但她还是想先了解一下事实情况，因为之前鲍晓军也有过检举行为，结果事情并不是他说的那样，他会把事情扩大化，将原本比较简单的事情复杂化。

在中午的自习课上，高老师找到几名班干部了解情况，结果有一名女生也说晓晨确实有打电话的情况，而且经常要打很久。晓晨是本地生，虽然平时住校，但父母都在镇上，他们经常会给她带点东西到学校，应该没有必要打那么长时间的电话。了解了情况后，高老师嘱咐几名同学先不要"打草惊蛇"，等她多方了解后再处理。

第二天中午，高老师故意提早去吃饭，她往教学楼走时刚好碰到学生下课去吃饭。在路上，她遇到了自己班的学生，于是她直接往自己班的教室走去。快走到交流区时，她听见晓晨打电话的声音。她马上停住脚步，想听听晓晨到底在给谁打电话。因为离得比较远，所以高老师无法听清她在说什么，但是从晓晨开心的表情上，高老师可以看出她此刻非常高兴，与对方不断嬉笑着，完全与高老师平时看到的晓晨不一样。

平时，晓晨是一个比较内向的孩子，与同学之间的关系不是很好，知心朋友也比较少。她比较喜欢动漫，在学校的"爱心义卖"活动中，她选择了一套动漫服装，吸引了很多同学到班级的摊位上买东西。为此，高老师在班级里表扬了晓晨，晓晨非常开心，那段时间她浑身充满了活力。最近，高老师觉得晓晨确实比之前沉闷多了，平时也不与同学交往，有时会莫名其妙地发呆，有时不能及时上交作业。刚才她打电话的样子确实让高老师很惊讶，从晓晨的表现来看，同学们说她和异性打电话的可能性非常大。

面对经常与异性"煲电话粥"的学生，你会怎么做？

　　A. 马上把学生叫到办公室，然后不分青红皂白，让学生说清楚事情的原委。

　　B. 要求学生当着全班同学的面，解释经常"煲电话粥"的原因，并要求她以后不再与异性交往。

　　C. 赶紧给学生家长打电话，让家长到学校一起处理这件事。

　　选择 A 的老师，使用简单的处理方式，容易适得其反，学生不但不会说出实情，还会从内心憎恨老师。

　　选择 B 的老师，看似是在教育学生，但是这样的做法不仅不能解决问题，还有可能导致学生与异性的交往更加密切。

　　选择 C 的老师，在没有把事情调查清楚前就给家长打电话，家长除了着急外可能也没有更好的解决办法。

　　高老师是怎么做的呢？

　　高老师在走廊上一直等了将近 10 分钟，晓晨终于恋恋不舍地挂了电话。高老师装作路过，正好与晓晨相遇，她轻声叫住她。然后问她是否吃过午饭，晓晨不好意思地说："还没有。"

　　于是高老师就对晓晨说："那你赶紧去吃饭吧，一会儿吃完饭后，你到我的办公室来，顺便带上你的语文作业本，我帮你理一下最近的学习状况，好吗？"

　　晓晨听完马上说："好的！"说完，她快速地向食堂走去。

　　没过多久，晓晨就出现在高老师的办公室里。高老师招呼她坐下，然后接过她的作业本，结合她最近的表现和她交流了一番。在高老师讲到她最近作业质量不高，而且上课容易走神，是不是有什么心事时，晓晨没有马上说话。于是高老师直接把问题抛出来："我听班里的几名同学说，你最近总是和一名男生打电话，我觉得他们说的不一定是正确的。然后，我认为如果真的是给男生打电话，也没有什么问题，这是正常现象。只要是正常的交往就是可以的，到了青春期，异性之间多点相互了解，也没有多大的坏处。"

听到高老师这样的话语，晓晨本来低着的头慢慢地抬了起来。看到高老师非常诚恳的态度，她明显放下了思想包袱。

"是的，其实我就是打打电话，聊聊天，并没有做什么。可是他们总是说我，还说我在谈恋爱，这根本就是没有的事情。"晓晨显然知道同学们在背后说她，而且她觉得比较委屈。

高老师趁热打铁，紧接着问道："那你打电话的人真是男生吗？对方是不是我们学校的？"

晓晨没有马上回答，她沉默了一会儿，然后红着脸说："他是我的一个网友，确实是男生。但是我和他之间真的什么事都没有发生。"晓晨边说边解释，她表现出着急的样子，甚至有点想哭了。

高老师虽然从同学那里了解到晓晨打电话的时间和频率比较多，但是并没有反驳她，只是对她说："你别着急，我相信你说的话都是真的。只是有同学反映你打电话的时间比较长，而且一周总要打好几次，所以我就想知道你们到底在交流什么。"

晓晨可能是为了让老师少点误解，赶紧说道："其实我和他约好了，每周周一和周四中午是他给我打电话，周二和周三中午是我给他打电话。有时，我给他打电话时他可能没有接到，于是我会多打几次。其实我们只是交流一些学习上的事情，然后相互说说自己开心的事情。"

"哦，对方也是学生，和你是同级的，是吗？"高老师从晓晨的话语中听出了对方的身份，"那他是我们镇上学校的学生吗？"

"不是的。他是我在网上认识的，家在重庆，离我们1000多公里吧，他比我大一点，读高二。"晓晨如实地回答了老师的问题。

"那你这样与他交往会不会影响他的学习呢？"高老师问道。

"应该不会，我们只是聊聊开心的事情，有时也说说自己的苦恼。但是更多的时候,我们都会鼓励对方以学习为主,争取考上一所好的大学。"晓晨说。

高老师已经明白晓晨近期为什么在学习上出现了一些状况,但她没有直接说破,只是说道:"我也希望不会因为这件事情影响到你和他的学习。但是我的个人建议是,你可以和他交流一下,减少打电话的次数,比如每周只打一两次电话,而且你们俩可以把打电话的时间安排到周末。因为在学校里,你这样的做法可能会让同学们对你有想法,这也会影响你的心情。如果你们在交流的过程中能相互理解,相互促进,那么也说明你们的交往是值得珍惜的。"

听着高老师的话语,晓晨似乎知道了应该怎么做,她不停地点头表示赞同。

在晓晨离开办公室后,高老师马上与晓晨的父亲取得联系,然后简单地把事情的经过告知了对方,并且要求对方尽量不要把这件事情扩大化,只需要留意晓晨的表现,然后对她多点关心。后来,在高老师的建议下,晓晨的父亲每天晚上都将晓晨接回家住(晓晨就读的学校是寄宿制的,平时学生都只能在寝室里住宿),给予她更多的关心和爱。

1个月后,晓晨虽然没有变得非常活泼,但是她明显比之前有进步,上课也不会经常发呆,作业也交得比较及时。高老师从侧面了解到,晓晨几乎不再到交流区打电话了。

【案例分析】

青春期异性交往问题是一个永恒的话题,处理异性之间的交往需要各种技巧,但一定不是靠严厉的逼迫,而是需要用大禹治水的方法进行疏通。高老师在处理这件事情时体现了她的高情商。

高老师的高情商主要表现为以下几点:

(1)不给学生贴"标签"。高老师在接到"举报信"时,不是急于给学生的问题贴上"标签",也不是直接把当事人找来询问,而是通过有意观察,收集一手资料,然后抓住合适的机会与学生交谈。

(2)理解学生的心理。在与学生的交流中,高老师真正地站在学生的角度理解学生，并明确地表达自己的态度，让学生愿意敞开心扉与她交流，从交谈的过程中判断事情的发展情况，这样也避免了学生产生抵触情绪。

（3）善于运用家长资源。家长对异性交往的问题也很敏感，但大多数家长只是"干着急"，没有较好的方法处理类似问题。高老师在与家长的沟通中，不是要求家长严加管制，而是向家长建议了一些问题的处理方式，家长也能欣然接受，积极配合，达到家校共育的目的。

【案例启示】

如何适度地与异性交往是青春期学生较难掌握的技巧，一旦处理不当就会陷入其中。如果教师和家长只是一味阻止，不仅不能解决问题，还会适得其反，增加孩子的叛逆程度。高老师在处理异性交往问题方面非常有经验，既不会捕风捉影，妄下结论，也不会兴师问罪，大动干戈。她心思缜密，细致入微，疏导结合，处理得当，把一件棘手的事情化解于无痕。

高情商的人善于换位思考，站在合适的角度审视问题，用宽容与理解的方式对待身边的每一个人。

5. 逃避跑操的病假——防微杜渐，"破窗"不破

【案例回放】

上午的课间跑操已经结束，801班班主任何东（化名）老师刚回到办公室，班长李芊（化名）就急匆匆地跑了进来。因为何老师所带班级的原班主任请产假，所以由他临时接管了这个班级。由于他不熟悉班级情况，所以他让班长李芊有问题就及时向他汇报。

"何老师，刚才值周生告诉我，今天我们班跑操时少了两名同学，要扣两分。"李芊跑得上气不接下气，但还是完整地把事情告诉了何老师。

"你说什么？"何老师一听跑操要扣分，连忙问道。按照学生部的管理要求，班级出操人数无故不足要扣班级的量化分，这会影响班级"流动红旗"的获得，所以班主任们都非常重视这个问题。

"刚才值周生告诉我,今天跑操时我们班少了两名同学。事后,我了解了一下,是少了李强(化名)和王明(化名)。但他们对我说,自己有校医的证明,原因是生病了,可以请假。"李芊做事情就是这么认真仔细,她把所有的情况都了解清楚后才告知老师。

何老师听到两名同学生病了,忙问:"那他们的病严重吗?需不需要告知家长?"

李芊这时显然有点急了,她说:"哪里严重呀?他们给我看请假条了,上面写着'脚痛'。但是他们跑步之前都好好的,在班级里蹦蹦跳跳的。我看到他们两个还在班里和同学比赛摸高,看谁跳得高呢!"

"那他们为什么又突然生病了?"何老师还是不明白。

"他们两个人就是这样,之前您没有当我们班班主任的时候,他俩为了逃避跑操,总以各种理由到校医那里开病假条。编出的理由,不是肚子疼,就是头疼,要不就是肌肉疼。总之,他们两个人只要不想跑步就会这么做。其实校医也知道他们并不是真的生病,但是校医说每次他们都装出非常可怜的样子,所以她就给他们开病假条。前任班主任知道这件事情,批评教育过他们,但是他们总是不听。班上其他男生看到他们弄虚作假可以逃避跑操,也经常学他们的样子到校医那里开请假条。有一次,我们班有6名同学没有参加跑操,结果被学生会干部狠狠地批评了,集体荣誉也受到了影响。可是,这几名同学到现在也没有改正。今天是您接任班主任后第一次出现这种情况,我担心他们的行为会使更多的同学逃避跑操。我告诉您的目的,就是想看看您有什么高招,可以让他们'改邪归正',不然我们班的'流动红旗'肯定要泡汤了。"李芊对班级有很强的荣誉感,对同学们的行为也非常了解,她一口气把之前存在的问题如竹筒里倒豆子般地告知了何老师。

面对学生用"装病"的方式逃避跑操活动,你会怎么做?

A. 把两名学生叫到办公室,狠狠地批评一顿,并责令其好好写检讨。

B. 告知家长,借助于家长的力量教育两名学生。

C. 当着全班同学的面严厉批评这种"装病"行为,并强调如果有人再犯就

> 告知学校学生会进行处分。
>
> 　　选择 A 的老师，用批评和写检讨这种简单的处理方式，未必能根治此类问题。
>
> 　　选择 B 的老师，强化家长教育，弱化班主任教育，效果一定不佳，甚至会影响班主任的威信。
>
> 　　选择 C 的老师，让班级问题升级，请学校出面处分学生，对班级管理和班集体建设来说不是首选的好办法。
>
> 　　何老师是怎么做的呢？

　　何老师听到李芊反映的情况后沉思了一会儿，说道："非常感谢你对班集体的关心，也谢谢你对我的信任，他们的情况我知道了。现在你先回去上课，也不要告知他们你向我反映过此事，我会尽快处理的。"

　　望着李芊离开的背影，何老师的心中已经有了一个好主意。

　　午饭后，何老师照例走进班级，查看同学们的午间自习情况，他想利用这段时间，把逃避跑操的事做个处理。何老师走到讲台中间，故意停了两分钟，然后击掌示意所有人把注意力集中到他那里。

　　"现在，请大家放下手中的笔，我要讲一件非常严肃的事情，希望所有人都认真听好。"何老师的话让学生们感觉到了事情的严重性，连忙抬起头看着何老师。

　　何老师收起所有的笑容，严肃地说："我想问大家一件事情，你们认为生病是一件好事情，还是一件倒霉的事情？"话刚出口，学生们瞪大了眼睛，不知道何老师葫芦里卖的什么药。谁也不敢贸然回答老师的问题。

　　何老师环顾四周，见没人回答，又问道："那你们谁愿意生病？"显然，这不是一个高深的问题，但是在这样的场合，这个问题是可以激发学生讨论的。

　　果然，一说到这个问题，坐在中间的李强同学忍不住站起来说："老师，你说谁愿意生病呀！只有真的不舒服才会请假。"

"李强同学说得对，没有人愿意生病。如果身体真的有问题，对生病的人来说是遗憾和痛苦的事，其他同学一定要关心、帮助他，给他送去关心的温暖。"何老师接着说，"但是，如果不是真的生病呢？通过今天头疼、明天脚痛、后天肚子疼，这样不完全真实的信息让校医开病假条，跑操时又以此为由无故缺勤，让班级荣誉受损，'流动红旗'流不进我班，你们觉得这样好吗？我特别纳闷，平时活蹦乱跳的，为什么到了跑操时就倒霉地生病了呢？难道生病是一件很好的事情吗？"何老师又把这个问题抛给同学们。

　　这时，有几个女同学就把头转向了平时故意"装病"的几个男生，那几个男生被看得有点不好意思，低下了头。李强也不像之前那样一副理直气壮的样子，他的脸微微一红，赶紧打开本子写作业。

　　何老师看到了这几名同学的细微变化，就对着全班同学说："我们班学生现在一定懂得这个道理，肯定不会再无缘无故地'生病'了。我们班是一个充满活力的班级，我们曾经还在运动会上取得过全校第一名的骄人成绩呢！我相信不好的事情不会再发生了。大家说对吗？"

　　"对！"同学们大声地说。

　　何老师把信任的目光扫向教室的每个角落，大声地说："我相信，我们班的每名学生都是好样的！同学们，加油！"

　　当天下午的跑操，全班没有一个学生请假，李强和王明的脚也不"痛"了。跑操时，何老师没有对他们说什么，只是对着他们笑笑，然后伸出了大拇指。非常有意思的是，从那天起，801班几乎没有人在跑操时请假，即使有同学确实生病，但只要不是很严重，他们都能坚持跑完，"流动红旗"又经常流到801班了。

【案例分析】

　　何老师是中途接班的班主任，在短短的任职期间，他对班级情况还不太了解，但是他能很好地处理学生的问题，这与他的高情商是分不开的。

　　何老师的高情商主要表现为以下几点：

　　（1）能读懂学生的心理。何老师懂得心理学中一个很重要的效应，就是

"破窗效应"。所谓"破窗效应"就是，如果环境中的不良现象被放任存在，那么它会诱使人们仿效，甚至人们会变得变本加厉。如果何老师没有把这种"装病"行为处理好，让弄虚作假的不良行为蔓延，那么班级中的正气就无法树立，学生心中的集体荣誉感也不可能产生。

（2）善于借助于他力，达到教育目的。"装病"这样的行为一般不会只发生在一名学生身上，所以何老师选择对全班学生进行教育。但他的教育方式比较特殊，没有直接点名批评"装病"的学生，而是提出问题让学生思考，并借助于集体的力量进行监督，达到教育的真正目的。

（3）给予学生充分的信任。在后续的管理中，何老师还是给予学生充分的信任，也给予学生改正的机会。学生们很聪明，被信任后会更好地遵守规章制度。

【案例启示】

效仿他人是青少年中存在的普遍现象，对自己有利的行为一定会引起大家的模仿，当然，不良的行为也会被他人模仿。青少年处在自我意识逐渐发展的过程中，他们很多时候分不清错与对，往往会盲从。如果不及时做出处理，"破窗"效应就会连续发生。何老师非常懂得这个道理，他在发现问题后没有任其发展，而是快速做出了有效的处理方式，把不利于班集体建设的负面事件扼杀在萌芽状态。

高情商的人不仅懂得如何引导他人的认知调整，更清楚"防患未然"的重要性，恩威并施，切实帮助他人和集体做好工作。

6. 来自网络游戏的诱惑——隔屏授课，不隔教育

【案例回放】

2020年，学生们经历了史无前例的超长寒假。在居家隔离期间，响应教育部门发布的"停课不停学"的号召，学生们真正感受了线上学习的新方式。线上学习一定需要借助于计算机、平板电脑、智能手机等设备来完成学习。

家长从之前的"电子产品"严控到当下的无奈放手，一些自制力不强的孩子名正言顺地使用电子产品，轻松地进入游戏操作的领地。

肖文（化名）老师是902班的班主任，从学生的上课和作业反馈来看，肖老师班级的学生出勤率和作业正确率都不错，毕竟学生们也知道中考在即，即便不能"弯道超车"，也不能拖后腿。但是在线上学习期间，她也会经常接到家长的求助电话，大多是埋怨自己无法管住孩子使用手机，其实就是无法控制孩子进行网络游戏的时间。

3月底的一天，肖老师按照常规开始统计班级学生参加各学科网课学习的情况。在统计到科学课上课情况时，肖老师发现王子煜（化名）同学整节课都不在线。之前，他都会按时上课，按时下课，从未出现不在线的情况，肖老师带着疑惑赶紧给他的家长打电话。

接通王子煜爸爸的电话后，肖老师还没有说事情，对方就直接问："肖老师，是不是想问今天子煜没有上课的事情？"

肖老师忙说："是的，他今天没有上科学课，是有什么急事吗？"

"肖老师，本来我也准备下班后给您打电话，没想到您先打过来了。"子煜爸爸有点不好意思地说，"我中午的时候接到孩子妈妈的电话，她让我赶紧回家一趟。结果我一到家才知道孩子做错了一件事。"

"是很严重的事情吗？"肖老师的第一感觉是出大状况了。

王子煜同学是一个性格倔强，特立独行，自尊心极强的人。虽然他不会主动惹是生非，但是总会对同学的言行斤斤计较。在家里一个多月的线上学习，这种独立的学习空间，让他经历了什么？他又会做些什么？肖老师还是无法想象到底发生了什么事情。

肖老师陷入了沉思，电话中传来子煜爸爸的声音："是的，肖老师，是非常严重的问题。我和他妈妈都觉得这个儿子可能没救了。"子煜爸爸叹了口气，又说："也怪我们自己太大意，他从我们俩的手机微信上转走一万四千多块钱，我们居然都不知道！"

"一万四千多！"听到这个数字，肖老师也吓了一跳，"这么多钱，那他用来做什么呢？"肖老师忍不住追问。

停顿了一会儿，子煜爸爸才说道："我们也不知道他具体用来做什么，问他，他只是说玩游戏，然后买了游戏里的一些东西，具体是什么东西，我们也不是很清楚。"

> **面对因玩游戏而转走父母钱的学生，你会怎么做？**
> A. 正值网课期间，无法和孩子面对面交流，任由家长处理。
> B. 对家长的遭遇深表同情，但只能是心有余而力不足。
> C. 在电话中指责父母教育的缺失，并表示家长要想办法、花力气做好孩子的管教工作。
>
> 选择 A 的老师推卸了学校教育的责任。
> 选择 B 的老师能看到问题，但缺少解决问题的能力，班主任教育工作缺位。
> 选择 C 的老师指责家长教育缺位，但并不能给家长提供指导性意见。
> 肖老师是怎么做的呢？

肖老师听了子煜爸爸的话后，也觉得子煜同学这样做确实有点过分。在电话中，她了解到子煜同学转账的方式非常特别，他每天早上都会很早起床，然后借爸爸或妈妈的手机看一下，理由是想知道班级群里的消息，结果他总是打开父母的微信支付，然后用自己的手机扫一下，这样钱就到自己的手机上了。按照常理，大额的微信支付一般都需要输入密码，但是子煜的父母都没有设置密码，所以钱就源源不断地到了子煜的微信上，一直到子煜妈妈发现自己微信上的钱全没有了，她才意识到这一问题。最后夫妻俩一查，发现已被转走了一万四千多块钱。2月份被转走的少一点，只有两千多块钱。可能是因为父母没有发现，子煜在3月份时胆子更大了，一共转了一万两千多块钱。子煜的爸爸越说越激动，还说等回家后一定要把儿子送去派出所，让他知道这样的行为就是违法！

肖老师知道子煜爸爸非常生气，于是降低音量对他说："发生这样的事情，你的心情肯定既难过又气愤，但是你千万不能太冲动。回家后你先冷静几分钟,再找儿子严肃地谈谈,然后让他自己说出解决这件事情的办法。一定要把具体的解决方案写下来,今后就按照要求做,你们负责监督。事不宜迟,今天晚上你们一定要处理好,事后把处理结果反馈给我。等他情绪稳定一些,我再给他打电话。"肖老师三下五除二地把处理方法告知了家长。

子煜爸爸听了肖老师的话,觉得很有道理,当天晚上就按照要求做了。

第二天一大早,肖老师就接到了子煜爸爸的电话,得知子煜已经写好了解决这件事情的方法。第一,向父母诚恳地道歉,今后绝对不做不经父母同意就转账的事情,如果再次出现,就取消平时所有的零花钱。第二,转走的钱还有一小部分结余,全部还给父母,剩余的钱从平时的零花钱中扣除,做好记账工作,直到全部还清。第三,为了更好地控制自我,从当天开始,上课时间都用计算机,其余时间都把手机交给妈妈管理,全部作业做好后在妈妈的监督下上传作业。

在得知处理方式后,肖老师在晚上给子煜打了电话。肖老师首先了解了子煜对网课学习的感受,然后与他交流了因玩游戏而出现转账的事情,还和他共同讨论了如何看待付费游戏的问题,最后子煜表示一定会吸取教训,改过自新。

过了两天,肖老师打电话给子煜爸爸进行回访。子煜爸爸开心地说儿子这两天表现得非常不错,手机只是上传作业时用,其余时间都交给妈妈保管,从任课教师的作业反馈中能够看到儿子优秀作业的记录。

返校后,肖老师找子煜同学进行了跟踪访谈,他之后的学习和在校状况都非常好。可喜的是,子煜在中考中考出了让爸爸惊喜的成绩。再次接到肖老师的电话,子煜爸爸的话语中不仅充满了喜悦,还有由衷的感谢。

【案例分析】

线上学习期间,教师需要隔屏上课,家长又要复工,最大的问题就是没有人能够时时监控孩子的行为。作为教师,特别是班主任,在管理上也非常苦恼。但可贵的是,肖老师不仅能处理好棘手的事件,还能得到家长和学生的高度认可,这和她的高情商是分不开的。

肖老师的高情商主要表现为以下几点：

（1）勇于承担责任。学生网络游戏问题是家长和教师都感到头疼的事情。在得知家长的反馈后，肖老师没有因学生不在学校而推卸责任，而是根据事实，在电话中指导家长合理处理事件。

（2）善于与学生同频。在与学生电话交流时，肖老师不是一味地指责，而是真切地关心学生的内心，让学生说出自己的真实想法，并且信任他能吸取教训。返校后，肖老师没有把这件事情公之于众，并且对学生进行了跟踪指导，让他用最快的速度进入学习状态，最终取得良好的成绩。

【案例启示】

一个孩子的成长离不开教师和家长的悉心指导。在成长的路上，孩子会遇到很多坎坷和波折。案例中的子煜在特殊时期做了一件错事，如果像子煜爸爸说的那样，把孩子直接送到派出所，也许可以给孩子一个警告，但孩子的内心会留下深深的阴影。肖老师是一位非常负责任的教师，她没有因疫情期间隔着屏幕就撒手不管，而是帮助家长找到了合理的解决方案。

高情商的人一定不会给自己找借口，总是会想尽一切办法解决问题。因为他们相信，办法一定会比困难多！

三、激励与引导他人前行

"金无足赤，人无完人。"教师要善于看到学生身上的亮点，并能引导学生前行，这是一种助人的好品质，是教育机智，更是高情商者必备的特点。

1. 小个子长跑选手——欣赏鼓励，最美礼物

【案例回放】

学校要开运动会了，班主任们开始在班级里"招兵买马"。701班其他比赛项目学生的报名情况还算顺利，但1500米和3000米两个项目的人选迟迟

没有着落。课间,班主任童芳(化名)老师从班级荣誉、能力展示、自我挑战等多方面对学生进行动员,但是效果不佳。因为七年级学生都没有参加过这么长距离的比赛项目,谁都不清楚自己的实力,所以大家对两个长跑项目还是心存担忧,不少同学以各种理由推脱,不敢报名参加。此时,有经验的童老师不免也感到一丝的压力。

"报告,老师。"办公室门口,出现了一个瘦小的身影。童老师抬头一看,是班级里的"调皮大王"孙俊(化名)同学。她赶紧招呼道:"哦,孙俊同学请进,有事吗?"

"老师,我可以报名长跑吗?"这时,他怯怯地问。孙俊同学个头很小,坐在教室的最前排,平时上课很不认真,常常趁老师转身写字时,扔粉笔头捉弄其他同学。老师发现后对他进行批评教育,他还故意对着全班同学做鬼脸,引得同学们哈哈大笑,严重影响老师的课堂教学。前不久,他还做了一件令人非常气愤的事情,趁其他同学午睡,他用水彩笔把一名男同学的绰号写在了一名女同学的衣服上,大大的彩色字和浅色的衣服形成了鲜明的对比。午睡结束后,衣服上的字被同学们发现,男生们一阵哄笑。这名女生马上难过得跑到卫生间,想用水洗掉衣服上的字,可是怎么洗都洗不掉。女生只好哭着向家长求助,家长向班主任讨要说法,童老师极力调解,最后这件事情才总算比较圆满地解决了。就是这样一个个子矮小又令老师非常头疼的学生,现在站在她面前要求报名参加长跑比赛,童老师还真是被惊到了。

旁边一位教师听到孙俊的话,略带调侃地说:"你这样的个子,人家跑两步,你跑三步恐怕都跟不上吧!"孙俊转头看了那位教师一眼,虽然时间很短,但童老师还是被他眼神里的一丝不满击到了。

面对个子矮小,又是班内"调皮大王"的孙俊要报名参加长跑比赛,你会怎么做?

A. 劝他不要参加,因为他肯定不能获奖。

B. 满足他的要求,就当为班级项目凑数。

C. 既然是他自己选择报名参加,那就像对待其他运动员一样对待他。

> 选择 A 的老师没有遵循学生的需求，对学生会产生一些消极的心理影响。
> 选择 B 的老师能从班级利益出发满足活动需求，但带有消极情绪。
> 选择 C 的老师虽然能理解学生，但没有做到因材施教。
> 童老师是怎么做的呢？

童老师随即站起来，从旁边拉过一把椅子，让孙俊坐下。但是孙俊显然有一点情绪，不愿坐下。童老师没有强求，回应孙俊说："孙俊，你刚才说想参加长跑项目比赛，那你是想报 1500 米，还是 3000 米？"

"不，是报两项。1500 米和 3000 米我都要参加。"孙俊大声并坚定地说道。

看着孙俊着急的样子，童老师并没有一口回绝他，而是对他说："我能感觉出，你不是冲动地做出这个决定，对吗？说说你是怎么想的。"

看到童老师期待的眼神，孙俊咬了咬嘴唇，深深地吐了一口气说："一开始，我也没有想报长跑项目，因为我之前参加过的比赛项目，最长也就是 400 米。后来您到班级里要同学们报名参加长跑比赛，可是没有一个人报名。我想着，我们的操场一圈是 300 米，1500 米就是 5 圈，3000 米就是 10 圈。为了班级荣誉，我就是走，也要走完。"

"你太棒了！"童老师被孙俊的气势感动，伸出大拇指，对他的赞扬脱口而出。

原来孙俊同学是这样想的，不是为了名次，也不是个人逞能，而是不想班级放弃这个项目，这便是很好的集体荣誉感啊。知道了孙俊同学的想法，童老师内心不免有点担忧，心想：小个子孙俊真能行吗？万一失败了怎么办？

于是，童老师对孙俊说："非常感谢你有这么强的班级荣誉感，我欣赏你挑战自我的勇气，支持你参加比赛。我就是有点担心，因为你从来没有参加过这么长距离的比赛，你想过没有，你会遇到困难吗？"

"老师，您不用担心，我已经想好了。从今天开始，我每天放学后都去操场训练，等到比赛时，我想应该没问题。"孙俊急着把自己的想法告诉童老师。

"看来你已经做好了准备,老师真心为你感到高兴。既然你已经决定了,那我就把你报上去了。无论你比赛成绩如何,我都代表班级同学感谢你。"童老师把报名表递给孙俊,让孙俊自己把名字和项目填上。

填完表格,孙俊长长地舒了一口气,连蹦带跳地离开了办公室。

当天放学后,童老师没有马上回家,而是来到操场上。她果然看到一个瘦小的身影在跑道上跑动,远远地,就知道那一定是孙俊。童老师没有打扰他,默默地转身走了。之后的几天,她都看到孙俊在操场上刻苦练习,这一次,孙俊是真的要挑战自己,童老师暗暗地为他高兴。

到了第二周,童老师在走廊上遇到孙俊,有意地问他:"你上次说要训练长跑,现在练得怎么样了?"

孙俊不好意思地说:"我现在每天都去操场训练,可是我总觉得自己跑不快,而且跑两圈就感觉跑不动了,特别是呼吸跟不上。"

"孙俊,你看这样可不可以?"童老师带着试探的语气问:"我和体育老师关系不错,如果你愿意,我请他指导你一下,好吗?"

孙俊没有马上回答,他不好意思,也不太愿意接受体育老师的帮助。童老师没有勉强他。但她和体育老师商量,如何用更好的方式帮助孙俊。后来,体育老师在自己的课上针对运动会比赛项目做了一些指导,当然也安排了对长跑比赛的技巧指导。

随着运动会的临近,童老师经常在放学后到操场上陪同运动员们一起训练,给大家鼓励和支持。

时间过得很快,运动会随即而来。童老师为每名参加比赛的学生都准备了一个"幸运符",上面写着鼓励的话语。孙俊的"幸运符"很特别,"幸运符"中间是一个小男孩站在领奖台上,手捧鲜花,胸前挂着一块闪闪发光的奖牌。底下是童老师亲笔写的一句话:"过程比结果更重要!加油!"

1500米和3000米长跑项目是分两天进行的。第一天,孙俊参加了1500米的比赛,也许是因为太紧张,本该在前几名的他,在最后一圈时竟然忘记拿记圈的红布。结果他跑到终点,却因为没有红布,他的成绩没有被记录,非常遗憾地错过了奖牌。看到他沮丧的样子,童老师既心疼又懊悔,责怪自己没有提醒孙俊,错失了一个好机会。

第二天,童老师早早地在终点线的位置等候,还安排了几名学生在操场的四个弯道边为孙俊加油。在长跑队伍中,最小个子的孙俊一圈一圈地超越着选手,在最后一圈,他就像一匹小黑马,居然连续超越了跑在他前面的三名选手,在直道上拼尽了全力,冲过终点线,荣获亚军。这时,全场的学生都不由自主地为他站立鼓掌,童老师更是紧紧地拥抱孙俊,扶着他慢慢地缓解身体的疲劳。孙俊一直没有说话,但是他内心的喜悦已经溢于言表,他超越了自己!

运动会结束后,孙俊同学在给班主任的总结中写道:"童老师,非常感谢您对我的理解与鼓励,我本来只是想重在参与。今天我能取得这样的成绩,是您给了我力量去迎接挑战,还有您暗地里的帮助……"最后他还画了一个偷笑的笑脸。原来这个"调皮大王"其实什么都知道,童老师给他的总结画了一个大大的五角星。

【案例分析】

童老师显然是一位教育经验丰富的班主任,所以在她的教育下,像孙俊这样的学生也能取得这么优异的成绩。

童老师的高情商主要表现为以下几点:

(1)善于倾听学生的心声,尊重学生的想法,并愿意给学生锻炼的机会。在他人眼里,孙俊是一个非常调皮,又让人恼火的"问题学生"。他个子不高,身体素质也不出色。对于参加长跑这样的比赛,没有人看好他,但是童老师没有因此打击他的积极性,而是真诚地接纳了他的想法。

(2)积极地为他人创造成功的机会。很多教师都能够给予学生机会,但是未必能帮助学生实现愿望,或者更好地帮助学生取得良好的成绩。童老师知道孙俊想为班级争取荣誉,为了帮助他实现自己的想法,又不伤害他的自尊,童老师特别邀请体育老师对其进行专业指导,自己在百忙之中到操场陪练,还用了"幸运符"的暗示,这些都是童老师对学生爱的表达,也是一个高情商的人才能做到的行为。

【案例启示】

"再小的个子，也能给沙漠留下长长的影子；再小的人物，也能让历史吐出重重的叹息。"这是余秋雨在《文化苦旅》中写的一句话。案例中的孙俊是一个在班级中并不起眼的学生，但是童老师尊重他的选择，并相信他的能力。因为她相信每个人都是独一无二的，每个人都不可能十全十美。包容的欣赏，积极的鼓励是教师送给学生最美的成长礼物。

高情商的人不仅具有发现"美"的能力，还善于引导学生发挥自己的潜能，让每个人都绽放自己的价值。

2. 消弭于无形的"秘密"组织——自信尊重，隐形利器

【案例回放】

丁俊仁（化名）老师担任七（5）班的班主任已经一个多学期了，他管理班级有自己的一套独特方法，班级中发生的事，他总是能快速地处理好。也因为他的管理风格，有几个调皮的男生虽然表面上被管得服服帖帖，但内心还是会有一些不满。

一次活动课结束后，陈默（化名）同学拿着一本作业本走进丁老师的办公室。丁老师以为他是来请教数学难题的，忙着招呼道："把你的作业本给我，是哪道题目不会做？"奇怪的是，陈默同学并没有把作业本给丁老师，而是快速环顾四周，见办公室里没有其他教师，他赶紧跑到门边，轻轻地把门虚掩上。

丁老师看到这样的情形，顿生疑惑：他今天是怎么了？像变了一个人似的，平时，他是一个大大咧咧的男孩，有什么事情都是直接大喊大叫，甚至在课堂上他也是这样的习惯。此刻的反常表现，让丁老师如丈二和尚般摸不着头脑。

随即，陈默同学显得非常神秘地走到丁老师身边，轻轻地打开本子。只

见本子里夹着一张纸片,他拿出纸片,小心翼翼地把它放在丁老师的桌上,然后轻轻地说:"丁老师,我把这个给您看,您看了之后千万不要告诉别人,不然我就要身败名裂了!"

丁老师一听,感觉是一件非常严重的事情,正想问明白,陈默同学又说:"老师,您一定要答应我,不要让别人知道是我告的密。"说完,他抬起头,用充满期待的眼神望着丁老师。

丁老师看到他一脸严肃的神情,估摸着这件事对他来说非常重要。于是,他答应道:"好的,你放心,我不会和任何人说!你先说说是怎么回事吧。"

这时,陈默同学把桌子上的纸片翻了过来,然后对丁老师说:"您看,这个是我的身份证明,我还按了手印。如果我说出去,不仅要被组织开除,还要受到组织严重的惩罚。"说到此时,他的眼圈都有点发红了。

丁老师拿过纸片一看,只见最上面写着"反丁党",中间写着"党员:陈默",名字上还有一个红色的手指印,纸片的最下面是四个字"永不叛党",还有一个编号"03"。显然,这是一个反对丁老师的小团体组织,而且可以看出,这个组织一定还有其他成员,丁老师估摸着就是那几个平时调皮捣蛋的孩子。

果然,陈默同学认真地说:"丁老师,这个组织为首的就是鲍同学,他觉得您总是批评他,所以就组织了班里另外几个平时表现得不是很好的同学,说要对您'下手'。他们拉我加入'反丁党',一是因为我平时与他们几个关系不错,二是因为他们想增强团体力量。我今天冒着危险来告诉您,是因为我觉得他们的做法很不对,总是在背后骂您。而且最近他们就要组织大行动了,我担心您会受到伤害,所以就偷偷地跑来告诉您,您要做好防备啊!"

面对班级学生拉帮结派,而且是针对你的,你会怎么做?

A. 认为这是小孩子的幼稚想法,不当一回事。

B. 马上到班级里,把相关的几名学生叫过来,狠狠地批评一顿。

C. 打电话给这些学生的家长,让他们来学校共同处理。

> 选择 A 的老师低估了学生的独立意识和组织能力。
>
> 选择 B 的老师处理事情简单粗暴。
>
> 选择 C 的老师虽然看似借力家长，但有可能把事情的影响变得更加不可控。
>
> 丁老师是怎么做的呢？

听完陈默同学的话，丁老师思考了一会儿，然后对他说："老师为你的'告密'行为感动，非常感谢你的提醒。但是现在，我反而最担心你的处境，你把这个组织的行动目的告诉我了，不怕他们找你麻烦吗？"

"老师，您不用担心我，他们很信任我，我暂时还是安全的。现在，他们正处在准备阶段，行动还没有正式开始，但您一定要注意提防。"陈默同学开始嘱咐起丁老师来了。

看着这个不顾危险来"告密"的男孩，丁老师由衷地感到欣慰，但他不能让陈默同学为难，于是说："感谢你冒着这么大的风险把秘密告诉我，这也说明你对我非常信任。现在，我想请你帮个忙，可以吗？"

陈默同学不知道丁老师要说什么，但感觉老师一定不会为难自己，就连声答应了。

丁老师说："我现在和你已经是一条船上的人啦，你就是我的心腹。你能否帮我留意着他们几个人？如果他们有什么计划，你就提早告诉我，这样我可以事先做好准备，防患未然，但是我一定不会出卖你，你看这样行吗？"

显然，陈默觉得这种方式比较合理，马上答应了丁老师。但他显然有点不放心，继而对丁老师说："老师，我也有一个请求。如果你去班级，见到我一定不要和我说话，就当什么事情都没有发生，你也不要刻意地走到我面前，要表现得与我的距离比较远。"

陈默同学说得非常认真，丁老师也认真地答应了他的请求，心想学生们的事幼稚中也带着复杂性。之后，丁老师仔细思考了这几名学生组建"反丁党"的真实目的，主要可能是因为丁老师平时对他们管理得比较严格，他们内心不服，想以小团体的形式反抗教师的管教。但如果处理不当，小团体有可能势力增大，说不定他们真会做出一些出格的事情。丁老师决定在适当的时候主动出击,但他没有"打草惊蛇",而是借助于个别谈话的形式,分人、分批地找"反丁党"成员进行交流,了解他们在学习、生活、兴趣爱好等方面的情况,细心地发现他们的变化与"闪光点",在课堂上给予他们及时的、适度的表扬,也以平等的姿态倾听他们对班级管理的建议,尽量走近他们的内心。

一周过去了,班里显得风平浪静,"反丁党"没有发起行动。借着一个机会,丁老师再次找陈默同学了解情况。他说:"前些天,我们开了两次会,鲍同学告诉大家'反丁'计划要暂缓,具体什么时候实施让我们等通知。不过,丁老师,我觉得他们还是有点变化的。之前他们总说讨厌您,甚至恨您,现在他们好像都不说了,我也不知道是什么原因。"

听了陈默同学的话,丁老师露出了自信的笑容。他明白,瓦解这样的"组织"一定要靠自己的实力和技巧,单靠批评、告状、惩罚等方式收效甚微。

一段时间后,这个组织再也没有被人提起过。当初组织"反丁党"的几个男孩现在会主动帮助丁老师做事情,他们的学习成绩也不断进步。试想,如果当初丁老师把这件事情在班级里公开并批评指责他们,完全可能将矛盾激化,使师生关系进一步对立。丁老师也反思了自己原先的教育方式,更清晰地认识到,针对青春期孩子敏感与脆弱的情感特点,只有细心、耐心、真心的管理才会有理想的效果。

【案例分析】

得知班级学生成立一个反对班主任的小团体组织,而且组织纪律严明,还让成员"签字画押",在一般教师看来,是一定要严肃处理的。但是丁老师既没有看淡这件事情,也没有利用教师的威严压制学生,而是选择静观其变。

丁老师的高情商主要表现为以下几点:

(1)善于反思。在这个过程中,丁老师不断反思自己的教育方式,并及时进行调整。学生毕竟还是孩子,所以在得到教师的积极关注后,他们对教师的认知也发生了改变,对即将实施的方案一推再推,最终取消"反丁"

计划。

（2）自信、真诚。丁老师巧妙地化解了这层看似"危险"的矛盾，倾听学生内心的声音，采用尊重、关心、鼓励等方式，赢得学生的信任，最后把这个组织消弭在无形中，真正体现了教育能量和教师的高情商。

【案例启示】

一个孩子就是家长的一面反光镜，一个学生也是教师的一面反光镜。从学生身上折射出的问题，与教师的教育方式非常相关。案例中的丁老师被学生用小团体的形式攻击，虽然不能说完全是丁老师的错误，但是他的教育方式肯定存在一些问题。幸好，丁老师是一个非常通情达理的人，他没有用所谓的权威气势去管教学生，而是用自信的气度、尊重的方法、沟通的技巧将"危险"化解于无形之中。

高情商的人能屈能伸，屈者比坚者有更大的柔韧性，具备超人的耐心与承受力，也只有这样的高情商者，才能成为成功者。

3. "和谐"的作业本——用心观察，引导从众

【案例回放】

开学初，赵佳铭（化名）班主任为了让学生早上到校后能将作业本上交整齐，特意查阅了一些资料，并仔细观察了教室环境，最后决定使用标签法，写好各类作业的名称，然后根据教室后面柜子上方的瓷砖划分区域，根据每个区域对作业进行分组摆放。这样学生一到教室，只要把作业本放到规定的地方就可以了。赵老师对自己的这个想法有几分得意，还想象着学生交作业时的样子，一定是摆放得整整齐齐，课代表只要清点一下数量就可以给任课教师送去。

第二天一早，赵老师兴冲冲地来到教室，已有一大半学生在教室里早读。赵老师满怀期待地朝教室后面的柜子上看去。"天哪！"赵老师不禁在心中暗暗叫道："这是我要的效果吗？"那一刻，她心中的美好期望彻底破灭了！只

见最边上的语文作业本横七竖八地躺着,有一本作业本只有一个角被压住,其他部分都挂在外面了。中间的数学作业是一份试卷,有的试卷摊开放着,有的试卷折叠放着,有两份还散落在英语作业里。英语作业本就更惨不忍睹了,她可以想象出很多学生在交作业时一定是站在远处扔过去的,每本作业本"姿态各异",不是一般人能摆放出的造型。科学作业本更是少得可怜,虽然摆放还算整齐,但是形单影只,看着感觉就有点寒碜。

赵老师忍不住走近作业本,想看看到底是谁把这些作业本放得如此没有章法,可是她看到的不整齐的作业本实在太多,她都不知道要记住谁的名字。"还是等早读后,在班级里重新提醒一下。"赵老师在心里暗暗地说道。

终于,早读结束的铃声响了,赵老师感觉这半小时特别漫长,因为她早已在内心组织好语言,准备就交作业这件事情好好说一下。

"同学们,有一件事情我想和大家分享一下,大家把头转向后面的柜子上,你们看到了什么?"赵老师想知道同学们对这么凌乱的作业本是怎样的感受。

"看到了作业本呀!"班里最活跃的郑宇(化名)同学随口就回复了老师的提问。

"我也看到了很多作业本。"方杭(化名)同学也附和道。

听了他们的对话,同学们不知道赵老师葫芦里卖的是什么药,看了柜子后又疑惑地转向了赵老师。

"昨天,我还为自己想出的这个交作业的方法感到高兴,可是今天看到大家交作业的情况,我在想是这个方法不好呢,还是你们没有真正按要求做呢?我现在想再提醒一下大家,希望大家明天早上一定要按照标签上的位置摆放,各组放整齐,这样也便于课代表清点和上交。"赵老师见上课铃即将响起,赶紧把话讲完就离开了教室。

接下来的几天,赵老师发现同学们交的作业本比之前稍微好了一点,但是看上去还是比较凌乱。到了第二周的周一,赵老师到教室后发现作业本不仅摆放得不整齐,甚至比上周还乱。

> 面对班级问题，多次提醒无效，你会怎么做？
>
> A．当着所有学生的面，狠狠地批评教育一番。
>
> B．苦口婆心地劝说，相信学生会改变。
>
> C．对交作业的管理工作不了了之，失望地放弃管理。
>
> 选择 A 的老师，学生改变的可能性不大，还会引起学生的反感。
>
> 选择 B 的老师，部分学生可能会有所改变，但总体效果不会很好。
>
> 选择 C 的老师，久而久之，班级的管理工作很难收到好的效果。
>
> 赵老师是怎么做的呢？

赵老师刚开始觉得这是一件非常简单的事情，没有想到最后的效果却不尽如人意，但她没有放弃这样的做法。她决定先找出学生不能放整齐作业本的原因，然后对症下药。于是，她每天早上都特意提早到教室，仔细观察学生交作业的情况。两天后，她发现问题的最关键在于后面交作业的学生都是随便一放就完事了，根本不顾及前面同学的作业本的朝向。有的学生甚至故意把作业交到别的组内，破坏其他组的作业整齐度。作业本是按组放的，不是一个人的问题，是整组同学互相配合的问题。于是，赵老师的心中有了打算。

第三天早上，赵老师在早读结束后，又一次让所有同学都转身看交作业本的地方，然后让学生说说哪组放得最整齐，在同学们选出优秀的一组后，赵老师马上宣布给最整齐的一组每人加两分德育分。德育考核是之前班级同学共同制定的制度，但是有一条规定是班主任可以根据班级实际情况进行加减分。现在听到赵老师为优秀小组的成员每人加两分德育分，虽然分数不是很多，但是被加分的学生都很开心（一方面得到班主任的认可，获得德育加分；另一方面成为其他组同学的榜样），当天没有加到分数的组员显然有点沮丧。

接下来的一天，效果真是出奇地好，所有的组都把作业交得整整齐齐，连最难放的试卷也放得很端正。赵老师还留意到有几名学生比较迟交作业，他们会把先放的作业本竖起来收拾端正，再把自己的作业本轻轻放下，然后再次整理一遍才离开。这一天，所有组的作业都放得非常整齐，赵老师借机好好地表扬了全班同学，然后按照之前的标准给所有学生都加了德育分。

一段时间后，针对部分同学开始松懈的情况，赵老师又改变了评价方法。她找出相对不整齐的组实施了扣分，而且是整组扣分。这一次，被扣分组的组员不甘心了，看到自己组的组员交作业，都要提醒他们一定放好，甚至有同学看到自己组的作业不整齐了，还主动将作业本整理端正，团体凝聚力和集体荣誉感让同学们一天天向好的方向发展。

一段时间后，不需要班主任考核，每天作业本也会放得整整齐齐。一排排作业本整齐地摆放着，好习惯养成了，交作业这件事从他律走向了自律。

【案例分析】

交作业看似是一件非常简单细小的事情，但是在实施过程中还是会出现很多问题，赵老师在处理的过程中表现了她的高情商。

赵老师的高情商主要表现为以下几点：

（1）善于引导他人。在遇到收作业"好景不长"时，赵老师不仅善于观察，而且利用心理学领域的"从众行为"，用群体规范引导学生做好这件事情，这体现了高情商之人善于引导他人的特质。

（2）能够举一反三。一个激励策略用久了，难免会让学生产生疲倦心理。赵老师在策略初见成效后，根据学生的行为状况及时调整策略，让好习惯不断延续。她还把这种策略运用到班级管理的其他方面（比如整理抽屉），她通过小组比赛的形式，让组员之间产生荣誉感和压力感，相互促进，相互监督，取得了很好的效果。

【案例启示】

事无巨细，必须要管，这是班主任工作的特点。交作业只是班级管理中微不足道的一件事情，甚至不需要班主任插手，直接交给课代表就行。但是赵老师还是运用学生的"从众心理"，从小事中引导学生增强集体荣誉感和竞争意识。事实也证明，赵老师在班级中采取的策略取得了很好的效果，为她今后的班级管理工作做了很好的铺垫。

高情商的人在处理事务时总能觉察到自己的内心感受，并能在困难面前坚定自己的信念，通过细致的观察，找到最适合的方式，处理好各种棘手的事情。

4. 抽屉里的香皂——同频共进，相携而行

【案例回放】

　　这是一堂数学课。唐汐灿（化名）老师正在津津有味地给学生讲二次函数的知识。看着同学们认真的样子，唐老师特别欣慰。804班是一个在各方面都表现得非常出色的班级。任课教师们的一致评价是，在804班上课，常常会得到教学满足感，唐老师也总有这样的感觉。现在，她把一个知识点讲完后，学生们就自觉进入课堂练习的巩固阶段。

　　全班同学都安静地写着作业，只听到"唰唰"的写字声。唐老师一边在各小组间穿梭，一边给几名同学稍加指点。当经过后排李欢（化名）同学的身边时，她忽然闻到一股淡淡的茉莉花香，循着味道，她再次回到李欢同学身边，想看个究竟。只见李欢同学正埋头写作业，并无任何异常现象。于是唐老师就回到了讲台边。10分钟过去了，学生们还没有全部完成作业，唐老师又开始了第二轮巡视。当慢慢地接近李欢同学的位置时，她再一次闻到了茉莉花香，这一次她确定茉莉花香就是从李欢那儿飘出来的。

　　她来到李欢同学的身后，发现她右手拿着笔写作业，而左手放在抽屉里轻轻地摆弄着什么，唐老师侧过身子想看个究竟。因为抽屉里光线比较暗，她并没有看到里面有什么。李欢的同桌发现了唐老师的举动，赶紧推了一下李欢，李欢急忙把手从抽屉里拿出来，一股浓浓的茉莉花香也随之被带了出来。李欢同学的抽屉里究竟有什么？难道是香水？唐老师很想探个究竟，但她没有马上让李欢拿出来。

　　下课铃声响了，唐老师宣布下课后，快速来到李欢身边，轻轻地说："我

很好奇，你的抽屉里有什么东西很香，能让我看看吗？"

李欢的脸"唰"地一下红了，她犹豫着没有回应。唐老师温和地对她说："我就是想知道你的抽屉里是什么散发出的香味。你能把东西拿出来和我分享一下吗？"

李欢挪动了一下身子，让身体与抽屉靠得更紧了。显然，她在有意隐藏什么。

唐老师见她不想把东西拿出来，知道这个东西可能对她比较重要。于是又一次轻轻地对她说："我就是想看一眼，不会没收你的宝贝。但如果你真的感到为难，那就等你方便的时候再给我看吧。"唐老师给了自己一个台阶，就回办公室了。

放学后，唐老师还在办公室里，李欢来到她的办公室。也许是因为唐老师没有当场批评她，所以她觉得不能对唐老师有所隐瞒。于是她从身后拿出一块白色香皂，轻轻地说："唐老师，之前就是这块香皂发出的茉莉花香味。"

面对在课堂上玩香皂的女孩，你会怎么做？

A. 马上没收香皂，因为上课玩香皂肯定是不对的。

B. 严厉地指出在课堂上玩这种东西是不应该的，并把此事马上交给班主任处理。

C. 一块香皂是小事一桩，就当什么事情都没有发生，让孩子下次不带就可以了。

选择 A 的老师，利用教师的权威处理学生的问题，学生会受到心理上的打击。

选择 B 的老师，轻易将自己的课堂教育责任推给班主任，以后难以树立课堂管理威信。

选择 C 的老师，看似非常尊重学生，但发现问题却没有深入处理，并没有真正地解决问题。

唐老师是怎么做的呢？

唐老师看到香皂后有点惊讶，但她还是温柔地对学生说："原来是香皂呀！难怪这么香。我想你带香皂一定有你自己的原因，如果你现在不愿意说，下次有时间我们再好好聊聊，好吗？"

李欢见唐老师没有责怪她的意思，赶紧点点头，拿着香皂和老师告别了。

事后，唐老师从班主任那里得知，李欢同学的父母是做饭店生意的，平时工作很忙，没有更多的时间管教孩子。她的自理能力一般，归整物品的习惯很不好，总是丢三落四，桌子上也是一塌糊涂，经常不收拾。她还有一个很不好的习惯就是不爱洗澡，虽然身上的衣服看上去比较干净，但天气炎热时她也是一周只洗一次澡，而且洗澡和洗头都是分开的，所以她的身上总会有一股难闻的味道，同学们会嫌弃地躲避她。随着她慢慢长大，自尊心也渐渐增强，看到同学们嫌弃的目光，她感到很不开心，但又不知道怎么改变。估计她把香皂带到学校，只是想让自己的身上带点香味。

唐老师了解了李欢的基本情况后，思考着怎样帮助她。又过了几天，放学后，唐老师邀请李欢一起聊聊，李欢低着头不敢看老师，可能是担心老师责备她。唐老师将这一切看在眼里，于是对她说："你不要紧张，今天找你过来聊聊，只是想知道你为什么喜欢茉莉花味的香皂。因为我也喜欢茉莉花的香味，而且用这香皂洗澡后会留下一股淡淡的余香，令人感觉特别舒服。"

"老师，你也喜欢这个味道？"李欢听到唐老师说喜欢茉莉花的香味，忍不住提出了疑问。

"是的，我很喜欢这个味道。我一直用这个味道的香皂洗澡呢！"听到唐老师的话，李欢渐渐放松下来，她还对唐老师说："我自己养了一盆茉莉花，当它开花的时候，整个房间都会弥漫着香味，可舒服了。"

看得出，现在李欢已经没有了之前的紧张感，于是唐老师趁热打铁，赶紧追问下去："现在我想知道你为什么会把香皂带到教室里，而且把包装纸打开，把香皂放在抽屉里，上课的时候把手伸进去玩。你愿意和我说说你的想法吗？"

听到老师并不是批评她，只是想了解自己的想法，李欢就不再犹豫，轻声地对唐老师说："其实，我之前没有想要把香皂带到教室里，只是有时候同学们会嫌弃我身上有味道,有的人还故意躲避我。我觉得有点不舒服,但是我不知道该怎么办,因为我不是很喜欢洗澡。后来到超市的时候,我看到有这样的香皂,而且闻起来特别舒服,于是我就买了一块香皂,并把它带到学校里。开始时,我只是把它放在书包里,没想拿出来,可是我想着这么好闻的味道,拿出来玩一下,同学们应该也不会说我,说不定还会觉得我的身上很香呢!"

李欢说得一脸陶醉的样子,唐老师瞬间明白了她的做法。她把香皂拿出来玩,只是希望这样的味道能掩盖自己身上的气味,让同学们不再嫌弃她。

在与李欢的交流中,唐老师还与她商量今后的一些做法。如果觉得需要把香皂带到学校,那就尽量不要在上课时拿出来,这样不仅会影响自己的学习,也可能会对其他同学有影响。如果每周洗澡的次数不是很多,可以每周再增加两次,洗澡时就用茉莉花味的香皂等。

过了一段时间,唐老师走进教室,居然又闻到了一股淡淡的茉莉花香。她不禁把头转向李欢,李欢笑着把头转向窗口,只见窗台上一盆郁郁葱葱的茉莉花正迎风摇曳!原来这是李欢自己养的茉莉花,她把它送给了班级,唐老师忍不住对她伸出了大拇指!

【案例分析】

在发现课堂上出现的小事件后,唐老师的好奇心让她想尽快找到问题的源头,但她并没有以上课做小动作、不认真听讲为由抓住学生当场处理,而是选择在课后进行深入了解,这样的做法不仅不会给学生带来难堪,还可以让教师处于主动地位,能够更有效地处理学生的问题。

唐老师的高情商主要表现为以下几点:

(1)尊重学生的隐私。课下,唐老师在了解学生的情况时,即使对方没有及时按照她的要求做,她也没有用强硬的手段逼迫学生,也没有自己动手拿物品,而是巧妙地告知学生,让对方便时去找她。这样的处理没有与学生成为对立面,也保住了教师的尊严。

(2)能抓住问题的本质,并真诚地帮助学生解决问题。唐老师虽然不是班主任，但是她在处理学生问题时处处体现自己的高情商。她没有因为事情的表象就批评学生，而是从根本上帮助学生解决实际问题。学生带香皂的原因没有想象的那么简单，唐老师不厌其烦，悉心地帮助学生，相信学生一定会将这件事情铭记于心。

【案例启示】

每个孩子都是一个小精灵，每个小精灵都有自己的特点。虽然李欢的做法有不对的地方，但是她的出发点是好的，只是希望自己能够得到同学的喜欢。唐老师没有因为李欢的做法而批评她，也没有因为自己不是班主任就置之不理。她俯下身子，用爱心和责任心赢得了学生的尊重，让学生学会了与人相处的方法，更教会了学生对人的感恩之心。

高情商的人总能很好地控制自己的情绪，懂得与人共频，从他人的需求出发，帮助他人度过人生中的小坎坷，让他人变得更加自信和美丽。

5. 遭遇突发事件冲击——花开盛时，蝴蝶自来

【案例回放】

再过两周，就是全校的跑操比赛了，各班都在紧张地训练。705班班主任严敏（化名）老师最近比较苦恼，因为他们班的跑操一直不是很好，步伐不整齐，口号喊不响。虽然她每天都强调，每天还安排出时间单独训练学生，可是效果就是不理想。严老师一直没有找到合适的方式，但她始终相信学生一定能跑好。

那天是周三活动课，严老师照常跟着学生到操场上参加跑操训练。一开始，严老师跟着班级队伍陪跑，后来她觉得，比赛的时候老师不可以跟着，于是就站到主席台前，等待学生跑过来再指导。

701班的学生跑过去了，702班的学生也跑过去了，703……704……706班的学生都跑过去了。咦？自己班的学生呢？严老师感到非常奇怪：这些孩子怎么忽然不见了？他们去哪儿了？她急忙绕着操场寻找。

跑道上都是学生，严老师找了好久，终于在跑道的外圈转弯处发现了一群学生停在那里。如果没有意外，那应该就是自己班的学生了。严老师跑近一看，果然是自己班的孩子，只是他们全都背对着自己。她正想上前问问发生了什么情况，忽然听到一个非常大的声音喊道："你们是怎么跑步的？零零散散的，还有那么多人讲话，下周就要跑操比赛了，这样跑你们能拿到名次吗？我提醒你们跑好点儿，你们不仅不听，还要顶撞我，你们班主任是怎么管你们的？"

严老师听到声音，赶紧收住了脚步，她想看看到底是谁留住了自己班的学生。原来是这周的值周老师余丽（化名）。余老师是刚分配到这所学校的新老师，上班才一个多学期，是一名英语老师。当初学校招聘的时候，面试官看中了她的口语水平。在几个月的教学工作中，虽然她经验不足，但是很敬业，对学生的要求比较高。上学期举办英语周活动的时候，她还用英语主持过节目，是一个比较有专业素养的老师。平时，严老师与她的关系不错，现在她却不顾全校跑操秩序，把学生拉出队伍，而且大声地批评学生，甚至干涉班主任的班级管理方式。

面对值周老师在公共场合大声批评自己班的学生，你会怎么做？

A. 马上与值周老师进行理论，自己班的事情自己解决。

B. 觉得确实是学生不听话，自己趁机走开，任由值周老师处理。

C. 加入值周老师的行列，借这个机会狠狠地批评学生一顿。

选择 A 的老师护犊心切，当着学生的面不会控制自己的情绪，往往会把事情弄得复杂化。

选择 B 的老师，弱化自己作为班主任的责任，对今后的班级管理非常不利。

选择 C 的老师会让学生产生更多的负面情绪，不能起到教育的效果。

严老师是怎么做的呢？

面对余老师对学生的教育，严老师没有马上走到班级内，只是在队伍后

静静地听着，想从余老师的话语中了解更多的信息。过了几分钟，余老师发现有几个学生在她说话时小声嘀咕，甚至有人蹲了下来，余老师让他站起来，他也懒洋洋地不理会。

正当余老师不知道怎么办时，她忽然看见严老师站在后面，于是感觉遇到救星，连忙跑到严老师身边，对她说："严老师，你们班的这些学生太不听话了，我好心提醒他们，说如果在跑步时再讲话，我就要扣分了。谁知道他们不但不听，还故意大声叫唤。我对他们教育了这么久，他们还是无动于衷，一点悔改的样子都没有。你说怎么办？"

看到余老师一脸气呼呼的样子，严老师知道她一定非常生气，于是对她说："余老师，辛苦了！首先非常感谢你对我们班学生的关心，确实，这些孩子让你费心了。你看这样可以吗？我先去了解一下，如果他们的行为确实伤害到你了，我一会儿让班长到你那儿道歉。如果你觉得今天他们的跑操不好，你可以行使你的权利，给我们班扣分，我一定会支持你。最后希望你能平复一下心情，不要太难受了！"

"道歉倒不需要，只是你们班的这些学生实在太难管了。正好，现在交给你自己处理吧！"余老师说完后，转身就走了。

看到余老师走远了，严老师站到班级学生的前面。她没有说话，只是在前面站了一会儿，然后绕着整个队伍走了一圈，感觉就像是把所有的学生都看了一遍。到了原地后，她又深思了一下，没有马上说话。看着严老师这样的行为，同学们感到有点奇怪，不由自主地全部站好，等着严老师说话。

看到所有的学生都站好后，严老师才慢悠悠地说道："我和大家一样感到特别气愤，为什么跑得好好的，结果被值周老师单独拎出来教训，而且连我都被批评了！"

听到严老师这么说，同学们都不知道严老师想表达什么。有一个胆子稍大的学生小声地嘀咕了一声："就是呀，凭什么把我们叫出来，还说我们跑操比赛一定是最后一名。"

虽然他说话的声音不大，但严老师还是听到了。她说："是的，我也非常纳闷，如果我们班跑得很好，那么值周老师不是故意让我们难看吗？但事实真是这样吗？体育委员刚才在带队，我想听听她的看法，可以吗？"

当天带队的体育委员是女生，她看了同学们一眼，还是如实地说了当时的情景："当我们跑步经过余老师的时候，跑在后面的几个同学，有的故意跑出去系鞋带，有的走路，还有两个人在打闹。然后余老师说让他们好好跑步，不然就扣分了。结果班里的小高同学很不礼貌地说了一句，'要扣就扣，有什么了不起的'。这句话被余老师听见了，她非常生气，就把我们叫到一边了，然后开始教训我们。后来的事情您都看见了。"

原来确实是班级学生没有礼貌，才惹到了余老师。严老师看到小高的脸红了，知道他确实说了这些话，也明白了事情的原委。于是她对全班同学说："这么说来，刚才的事情确实是我们班学生有错在先，小高同学不应该这样没有礼貌……"

话还没有说完，小高就忍不住插嘴："之前是我不对，但是老师也不能这样说我们，还说我们跑操一定是最后一名，我就不相信她说的是对的！"

"很好！小高同学认识到了自己的错误，我相信他会去向余老师道歉。而且，我感觉到他很有集体荣誉感，他不相信我们班跑操一定会是最后一名，我相信其他同学也这么认为吧！那我们现在是不是可以讨论一下，怎样把跑操这件事做好，让余老师的话不成为现实！"

听了严老师的话，班里的同学马上开始议论起来，从每名同学的位置排列，到如何保持队列成一条直线，然后口号怎么喊才能与脚步对应……每个细节，学生们都想到了，有几个同学马上就变换了队形。几分钟后，在同学们的建议下，等其他班级的学生都离开操场后，体育委员带着他们进行了训练。这一次，队伍出奇地整齐，原先参差不齐的口号声也格外整齐响亮。

一周后的跑操比赛，705班的同学后来者居上，居然拿到了全校一等奖的好成绩。在听到自己的班级获奖时，全班同学都开心得欢呼着，严老师看着他们的笑容，也不禁绽放出久违的笑意。

事后，小高同学在体育委员的陪同下给余老师道歉。余老师也表示，那天自己没有控制好情绪，说了一些对班级和同学不利的话，希望同学们不要太记在心上。得知小高同学的英语不是很好，余老师主动告诉小高，在英语学习中有不懂之处可以直接到办公室找她，她乐于帮助他克服学习困难。最后，小高和余老师真的成了好朋友。

【案例分析】

有责任心的班主任会把班级学生当作自己的孩子，严老师也不例外。看到自己班的孩子因不听话被批评时，她的内心也不是滋味。但是高情商的教师可以轻松化解这类难题。

严老师的高情商主要表现为以下几点：

（1）情绪控制能力强。在面对其他教师批评自己班的学生时，严老师没有当场干涉其对学生的教育，而是冷静地站在一边观察，保持情绪稳定，为后期的教育做好准备。

（2）顺势而为，机智应对。严老师没有揪住学生被批评这件事不放，而是巧妙地利用学生的心理，抓住机会，激发学生求胜的欲望，然后将不利因素变为有利因素，引导学生努力训练，积极地为比赛做好准备，最终取得了优秀的跑操成绩。

（3）运筹帷幄，变不利为有利。对于个别学生的教育，严老师也没有置之不理，而是把不良的关系转化成有利的关系，不仅化解了师生之间的矛盾，也让学生有了更多的学习机会。

【案例启示】

"以偏概全""情绪激动"等表现常常与新教师相关，当然这也是新教师具有责任心的表现，他们总是希望学生能按要求行事。他们的教育和教学经验相对不足，考虑问题也容易不够周全，案例中的余老师就有这样的现象。幸亏严老师经验丰富，她不仅能快速地觉察到突发事件的原委，也能控制好自己的情绪状态，迅速做出判断和调整，把不利因素转化为有利条件。

高情商的人无论在什么场合都能游刃有余，控场能力特别强，特别是能把情绪的调控做到极点，临危不乱，沉着应对。

6. "说明书"里有情况——追根溯源，循序渐进

【案例回放】

王亮（化名）同学是603班的一名男生。他天生就是一个粗嗓门，而且说话从不分场合，怎么高兴就怎么讲。开学的第一天，他一到班级就嚷嚷着："我的座位在哪儿？你们都给我让开，不要挡住'小爷'的阳光大道……"班主任苏明（化名）老师是这个学期刚上任的新班主任，看到王亮同学的表现，他就知道这是一个不好对付的"刺儿头"，于是对他多了一份小心翼翼的关注。

一段时间后，苏老师发现整个班级中的大部分同学都比较遵守纪律，只有王亮同学会时不时地出一点"幺蛾子"。班级的规章制度有时会因为他的"挑衅"而变得难以执行，另外几个男生有时也会跟着凑热闹，班级的管理局面令苏老师感到有几分为难。

午饭前整理桌面的班规实施就遇到了阻力，总是有两三个同学忘记收拾，王亮就是其中之一。苏老师特意提醒他们一定要做好，可是总不能奏效。

苏老师在又出现类似情况后，对全班学生说："清理课桌的习惯是大家都可以做到的，但是最近总有同学忘记收拾，提醒多次也没有效果。今天，我想征求一下大家的意见。为了维护班级荣誉，督促个别同学及时改正，如发现有同学午休时没有把桌面上的物品放至抽屉内，我就把物品收走暂时保管。被收物品的同学需要写'说明书'解释原因，并保证以后能够执行班规，然后到我这里领回物品。大家觉得这样行吗？"

对绝大多数学生来说，执行班规完全是自觉行为，并没有压力，而且此招能够约束不自觉的同学，维护班级荣誉，所以大家一致同意班主任的建议，王亮同学也举起了手。

"我看到全班同学都举手表示赞同，那么我们从明天开始就实施这样的措施，相信同学们一定都能做到。"苏老师信心满满地说道。

第二天，效果果然不错，所有的学生桌面上都干干净净，苏老师也非常

高兴。到了第三天，苏老师发现有三名学生忘记收拾桌面，直接去吃饭了。于是他就按原来的规定把这几名学生的物品收到了自己的办公室。

下午快上课时，学生们陆续回到了教室。这时，王亮同学大声地叫了起来："出事了，我的水杯和文具盒被偷了！是谁偷的，快拿出来！"听到王亮同学的叫声，大家不约而同地围到了他的身边。这时，另外两名学生也发现自己放在桌上的物品没了，不禁怀疑是否真有小偷"光临"教室。苏老师来到教室，看到同学们的反应，镇定地说："同学们，不要猜测了，你们不见的物品是我拿走的。我们有约在先，午饭前没有放回抽屉的物品，由我收走保管。现在你们需要写一份解释原因和保证改正的'说明书'，凭'说明书'来我这里领回物品。"苏老师知道在执行班规时，个别学生会出现问题，这种情况是正常的。他希望通过不断强化，让学生尽快养成良好的习惯。

话音刚落，有两名学生马上开始写"说明书"，但是王亮同学却对老师说："我现在要出去给我妈打电话！"他边说，边走出教室。苏老师不明白他为什么要在这个时候给妈妈打电话，但是因为不是上课时间，他就没有阻拦。

活动课后，苏老师收到了三名学生的"说明书"。其中两名学生的"说明书"是按照要求写的，说明了这次违规的原因和下次改正的决心。但是王亮同学的"说明书"比较特别，他这样写道："今天，我的书、文具盒、水杯都离开我了，去苏老师那里'旅游'了。我十分恼火，为什么我们的书等物品放在桌子上就要被你拿走，我们的东西又不是你买的，你有什么权利拿走？我越想越火，你不仅不还给我们，还要我们写'说明书'，你的做法是不对的……我以后要是当老师，也可以像你一样随便拿别人的东西吗？……"

面对写出这样的"说明书"的学生，你会怎么做？

A. 把王亮同学叫到办公室，狠狠地进行批评教育。

B. 气愤地把"说明书"揉成一团，扔进垃圾桶，坚决不把物品还给他。

C. 直接把物品还给他们三个人，就当作已经处理好。

选择 A 的老师，没有把收物品的事处理好，可能会激发学生更多的负面

> 情绪。
>
> 选择 B 的老师，愤怒的情绪可能会让矛盾激化，也有可能引发家校矛盾。
>
> 选择 C 的老师，用形式化的简单处理，难以真正帮助学生提高执行班规的自觉性。
>
> 苏老师是怎么做的呢？

苏老师仔细看完王亮同学的"说明书"，他没有马上找王亮同学谈话，而是把三名学生一起叫到办公室，然后对他们说："你们按照要求完成了'说明书'，我也看到了你们的态度，请取走我为你们保管的物品。王亮同学再留一下，我们还有一点事情再交流一下。"苏老师拿出他的"说明书"，对他说："我认真看了你写的'说明书'，让我感到既惊讶又失落。惊讶的是，你的语文水平确实不错，'说明书'中表达了你的真情实感，苏老师真心佩服你。失落的是，你对于教师工作的理解，我觉得可能有点不妥，你真的这样想吗？"

苏老师把问题抛给王亮，王亮没想到苏老师会这么说，一时不知道怎么回答。停了一会儿，他还是用粗粗的嗓门说道："我就是这么认为的。你不能因为自己是老师，就随便拿我们的东西，我觉得你是不对的！"

苏老师没有急着反驳他，只是比较纳闷：他毕竟只是一个六年级的孩子，这种倔强的个性与偏激的态度究竟是怎么形成的？苏老师觉得这些情绪的背后一定另有原因。于是，他对王亮说："你非常诚实，把自己的真实想法毫无保留地告诉了我。不论你说的是否正确，我们另找机会讨论。你先回教室上课，本周末我想到你们家进行家访，你欢迎吗？"

听到老师要家访，王亮表现得非常兴奋，忙说："欢迎欢迎，热烈欢迎！"说完，他一蹦一跳地离开了办公室。

与家长联系后，苏老师在周日下午 2 点准时来到王亮家，他的父母都在家。在与王亮父母交流的过程中，苏老师了解到很多信息，终于明白：王亮任性、固执、偏激的行为表现与妈妈的溺爱是相关的。妈妈对他不只是物质上的无条件满足，而在思想和行为上也是无制约的纵容，甚至对王亮说的话言听计从。孩子回家说到学校里发生的事，妈妈从不问原因，永远都相信自己的孩子百分之百是对的，错的都是别人，要么是同学冤枉他了，要么是老师误解他了。久而久之，这样的家庭教育让王亮养成了骄横跋扈的行为习惯。苏老师觉得这趟家访很有必要，问题表现在孩子的身上，但是根源却在家长的身上！他知道接下来该用怎样的方式帮助王亮了。

苏老师回到学校后，仔细分析王亮身上存在的问题，并且发现他的"闪光点"，用正向引领的方式逐步引导他的改变与进步。在这个过程中，王亮在行为规范方面得到了肯定和关注，苏老师还在学习上对他进行了单项辅导。

期间，苏老师经常会在王亮取得一些成绩或者表现比较好时给他的妈妈报喜，并指导他的妈妈树立一些必要的规矩，孩子回家后也让他做点力所能及的家务事，让他从学会照顾他人开始，逐渐改变自己的我行我素。

非常神奇的是，在苏老师的关注中，王亮不仅能够遵守班级的规章制度，有时还会像小老师一样帮忙管理班级，班级中出现了难得的有序状态。

几周后的一天，王亮送给苏老师一袋车厘子，还特意交代说："这是妈妈让我带来的，我妈说我最近在家里表现得很不错，她认为这是您的功劳。"苏老师听后特别高兴，他看到王亮清澈的眼神中透露出温和的可爱。

"非常感谢你和你的妈妈，也代我向你的妈妈转告我的谢意。我一个人吃不完这么多水果，让全班同学一起分享你的礼物好吗？这也是你进步的见证呢！"王亮听后点点头，开心地帮忙分水果，看到同学们快乐的样子，苏老师露出了幸福的笑容。

【案例分析】

案例中的"刺儿头"，每个班级中都有。如果引导得当，这些"刺儿头"能给班级带来很多正能量；如果方法不对，这些"刺儿头"一定是班级中真正的"刺儿头"。苏老师就引导得比较好，这也体现了他的高情商。

苏老师的高情商主要表现为以下几点：

（1）善于发现学生行为背后的原因。在面对班级"刺儿头"王亮写的"说明书"时，苏老师没有使用常规的责骂和批评，而是先扬后抑，用提出疑问的方式了解他的真实想法。在得知王亮的想法后，他也没有马上下结论，而是选择进行家访，进一步了解王亮行为背后的原因。

（2）及时与家长沟通。通过家访来了解学生是一种比较好的方式，教师可以更加清晰地了解学生的成长环境，还可以与家长建立比较亲密的关系，便于更好地开展家校合作。在家访中，苏老师通过观察，敏锐地捕捉到他们的家庭教育模式——妈妈很宠溺孩子，爸爸几乎处于真空管理的状态。在这种情况下，苏老师及时与王亮妈妈建立沟通，共同帮助王亮建立基本的规范，真正地做到了家校合作。

【案例启示】

每个班级中总会有几个"与众不同"的学生，如何引导好这些学生对班级管理非常关键。有时我们看到的只是孩子的外在表现，然后我们会认为孩子的本质就是这样的，其实问题的背后都有更深层的原因。案例中的王亮其实本质不坏，只是家庭教育的影响让他有悖于班级班规，问题的根源就在于王亮妈妈的教育模式。找到行为背后的原因，只需要教师和家长适当地调整教育方式，学生的改变就会很显著。

高情商的人在处理问题时一定不是简单粗暴、以偏概全或特立独行，而是剖析行为背后的真正原因，细心观察，全面分析，寻根溯源，对症下药。

四、多棱的情商世界

有的人智商高，情商也高；有的人智商不一定很高，但是会用情商来补；有的人智商没有问题，只是情商不足。情商不足的人往往举步维艰，难以成长，甚至会面临挫折和失败，给自己和他人带来烦恼。

1. 灵活的平衡车——家庭事业，兼顾并重

【案例回放】

马晓芸（化名）是一名刚调入一所新学校的教师。学校刚刚成立，骨干

教师和有经验的教师不多，马老师是其中之一，所以学校不仅让她当中层管理者，负责全校大小型活动的策划和安排，还让她担任班主任。

学校还没有完全走上正轨，外界对学校的认可度也不高，所以需要通过各种活动向社会进行宣传。马老师负责活动策划，从开学典礼的策划和举行到军训活动的安排和宣传，从教师节活动的组织到中秋节活动的开展，还有每周晨会的组织，再加上新班级的班主任工作，马老师每天天不亮就起床，深夜后才能休息。短短9个月，她整整瘦了8斤。幸好，马老师的身体状况还不错，经过国庆节长假的休整，她又进入了忙碌的工作中。

随着时间的推移，马老师的工作能力越来越强，班主任工作也已经理顺。因为马老师带的是七年级刚入校的学生，所以虽然他们能够基本遵守各项规章制度，但平时还是离不开老师。

终于，一个学期已经接近尾声，学生马上要参加期末考试了。马老师觉得一个学期的高强度工作终于要告一段落了，自己也可以松一口气了。

这一天，刚好是期末考试的日子，马老师早早地来到教室。因为这场考试是七年级学生升入初中的第一场大型考试，每个孩子和家长都会期待这一学期的最终成果，所以马老师觉得这场考试非常重要，她在这段时间都尽量多陪伴学生们复习，争取让他们更好地发挥出自己的实际水平。

学生陆续来到教室，马老师吩咐他们拿出书本开始复习。这时，忽然响起了一阵急促的手机铃声。马老师拿出手机一看，原来是她父亲打过来的电话。马老师一般都不会在早上接到家人的电话，因为家人知道她要管理班级，一般都在晚上给她打电话。马老师的第一反应是父亲可能有急事。

电话一接通，就听到马老师的父亲非常着急地说道："我的手被锯子割了，医院说需要接骨头。我现在已经坐上大巴车，一会儿你到车站来接我，带我去大医院。"短短的几句话，把马老师的心一下子提到了嗓子眼儿。手被锯伤了，还要接骨头，那肯定很严重，一定要马上到医院才行！可是班级的学生马上就要考试了，他们也不能离开老师，怎么办？

> 面对如此的状况,你会怎么做?
>
> A. 马上离开教室,随便找个老师代替自己交代考试要求,自己赶紧开车去车站。
>
> B. 脑子一片空白,不知道到底先做什么。
>
> C. 不清楚怎么解决,只能打电话向领导求助。
>
> 选择 A 的老师能分清重要和紧急的事件,把亲情放在最高位置。
>
> 选择 B 的老师在应对突发事件时缺少冷静和思考。
>
> 选择 C 的老师在关键时刻能求助他人,这也是一种方法,但是缺少独立思考的能力。
>
> 马老师是怎么做的呢?

马老师沉思片刻,快速地梳理了一下当前的状况。父亲从乡下坐车到镇上需要近 1 小时,马老师从学校开车到车站至少需要 30 分钟,此刻离学生的第一场考试只有 20 分钟。七年级学生是进入初中后第一次参加这么重要的考试,很多事务还需要强调,如果临时安排班主任,时间也不允许。

马老师仔细地分析了时间节点,她觉得只要顺利,还是可以安排好这个行程的。于是趁学生还在早读,她轻轻地走出教室,给在镇上医院工作的亲戚打了电话,咨询她父亲的这种情况需要怎么处理。亲戚告诉她这种程度的手术他们医院不能做,建议她带父亲去更好的医院。但是到市里的大医院需要 2 小时的路程,如果马老师送父亲就无法在学生第一场考试结束后赶回来,学生就会处于无人管理的状态。

马老师犹豫了一下,马上想到自己的妹夫在市里上班,于是赶紧联系妹夫,让他到市区的车站接父亲,并把父亲送到最好的医院,而她接到父亲后就直接送他到通往市区的车站。一番安排后,她镇定地把学生送进考场,然后调整好自己的心理状态,向领导请了临时假后就直奔镇上的车站。

马老师停好车,她的父亲也到了,左手布满鲜血,只是在乡下卫生院做了简单的包扎。马老师看得出父亲有点失血过多,比较疲惫。她二话没说,赶紧带着父亲往下一个车站赶。路上，她把情况和父亲做了交流，然后交代好行程和注意事项，并且在车站买了点心让父亲补充体能。马老师把父亲送上车后，又联系了接站的妹夫，自己就匆匆回到学校，刚好赶上学生第一场考试结束，她转身就进了教室。

事后，马老师的父亲被妹夫送到大医院，马上进行了急诊手术，几乎掉下来的大拇指被成功地接上了，术后的愈合也非常不错。医生说幸亏送得及时，否则手指可能会废掉。

等到学生全部考试结束后，马老师赶到医院。看到躺在病床上的父亲，她觉得有点过意不去，因为自己没有直接送父亲，但是父亲对她说："幸亏你及时决定送我来这么好的医院，听医生说，镇上的技术不能做这样的手术，还好当时没有耽误时间，这个手指算是你帮我保住了。"听到父亲的话语，马老师觉得整日的疲劳都烟消云散了。

公布成绩的时候，马老师班级的学生表现得都非常好，家长也很满意。虽然没有人知道马老师的苦恼和辛苦，但是看到最后的结果，马老师觉得非常幸福。

【案例分析】

案例中的马老师身兼数职，要处理多项学校事务，她还是一名小学生的母亲，也是父母的孩子，正处在"上有老，下有小"的特殊时期。从这个案例中我们可以看到，马老师不仅能很好地处理工作和家庭的矛盾，在处理紧急事务时她也能非常冷静，忙而不乱，这充分体现了她的高情商。

马老师的高情商主要表现为以下几点：

（1）遇事淡定。在接到父亲的电话时，她没有惊慌失措，而是非常镇定地把各项工作安排妥当。面对这样严重的突发事件，很多人都不知道如何处理，但马老师能计划好各项重要的事情，而且考虑问题非常周全，在不动声色中把事情全部安排好，着实令人敬佩。

（2）具有很高的预见性。当马老师了解到父亲的大拇指快掉下来时，果断地通过咨询决定将父亲直接送到技术更高的医院，避免延误医治时间，事实证明，这个决定非常正确。

（3）善于沟通。虽然马老师没有亲自送父亲去医院，但是她及时与妹夫取得联系，并在考试结束后马上看望父亲，避免了父亲对她的误解。

【案例启示】

"鱼与熊掌不可兼得"，家庭和工作虽不能说是"鱼"与"熊掌"，但是要想把两方面都处理好，确实不是一件容易的事情。工作和家庭孰轻孰重？如遇并重，该如何选择？这是一个艰难的决定，不仅需要一定的协调能力，还需要冷静的头脑和处理紧急事务的随机应变能力。

高情商的人无论何时都能调整好自己的情绪状态，对突发事件做出快速的、正确的判断，并实施高效的处理方案。对工作有责任，对家人有担当，才能对单位负责，对家人关注，心中有他人，不抱怨，给他人带来温暖。

2. 黯然失色的"校花"——踽踽而行，不知始终

【案例回放】

林汐（化名）是一位有20多年教龄的语文教师，她毕业于一所声誉良好的师范学院。在校学习期间，虽然出生于农村，但是她成绩优秀，经常在报刊上发表文学作品，加上她身材修长，容貌姣好，自然成了学校里的"校花"，在校期间不乏众多的追求者。

临近分配时，本可以申请留在市区的林老师，怀抱满腔热血，积极响应国家"从哪里来，就到哪里去"的号召，回到自己的小乡村教学。

一开始，林老师的教学工作做得得心应手。乡村学校不大，只有不到20个教师。她是大学毕业生，在农村学校中实属稀缺人才，学校领导非常器重她。因为她人长得美，又充满活力，学生也特别喜欢她。她在学校里处处得到尊重，仿佛就是学校里的中心人物，她自己也非常享受这样的"光环"。

在家人的催促下，林老师没多想就和一个市区的小伙子结婚生子了。期间，为了孩子上幼儿园，她换了一所学校任职，但还是在乡下，夫妻之间依

然聚少离多。到孩子上小学时,她的丈夫婚内"出轨"了。

林老师含着泪水,无奈地在离婚协议书上签了字。孩子归她,房子归她,孩子的父亲净身出户。面对空荡荡的房子,林老师暗下决心,这辈子要好好地陪着孩子长大,而自己的事情都不重要。

一个人带孩子的辛苦不必多说。她的含辛茹苦后来也有了收获,孩子以优异的成绩考上了市区最好的重点高中。此时孩子要离开她到市区读书,为了照顾孩子,她通过多方努力,被借调到市区学校工作。

林老师特别珍惜这个来之不易的机会,她非常努力地工作,想用教学水平证明自己的能力。1个月过去了,她发现身边的人都很优秀,特别是几个年轻人,他们不仅教学方法新颖,而且深受学生青睐。新学校的工作节奏非常快,她根本无法跟上他们的脚步。每次教研活动时,她都不知道该说什么,感觉这么多年的教学经验不值一提。

如果面对这样的情况,你会怎么做?

A. 仔细反思自己的教学能力,寻找差距,虚心请教。

B. 继续使用自己多年的教学经验,相信自己的教学方式也有优点。

C. 改变自己,有选择性地接受他人优秀的教学方式。

选择 A 的老师是一个善于反思的老师,具有成长型思维。

选择 B 的老师特别自信,相信自己的能力,但有封闭自我的倾向。

选择 C 的老师有自己的主见,能审视自己并接受他人的优秀经验。

林老师是怎么做的呢?

这样的日子又过了半个月,林老师实在坚持不了,病倒了。她每天都在责怪自己无能,看到别人脸上露出的笑容,她胆怯了,最后都不知道该怎么教学生了,焦虑加上不自信,她本来就不好的身体出现了状况。

躺在病床上的林老师,不知道自己的问题到底出在哪里,浑浑噩噩的日子在一天一天中过去。一段时间后,林老师的身体有所好转,但是她非常害怕到学校，无法面对学生，甚至有了谈教学色变的恐惧倾向。

一个学期后，学校领导找林老师谈话，看看如何帮助她面对工作与情绪。为了孩子，林老师仍然愿意留在学校，但是她怎么都不愿意接受教学任务。林老师不担任教学工作，学校领导只好给她安排一个闲职。一个具有20多年教学经验的老师，每天就在办公室里打杂度日。

一段时间后，学校领导看到林老师被闲置着，担心她会有情绪，于是临时安排她到教务处做点零散的事情。一次，主任让她写20多张奖状，这本是一件小事，结果她整整花了两天才写好。因为她总觉得自己的字不好看，担心学生带回家后被家长议论，于是她写了擦，擦了写，最后主任规定了时间，她才不再修改。其实，大家对她写的奖状非常满意，只是她无法越过自己的心理障碍。

林汐的状况与她工作后的环境和经历的婚姻密切相关。本来她是人人夸奖的高才生，结果她安于现状，在教学方面没有长进。曾经的"校花"遭遇了背叛，生活的艰辛磨灭了她的棱角，她做什么事情都小心翼翼，生怕自己被抛弃。

【案例分析】

林汐从一名优秀的大学生沦落到目前的处境，根本原因在于她随波逐流的性格和自信的缺失。本来有着大好前途，自身的素质也非常不错，但是在多年的教学中，她没有找到自己的方向，习惯安于现状，同时面对变化的环境，她不能与时俱进和突破自己。

林老师的低情商主要表现为以下几个方面：

（1）耐挫性差。林老师其实是一个非常有才华的人，但是经历几次挫折后，她对自己的认识不够正确，导致自己不自信。遇到强手时，她无法正确地定位自己，一味选择后退，焦虑度日，导致自己的身体也出现了状况。

（2）工作目标不明确。在离婚后，林老师把唯一的希望都寄托在孩子身上，忽视了自我发展，没有提高自己的教学水平，她的适应能力也较差，导致她在工作上处处受挫，丧失了追求的欲望。

【案例启示】

每个人都会面临很多困难，也会经历不少磨难。有的人能在生活的大染缸里保持初心，并坚信自己的力量；有的人容易放弃，不愿面对遇到的挫折。如果要让自己变得强大，一定要对生活和工作有积极的信念，并且要有始终如一的坚持。

低情商的人会在面对失败后怀疑自己的能力，失去信心和方向，不会在失败中吸取教训。他们常常沉浸在自怨自艾中，总是不愿意接受挑战，甚至无法做到面对挫折，长此以往，这会让自己的人生变得黯然失色。

3. 一枝独放不是春——四面楚歌，形单影只

【案例回放】

夏雨佳（化名）是一位年轻的中学美术教师，她从外地应聘来学校工作已经快两年了。近日，学校人事干部明确告知她，下学期学校将不再与她续签工作合同，希望她自谋出路，另找单位。雨佳为什么会面临这样的尴尬状况？

雨佳是一名"90后"独生女。虽然从小家中生活条件不算特别优越，但是她集父母的宠爱于一身，养成了一些娇生惯养、自以为是的不良习惯。

开学前，学校组织全体教师到德育基地进行培训，所有教师都按照学校要求准时参加。培训进行到第二天，负责点名的教师发现唯独雨佳没有到现场，开始以为她是身体不舒服，但经过向同宿舍其他教师了解情况，发现她是没有按时起床。负责人派其他教师通知她赶紧来参加培训，但整整1小时后她才到达会场，脸上没有一丝歉意，反倒感觉学校的安排让她很不适应。

开学后，学校根据教学需要安排雨佳执教高一年级的美术课，她的课时不多，压力也不大。刚开始，她基本能按照学校的规章制度准时上下班。但2个月后，天气渐渐转凉，办公室里没有暖气，她感觉很不适应。于是，她在早上便不按时到岗，好几次考勤教师查岗，她都不在办公室。面对考勤教

师的多次提醒，她也无动于衷。最后，学校按照制度从她的工资中扣除了部分考勤奖。

万万没想到的是，发工资的那天，雨佳气冲冲地跑进考勤教师的办公室，严厉地质问对方为什么自己的工资里少了30块钱。负责考勤的教师拿出考勤单，告知雨佳扣除工资的原因是，有3次考勤时她都不在办公室，给她打电话也没人接听，事后也没说明情况。

雨佳猛地跳起来说："我不在办公室，不代表我不在学校，没接到电话也不能说明我不在上班，你这样扣钱是没有道理的！"

负责考勤的教师耐着性子说："那你看到未接电话后，为什么不回电话呢？"

"我忘了，即使我不回电话，你也不能扣我的钱！"雨佳理直气壮地说道，"我不在办公室，是因为我在美术教室呢！你去看过了吗？"

"专业教室我都找过了，没有看到你。"考勤教师很负责地回答道。

"也许那个时候我正好在卫生间呢，你没有看到我很正常。你总不能不让我去卫生间吧！"雨佳一脸不满地说着。

见她这么不讲道理，考勤教师就把学校的考勤制度文件拿给她看，希望她能认识到上班时间应该在办公室里工作，如果有特殊情况可以让同事转告或者直接告知他。谁知，她一看到考勤制度文件，就夺走撕碎了。负责考勤的教师见她如此，实在很生气，责怪她不应该这样做，有什么事情可以好好说，以后吸取教训就可以了。结果，雨佳听完这些话，直接就拿起桌上的考勤讲义夹向对方砸去，幸好考勤教师躲闪及时，没有对他造成伤害，但讲义夹里的资料散落一地。

当时，办公室里还有另一名女教师，她吓得赶紧到隔壁办公室叫人。经过几名教师的劝解，雨佳还是不服气，离开时骂骂咧咧地说："我要向校长反映，你利用职权报复性乱扣钱。"

如果你是雨佳，你会怎么做?

A. 从自身的问题出发，反思自己的行为，从此不再迟到。

> B. 找个合适的机会向考勤教师道歉并承认自己的冲动。
>
> C. 不去找校长，把本月的考勤事件作为一次教训，想办法克服起床太迟的问题。
>
> 选择 A 的老师能正确地认识自己，不为自己的错误行为找理由。
>
> 选择 B 的老师能主动与他人沟通，也能找到自己的问题所在。
>
> 选择 C 的老师能认识到自己的不足，有想办法解决问题的能力。
>
> 雨佳老师是怎么做的呢？

从考勤教师的办公室出来后，雨佳回到自己的办公室，心中的怒气无法消退，情绪也难以平复。她转身跑进校长办公室，告知校长考勤教师扣钱的事，说考勤教师徇私舞弊，故意克扣她的考勤奖。校长一开始被说得丈二和尚摸不着头脑，最后才弄明白事情的缘由，他问雨佳考勤的时候她到底在哪里。这时，雨佳不好意思地说，有两次她确实是在学校里，但因为办公室没开空调，她觉得不暖和，所以就待在学校的宿舍里。她认为宿舍在校园内，所以她应该不算缺勤，甚至觉得自己被扣钱很委屈。

校长听后，语重心长地对她说："在宿舍里不能代表在办公，学校规定教师在没课时也要在办公室里工作，所以你不能因为自己的原因而违反规章制度。如果你确实觉得冷，多穿点衣服也是解决问题的方法。咱们学校是中央空调，气温下降到一定温度时，我们会统一开空调，这也是按照制度行事。"

听了校长的话，雨佳仍然有些不满意，但是她也不敢在校长面前说什么。之后，她一看到考勤教师就把头抬得老高，扭向一边，显露出一副傲慢的态度，总觉得是考勤教师故意为难她。同事们知道了这件事后，也都不愿意主动和她交往。

"考勤风波"之后，雨佳并没有吸取教训，依旧我行我素。除了经常迟到早退外，她还总因一些鸡毛蒜皮的小事与同事发生冲突，造成人际关系紧张。

有一次，她参加一个教研活动。教研组长让她写一篇通讯稿，结果她在稿件中把出席会议领导的信息完全搞错了。其实，这本来是一件小事，出错也很正常，只要在发现问题后，及时修正就可以了。然而，她却不断给自己找理由，一再强调是他人传达信息不清楚，才导致自己出错。因为这件事，她与教研组长又大吵了一架。事后，教研组长有意与她缓和矛盾，她不仅不配合，还在教师和家长群里肆意诽谤，让一些不明真相的教师曲解领导的意图，让道听途说的家长误解学校的做法。她的言行给学校造成了不良的社会影响。当大家认识到她为人处事的特点后，她也就陷入了"人设崩塌"的状态。

不到 2 年的时间，因为人际关系恶化，她在学校里无法正常工作。学校领导觉得留着这样一位教师，对教师的个人发展、对学校的工作都不利，所以决定直接劝退她，希望她另谋新路。

【案例分析】

雨佳是一位刚走上工作岗位的新教师，平时缺乏自我约束的能力。遇到问题时，她很少自我反思，总是习惯把责任推到别人身上，时间一久，同事们纷纷躲着她。这些都是她情商低引发的问题。

雨佳的低情商主要表现为以下几点：

（1）利己主义思想强烈。作为新教师，一定要遵守规章制度，但她总是用各种理由为自己开脱，试图达到对自己有利的目的。群众的眼睛都是雪亮的，偶尔违规，旁人也会谅解，但是不能一而再，再而三地违反规定。

（2）情绪易失控。遇到问题时，她经常强词夺理，不能很好地控制自己的情绪。面对问题时，她不是积极解决，而是满腹埋怨，把一件简单的事情复杂化。

（3）人际关系紧张。如果与某一个同事关系不好，可能是正常的，但是她几乎与所有的同事都关系不好，那么她的人际关系一定是出了大问题。在工作过程中，她无视学校的领导和前辈，不懂得宽容别人就是宽容自己的道理，这也是她被辞退的主要原因。

【案例启示】

每个人都会犯错，犯错并不可怕，但是有些人总喜欢给自己找各种理由掩盖错误，这是趋利避害的典型表现。遇到问题时，是主动解释，还是强词夺理？是澄清事实，还是责任"甩锅"？是站在他人的角度分析思考，还是以自我为中心地我行我素？面对这些问题，高情商者与低情商者的处理方式截然不同，结果也大相径庭。

低情商的人总是自私自利，不会宽容他人，更不懂得与人交往的原则。他们眼中无人，心胸狭隘，最终也会吃下自己播种的苦果。

4. 一场录像课的风波——以错制错，人设塌陷

【案例回放】

马上要进行分区的数学录像课评比了。学校的数学教研组长召集了全体数学教师开会，确定参加比赛的教师名单。几名年轻教师觉得这是一个展示自己能力的好机会，因此都想报名参加，但是教研室分配给学校的名额只有一个，到底派谁参加，还需要看教师们的真正实力。于是，经过大家的协商，愿意参加比赛的教师都可以准备课程，两天后进行校内赛课，优秀者会被推荐到区内比赛。

会后，几名年轻教师都积极地准备赛课的课程，李琴（化名）也在积极地准备。两天后，赛课如期举行，根据大家的意见和评分，分数最高的是夏雨（化名）老师。毫无悬念，她被推荐参加区级的赛课，并开始下一步的准备。

事后，李琴老师却气冲冲地找到教研组长，一开口就说："你凭什么让夏雨去上课，她都已经参加过好几次比赛了！"

教研组长见她情绪不好，赶紧让她坐下，然后平静地说："你不要着急，有什么想法慢慢说。"

李琴还是很大声地说："我快要评职称了，需要这样的机会。作为教研

组长，你为什么不考虑一下？再说，我的教学也不是很差，你凭什么给她打高分？"

一连串的提问让教研组长不知如何回答，过了一会儿，教研组长冷静地对她说："你说的这个情况我现在了解了，当初通过赛课确定参加比赛的人选是大家商定好的，夏老师的实力也是大家公认的，这不是我一个人的决定。如果你有想法，我们现在可以讨论该怎么解决。"

"我不管，反正我一定要参加！"李琴摆出一副不达目的不罢休的样子。

教研组长是一位非常有经验的教师，他看到李琴的情绪一直无法平复，于是对她说："你先别激动，我再和教研室的负责人商量一下，看你能否作为备选人选。你可以先把课录好，如果规定允许，我就将你的课程视频一并上传。"

听到教研组长的话，李琴沉默了一会儿，并没有马上答应。教研组长又对她说："如果你采纳这个建议，那么你现在就专心备课。如有需要，可以邀请其他教师帮你磨课，争取在下周把课录好。"

听到可以录课，李琴感觉自己的目的已经达到了，于是答应在规定时间内上交课程录像。这时，教研组长对她嘱咐了几句话："你备好课后，也给我看看，然后录课需要到其他学校，那里有我们之前的同事，你可以和他联系一下，但是一定要记住不能太情绪化，到了别人的学校，不能太不礼貌。"

说完之后，教研组长就让她回去了。李琴回到自己的办公室后，也开始着手准备。到了录课的时候，她联系了之前的同事郑老师，郑老师为她安排好了录课设备。录课的那一天，李老师在录播教室里完成了课程，回到郑老师的办公室后，有一位数学教师看到李琴并问道："你就是今天来录课的老师吧，你为什么把我的课上了？"

听到这位数学教师的质疑，你会怎么做？

A. 马上很有礼貌地表示道歉，因为确实不知道是他的课。

B. 心平气和地告诉这位教师，这是郑老师安排的，如果没有经过他的同意，她代表郑老师表示歉意。

> C. 对他表示歉意，同时表示感谢，如果需要弥补，可以共同商量解决办法。
>
> 选择 A 的老师很有礼貌，并且能认识到自己的问题。
> 选择 B 的老师能控制好自己的情绪。
> 选择 C 的老师具有成长型思维，遇到问题时不推卸责任，并积极寻求解决办法。
> 李老师是怎么做的呢？

李琴听到这些话后，一下子就不高兴了，她觉得这名教师不应该如此说话，而且她来上课是郑老师安排的，她和这名教师没有什么关系。于是她就不想理他，拿好自己的东西就走了。

晚上，郑老师为了感谢其他教师的配合，请李琴和自己的同事一起吃饭。在餐桌上，之前"为难"李琴的教师又说起自己的课被占用的事情，郑老师连忙解释说，因为太匆忙，所以没有经过他的同意就把学生带去上课了，但是班主任是知道这件事情的，并且郑老师提前拜托班主任告知他，可能因为事情太多，班主任忘记说了。看着郑老师不断道歉，坐在一边的李琴既没有表示歉意，也没有帮郑老师说任何话。

第二天，到了自己的办公室，李琴还向其他教师吐槽，说郑老师学校的其他教师素质太差，缺少教养。

事后，李琴把录像课给教研组长审核，结果发现其中有一处常识性错误，这样的课肯定不能上传，教研组长让李琴重新录课。这时，李琴觉得自己确实没有讲好，也想重新录一次，她拿起电话打给郑老师。但是因为上次的事情，郑老师不仅没有得到李琴的理解，还被自己学校的领导批评了一顿，心里特别委屈，领导告诉他不能随便把录播教室借给其他学校的教师。所以在接到电话后，他告诉李琴，因为上次的事情，他无法帮忙了，李琴需要自己和他们学校的领导沟通。

李琴本来朋友也不多，现在遇到这样的事情，她也不知道怎么办。于是她只能找教研组长，教研组长已经知道了上次录课的事情，也表示这个事情需要她自己与对方领导协调。

眼看上交录像课的时间就要到了,李老师急得团团转,但她始终没有向郑老师道歉或主动解决问题,最后她只能放弃参加评比的机会。

【案例分析】

从案例中我们不难看出,从李琴一定要拍摄录像课开始,她与人交往的方式就存在很大的问题。为了达到自己的目的,她全然不顾及他人的想法,幸好遇到有经验和有宽容心的教师,没有和她计较,才让她有机会参与录像课的拍摄。但是最终她还是没能参加赛课,这和她的低情商很有关系。

李老师的低情商主要表现为以下几点:

(1)做事情一意孤行。在案例中,李老师也算是一名要求上进的教师,但是为了达到自己的目的,她没有三思而后行,只会一意孤行,这有时会让人感觉不可理喻。

(2)不会换位思考。身处他人的校园内,她没有考虑到借场地和借班上课会给他人带来麻烦。在遇到问题时,她也没有及时帮助他人解围,最后导致误会的产生,还给帮助她的教师留下关系隐患。

(3)有点自大。李老师虽然不是一名新教师,但是每个人在上课时都难免会有一些不足的地方。李老师不愿意俯下身子,虚心请教,结果因为自己的教学失误而失去了一个很好的参赛机会。

【案例启示】

用自己的错误惩罚别人,这是一部分人的认知。他们不但觉得用这种方式并无不妥,而且觉得这样做非常公平。但是,在现实生活中,采取这样的方式是最愚蠢的,不仅不能解决问题,还会让事态变得更加严峻。这些人总是以自我为中心,从来不考虑他人的感受,这样的相处模式会给自己和他人带来很多麻烦。

低情商的人自以为是、眼中无人,不懂得与人沟通的技巧,不能换位思考,说出的话容易伤害别人,他们典型的特点就是活在自己的世界里。

5. 消失的"编程"——剑拔弩张，两败俱伤

【案例回放】

晚自习课上，班主任方盛（化名）老师在巡视时发现学生王明（化名）没有写作业，而是在看计算机编程的书。方老师知道王明同学对计算机编程非常感兴趣，所以提醒他先完成作业再看。王明当时同意了，把书放到了抽屉中，然后开始写作业。

过了十几分钟，方老师又一次到班级里巡视，发现王明又在看编程书，放在桌上的作业才写了几个字。这时，方老师有点生气，伸手想把王明正在看的书拿过来，结果他把编程书用双手抓得紧紧的，不肯给方老师。方老师松开手，轻声对他说："你现在去我的办公室，可以吗？"

王明没有站起来，反而把身体往桌子边靠了靠，丝毫没有按班主任说的做。方老师知道王明的父母在他很小的时候就离婚了，他平时都由保姆照顾，养成了以自我为中心、我行我素的性格。平时他的自理能力很差，班级也经常因他的违纪行为而被扣分，班主任多次教育也没有成效。现在看到他违反自习课纪律，还不愿意单独交流，方老师实在有点生气，于是大声地对他说："你快站起来，和我去办公室。"

这时，王明也不知道是怎么了，就是不肯站起来。方老师更加生气，用右手抓住王明的胳膊，想把他拽起来。可能是方老师有点用力，王明感到有点疼，他在站起来的同时一甩胳膊，打在了老师的脖子上。方老师感到一阵疼痛，本能地想拦住王明的手，还想用双手抓住他的胳膊。王明以为老师要伸手打他，还没等方老师把手伸过来，他就把老师推到了教室后面的柜子上。由于惯性，王明也碰到了柜子，撞到了腰部。看到他们两个人起冲突，几名男生赶紧跑过来，把他们拉开。教室里的动静惊动了隔壁办公室里的年级组长钱老师，钱老师赶到班级，把方老师和王明同学一起请到了会议室。

方老师显然非常生气，到了会议室，他对年级组长说，必须把王明的母亲叫到学校来处理问题，年级组长觉得让家长参与教育是可以的。于是他让

方老师通知王明的母亲来学校。

半个多小时后,王明的母亲到了,和她一起来的还有王明的亲生父亲。看来王明的父母对这件事情非常重视。

> **师生之间发生了矛盾,面对学生的家长,你会怎么做?**
> A. 当着学生父母的面,冷静地、如实地讲述事情的经过。
> B. 首先对让家长匆忙到校表示歉意,然后如实讲述事情的经过。
> C. 主动提出自己对这件事情所承担的责任,希望得到家长的理解。
>
> 选择 A 的老师能控制自己的情绪,让家长真实地了解孩子的自习状况。
> 选择 B 的老师能考虑到家长的内心感受,也能把事情的原委清晰地告知家长。
> 选择 C 的老师勇于承担责任,容易取得家长的信任。
> 方老师是怎么做的呢?

方老师还没有等家长落座,就对王明的父母说:"你们这个儿子我是教育不了,今天他居然敢打班主任,你们来了就把他带走吧!"

王明的父母听到这些话,脸上扫过一丝不悦,父亲正想发怒,旁边的母亲忙说:"方老师,我们的儿子不听话,给您带来了烦恼。作为父母,我们也不想看到这样的情景。今天我的儿子如果确实打了您,您的医药费我们一定会出。"

听到王明母亲的话,年级组长觉得说得很在理,便转向方老师说:"方老师,听了王明妈妈的话,我觉得他们确实是想解决问题的。你看这件事情怎么处理更好?"年级组长本想给方老师一个台阶下,既然家长的态度这么诚恳,作为班主任,如果他能顺着家长的话进行处理则最好。谁知方老师显然没有听明白年级组长的提醒,他仍然带着情绪说:"我不在意是否赔偿医药费,但是对于王明这样的孩子,我真的是水平有限,真的是教不了。我建议你们给孩子转学,让他有一个更好的发展。"

听到方老师还这样说,王明的母亲明显有些不悦,一旁的父亲已经按捺不住，他忽地站了起来："方老师，作为教师，你觉得教育一个孩子只有转学才能解决问题吗？这是在逃避！现在我想讨论的事情就是怎么处理好今天的问题，是否要转学我们家长会决定。今天我的儿子打了老师，这是他的不对，我们会赔礼道歉。但是我的儿子刚才说，他看到老师要打他，所以他才防卫。他的身上也有几个地方被老师弄疼了，我还不知道是否严重！如果严重，那该怎么办？"

方老师一听这话，马上说："我怎么会打他呢？我让他到办公室，结果他理都不理我，我把他拉起来也是想到办公室里处理，不然在教室里会影响其他学生。他竟然认为我想打他，这样的话，我真的无语了！"说完，他赌气地坐在一边。

办公室里的火药味一下子就浓了起来，场面也瞬间陷入了僵局。

僵持许久后，年级组长决定打破僵局。他让双方都先保持冷静，然后让家长检查孩子的身体状况。所幸孩子并无大碍，只是皮肤有点泛红。

待双方都冷静下来后，方老师和王明都为自己的不当言行向对方道歉。但是经过这件事情之后，王明的母亲觉得把孩子放在方老师的班级很不放心，所以就让儿子换了一所学校，方老师因此也受到了学校的批评教育。

【案例分析】

教育孩子确实不是一件容易的事情，但是在处理与孩子之间的问题，以及与家长沟通时一定不能意气用事。方老师就是因为情商低，致使事件没有得到更好的处理。

方老师的低情商主要表现为以下几点：

（1）缺少同理心。每个孩子都是父母的"掌中宝""心头肉"，父母把孩子送到学校，肯定是希望孩子能够健康、快乐地成长。方老师在见到家长后，显然没有理解家长的内心需求，他想到的只是发泄自己的情绪。

（2）感受性差。在事件的处理过程中，方老师有好几次可以顺势而为，但是他始终不能把握缓解问题的时机，以致将矛盾继续深化，最终也没有很好地把事情处理好。

（3）性格倔强。方老师认定的事情很难改变，这种性格让他常常陷入被动。其实，作为教师，能屈能伸才能与人关系融洽，所以在需要低头的时候就该低头，这也是为了让自己拥有更好的人际关系。

【案例启示】

处理学生的问题确实非常难，特别是教师需要面对一些具有不良习性的孩子。因为对象特殊，所以我们需要看到学生"问题行为"背后的真正原因。无论面对什么状况，我们都要控制好自己的情绪，站在对方的角度思考问题，这样很多难题就可以迎刃而解。有时，不需要据理力争，重点在于澄清事实，对自己有一个清晰的认知，这样在处理事务时就不会武断和被动。

低情商的人总喜欢把自己的思维强加在别人身上，无法真正了解自己，只能看到事情的表面，不能深入考虑各种因素，缺少运筹帷幄的能力。

6. 恼人的英语作业——情绪失控，师生齐怨

【案例回放】

伍雪颖（化名）是一位非常认真负责的英语教师，平时对学生严格要求，绝不放弃一个学生。临近中考，伍老师更是天天盯住学生的学习，每天的任务必须人人过关。

一天午饭后，郑方天（化名）、凌宇飞（化名）、章明（化名）等五名学生被伍老师叫到小教室里默写单词。可是半小时过去了，没有一个学生能全默写对。这几名学生英语成绩不好，记单词是他们的弱项。伍老师看到他们的默写情况非常糟糕，一下子就火冒三丈，大声地说："你们几个人到现在还是这样的情况，马上要中考了，你们说该怎么办？"

五名学生看到老师发火了，都不吭声。

伍老师看到他们都没有表态，又说道："这么简单的单词都学不会，你们平时是怎么听课的？作业也不好好做，单词也默写不对。今天晚饭前，要么你们把这些单词默写正确，要么就把这本书中的所有黑体单词每个抄5遍。"

九年级的英语书是上下两册合为一本的，单词量非常大，哪怕是黑体的单词至少也有四五百个，每个单词抄写 5 遍，这个量不是一般大！五名学生面面相觑，不知道该怎么办。伍老师也不等他们的反应，拂手而去。

到了活动课，有三名基础好一点的学生主动到伍老师那里默写，通过后就去吃晚饭了。但是郑方天和凌宇飞的英语能力非常差，他们根本无法默写出老师要求的单词，索性也不抄了。伍老师知道后，又是狠狠地一顿责骂，然后直接撂下一句话：你们自己去找班主任，如果不想读书就让班主任告知你们的家长！说完，她转身就回到自己的办公室了。

郑方天和凌宇飞实在没有办法，只好去找班主任。班主任非常了解他们的情况，他俩的英语基础确实很差，自己也不努力学习，一直都是班级里的"学困生"。班主任多次向家长反映他们的学习情况，但是家长也无计可施。现在马上就要中考了，这个时候再逼迫他们学习，其实意义并不是很大。班主任知道两名学生还饿着肚子，本想让他俩先去吃饭，但是又担心英语老师不高兴，她也是左右为难。她想着还是打个电话给英语老师，询问能否让学生先去吃饭，然后换种教育方式或者降低对他们的要求。

电话已经拨通，如果你是英语老师，你会怎么做？

面对这样的情况，你会怎么做？

A. 既然班主任亲自打电话，说明自己对学生的要求可能有点高了，就顺势让他们先去吃饭，其他事情再说。

B. 向班主任表达自己的担心和对学生的关心，希望这几名学生不要拖后腿。

C. 直接交给班主任处理，然后思考自己的辅导方式，等班主任有空的时候再一起探讨。

选择 A 的老师能见机行事，能较好地处理一件棘手的事情。

选择 B 的老师能考虑他人的内心感受，也能把自己的真实想法表达出来。

选择 C 的老师有反思能力，愿意面对问题，并积极寻找解决方案。

伍老师是怎么做的呢？

一接到班主任的电话，还没等班主任说话，伍老师就劈头盖脸地对着手机吼道："你们班的郑方天和凌宇飞同学我是不想管了，如果他们还是这样，以后英语课就让他们不要上了，我也教不了他们。"班主任刚想说话，话筒那边又传来了声音："要不，你告知一下他们的家长，让家长到学校来一趟，让他们当着我的面说明一下，如果孩子不愿意学习英语，从此让他俩也不用写英语作业了，最后考得不好就不要怪我了。"说完，不等班主任开口，伍老师就把手机挂了。

还举着手机的班主任顿时懵了，旁边的两名学生也不知所措。过了一会儿，班主任才缓过神来，她也不管英语老师是否高兴，想着学生的身体最重要，然后直接让学生去吃晚饭了。

事后，班主任想找伍老师当面沟通一下两名学生的实际情况，结果伍老师每次都黑着脸，摆出一副不想解决问题的样子。班主任特别尴尬，也不知道如何是好。

在之后的英语课堂教学中，因为没有完全解决之前的问题，所以这两名学生对待英语学习的态度更加消极，最后演变到上课时睡觉和做其他事情，英语老师也没有及时与他们再次沟通。一直到模拟考试后，两名学生的家长发现孩子的英语成绩太差，主动来学校进行沟通。幸好班主任与年级组长提前反映了这件事情，最终，在年级组长的协调下，师生关系得到了疏导，两名学生的英语也得到了辅导。在半个月后的中考中，两名学生虽然没有考出理想的成绩，但至少没有消极地对待英语考试。

【案例分析】

伍老师的做法其实是希望学生能变得更好，只是她没有从学生的实际情况出发，而是按照自己的标准要求学生，在学生无法达到标准时也没有改变思维，没有真正地为学生考虑，这些都是低情商的表现。

伍老师的低情商主要表现为以下几点：

（1）未能进行差异化教学。每个孩子绽放的"花期"都不一样，如果用同一种方式对待所有学生，那么有些学生就会举步维艰。伍老师没有考虑到学生的差异性，更没有根据学生的实际水平进行教学，最后导致学生不能完成任务，她自己也因此很苦恼。

（2）同事关系紧张。班主任是一位新老师，对有资历的教师不免存在畏惧心理。作为同事，伍老师不但没有主动解决问题，还把自己的问题扔给班主任，导致家长向班主任兴师问罪，班主任陷入尴尬境地。

【案例启示】

　　学生的素质各不相同，每个人的成长也有快慢。教育工作者要从学生的实际情况出发，因材施教，不能用同一个标准要求所有人。只有遵循学生的成长规律，有区别地对待不同的学生，才能真正帮助学生健康成长。

　　低情商的教师往往只倚仗自己的权威，用固定的模式开展教学和教育。时代的发展要求教师用更多的方式迎接学生的变化，找到最合适的方法，耐心等待，才能让学生学有所进，学有所长，成为社会需要的人。

第三章　情商修炼体验篇
——他山之石，可以攻玉

本章各节中都设计了三个部分"自我测试""阅读共鸣""互动体验"的内容，通过三个部分的阅读，教师可以达到情商"自我修炼"的目的。"自我测试"是根据生活场景设计问题，让教师进行自我对照，引发自我思考；"阅读共鸣"是提供案例让教师自我反思，获得自我启示；"互动体验"是通过心理游戏，让教师自我体验，深化自我感悟。轻松体验、深度感悟、真实成长是本章的宗旨。

一、驾驭多元的情绪

人们通常说"七情六欲"，其中"七情"指的是喜、怒、忧、思、悲、恐、惊。这其中还有一些细腻微妙的情绪，如嫉妒、惭愧、羞耻、自豪等。我们要用正确的方式调整情绪、放松心情。

1. 倾听内心的声音——驾驭自我情绪管理

【自我测试】

每道测试题都设有 A、B、C 三个选项，请你选择其中一项。为了确保评估的准确性，请选择最接近你真实做法的答案。在本节最后有测试参考答案。

（1）从新闻中看到一则消息，一个少年跳楼自杀了，你的第一反应是什么？

A. 孩子的心理素质太差，学校必须要强化心理健康教育。

B. 孩子发生悲剧，家长肯定是有责任的，应该反思改过。

C. 很想了解孩子自杀的更多信息，分析导致悲剧发生的原因。

（2）在学校工作中，与某同事发生争执，让你很生气，事后你会怎么做？

A. 把事情的经过记录下来，冷静分析让自己生气的原因，找机会向同事说明。

B. 心中暗暗决定，自己在以后的工作中再也不理睬这名同事。

C. 尽快找学校领导反映情况，说明自己是正确的，是无辜的。

（3）学校组织学生春游，突然遭遇暴雨，对此，你会如何反应？

A. 真是太倒霉了，遇到这样的天气真是令人扫兴。

B. 赶紧想办法找地方躲雨，让学生们感受暴雨带来的不同体验。

C. 因为学校领导考虑问题不周全，所以导致师生们淋雨，真郁闷。

（4）学生在背后用绰号称呼你，对此，你会有怎样的反应？

A. 假装没有听到，避免自己在学生面前尴尬。

B. 听后非常愤怒，指责学生没有礼貌，并要追查和严肃处理"绰号发明人"。

C. 正面应对学生们的议论，如果学生没有恶意，就自我调侃地笑纳。

（5）在机场，因为要等一名晚到的旅客，摆渡车迟迟不开，对此，你会如何反应？

A. 焦虑地多次询问工作人员，想确认还要等多久。

B. 安静地查看手机信息，耐心地等待这名旅客的到来。

C. 当这名旅客出现时，愤怒地表达自己的不满。

通过以上测试，你可以更好地觉察自己的情绪，并且思考遇到身边发生的事件，你为什么常常会用这样的态度和情绪应对。如果希望自己的情商得到提高与发展，你需要倾听自己内心的声音，管理自己的情绪。

【阅读共鸣】

赵芸（化名）老师最近情绪比较低落，好像总是开心不起来。一天，她在路上看到一名妈妈大声地训斥自己的孩子，甚至动手打孩子。孩子委屈的眼神与无助的哭声，让她的内心特别难受。有时在家里看电视剧，遇到悲伤的情节，她也会默默地流泪。她很奇怪：自己的情绪为什么会变得如此敏感？

其实一个人的情绪会受很多事件的影响，以上测试就是通过教师在同事关系、师生关系、社会关系中的反应，来评估一个人的情绪状态。你是积极地应对，还是消极地反应，与你当下的心情有关，与你的自我觉察水平、自我情绪管理能力有关。

如何才能让自己有良好的自我觉察，而不让坏心情左右自己的认知与行动？首先请你安静地、认真地倾听自己内心深处的真实想法。

记录你内心的想法与感受：

➢ 你对自己当下的工作状况满意吗？

➢ 你对自己家庭的成员关系满意吗？

➢ 你对他人给予自己的评价满意吗？

➢ 你对自己未来的生活有信心吗？

也许你对自己的工作、家庭、生活存在诸多不满意，但又觉得无法改变，甚至觉得这种情绪是自己造成的，不能怪罪于他人。自卑让你在面对现实时，内心充满自我否定的无力感。

从情商的角度来看，受困于负面的自我情绪中，不断否定自我，最后会摧毁个人的人格力量，这是心理不健康的表现。高情商者常常能够保持积极的心态。过高地评价自我表现可能是自负，过低地评价自我表现可能是自卑，保持客观认识自我的自信最可贵。在与他人的相处中，要做到扬长补短。在生活中，要学会把握四大平衡——进与退的平衡、升与降的平衡、得与失的平衡、生与死的平衡，游刃有余地驾驭自己的生活。

你可以常常扪心自问：我是谁？我想成为谁？我能成为谁？当找到真实的或者最接近真实的答案时，你对自己的评价就会比较客观。只有客观地进行自我觉察，才能让自己得到更好的发展。

为了提升情商指数，邀请你参与以下游戏活动。通过游戏体验，你可以获得反思、感悟和收获。

【互动体验】

（1）游戏："观察镜中的自己"。

（2）活动目的：

A. 通过观察镜子中的自己，想想自己有何优势，有何不足。

B. 在了解自我的基础上，做到扬长不自负，补短不自卑，扬长补短有自信。

（3）器材准备：

A. 每人一面小镜子（也可以是手机中自带的相机）。

B. 一个装了水的脸盆。

（4）活动过程：

A. 对镜子中的自己，认真观察3分钟，想想自己的三个优点和三个不足。

B. 在水纹波动的脸盆中再观察自己3分钟，思考自己有何新的发现。

C. 与其他小组成员交流自己的发现与思考。

D. 在倾听他人的基础上，真诚地给同伴一个赞美和一个忠告。

E. 通过自我观察与他人评价，感悟个人的自我认知是否有所改变。

（5）温馨提示：

A. 在活动中，慢慢地体会"镜子"的含义，通过自我察觉与他人评价两方面完成对自己的认识。

B. 通过镜子观察和在水中观察都是自我观察，容易看到表面存在的优缺点。在与他人的交流中，可以发现深层次的品质与能力。

C. 在交流的过程中学会真心地表达自己，真诚地欣赏他人。

D. 通过"乔哈里视窗"探索未知的自己：乔哈里视窗理论把人的心理分成四个部分，即公开我、背脊我、隐藏我、潜在我。在运用该理论时，要扩大公开我，缩小背脊我，公开隐藏我，开发潜在我。

【测试参考答案】

请将1—5题中的测试结果，与参考答案做比较，看看自己所处的位置，并思考其原因。

测试题序号	EI 较高	EI 较低	EI 一般
题目1	C	B	A
题目2	A	B	C
题目3	B	C	A
题目4	C	B	A
题目5	B	C	A

2. 微笑是最佳的名片——感染人心的魔力

【自我测试】

每道测试题都设有 A、B、C 三个选项，请你选择其中一项。为了确保评估的准确性，请选择最接近你真实做法的答案。在本节最后有测试参考答案。

（1）你正在参加高中同学聚会，一个老同学突然情绪失控地哭泣，对此，你会怎么做？

A. 马上来到老同学身边，给他递一杯水，在他的身边坐下来陪伴他。

B. 不理会这名同学，换个安静的地方，继续与其他同学交谈。

C. 在一边冷静观察，希望其他老同学出来处理该场面。

（2）你感觉到同事对你的做法不赞同，但当你向他询问时，他却微笑地说："很好，很好！"对此，你会如何反应？

A. 感觉这种人很虚伪，以后不会与他成为朋友。

B. 相信他说的是真实的想法，是自己多疑了。

C. 猜想对方不愿意与自己讨论这件事，尊重他的想法。

（3）收到正式文件通知，你与同事都通过了职称评审，同事现在还不知道此消息，对此，你会怎么做？

A. 自己知道就好，心想同事总会知道，不必由自己告知。

B. 尽快联系同事，第一时间把好消息告诉他。

C. 淡定地等待，希望由对方来告诉你，当然也想看看他对此事的态度。

（4）你与一名新结交的同事外出逛街，同事买了很多物品，而你一样都没买。对此，你会如何回应？

A. 必须向同事说清楚，自己不买的原因是觉得不合适，并不是买不起。

B. 买与不买都是自己的选择，无须解释，虽然一样未买，但逛街看看也不错。

C. 觉得同事购物很冲动，感觉今天的陪逛是浪费时间，以后再也不跟她外出逛街了。

（5）在教师心理培训中，主持人要求大家做自我介绍，其他教师介绍的内容比较表面，对此，你会怎么做？

A. 根据活动要求，做有特点的自我介绍，给他人留下深刻印象。

B. 看到他人介绍得过于简单，所以就滔滔不绝地做自我介绍。

C. 在陌生的环境中，不要暴露自己的信息，所以就简单介绍一下。

以上测试选取了与人交往中的问题，通过你的选答，你可以了解自己在与人相识、相知中的态度与能力。主动地了解他人，热情地帮助他人，都是与人交往的品质与能力。高情商者一般都能做到善解人意、热情无私，微笑常常是他们最好的名片。

【阅读共鸣】

学校举行"班主任节"，其中有一项内容是，让每名学生给班主任写一句话。这一天，班主任们收到的大多是学生对教师的感激与赞美。所以，这让很多班主任颇感欣慰地说："学生们的肯定，是我工作的动力。"但同事们发现，高二（3）班班主任李敏（化名）老师的情绪似乎不太好，年级组长关切地来到她的身边,轻声地询问原因。李老师递过一张纸条,上面写:"老师,我们为什么见不到你的笑容?你整天对我们摆着脸,我们觉得你很累,很凶,很丑!署名:一个讨厌你的学生。"李老师在认真地反思:自己脸上的笑容去哪儿了?

有些教师为了显示自己的威严,对待学生时常常不苟言笑。这种态度对调皮捣蛋的学生可能会起到一定的威慑作用,但也会使很多学生对教师敬而远之。

> **自己的微笑有几分?**
> ➢ 你每天都会面带微笑地走入教室吗?
> ➢ 你会对家人报以微笑的问候吗?
> ➢ 你每天都有开怀大笑的时刻吗?
> ➢ 你相信自己在微笑时最美吗?

法国作家雨果说过:"有一种东西,比我们的面貌更像我们,那便是我们的表情;还有另外一种东西,比表情更像我们,那便是微笑。"微笑能够体现教师的修养,教师脸上的微笑有多少,学生心中的阳光就会有多少。微笑传递着我们对学生的爱、对学生的信任、对学生的期待。对学生露出赏识的微笑,是一种无声的鼓励和肯定。

微笑可以缩短人与人之间的距离,化解令人尴尬的僵局,沟通彼此的心灵,使人产生一种安全感、亲切感、愉快感。所以,微笑不仅是每个人的名片,也是人际交往中的最佳通行证。

对教师来说,要让微笑成为一种习惯。因为给成功者以微笑,是你由衷的赞赏;给失败者以微笑,是你鼓励的力量;给快乐者以微笑,是你真诚的分享;给悲伤者以微笑,是你温暖的安慰。

高情商者都明白"微笑不需要成本,却可以创造价值连城的事物"的道理。充满自信的微笑,可以使人产生信任,被人真正接受。渗透情感的微笑就像一把钥匙,可以打开人际交往的大门。

为了提升情商指数，邀请你参与以下游戏。通过游戏，你可以了解自己，也可以了解他人，在与人的交往中，有更细微的觉察和更善意的表达。

【互动体验】

（1）游戏："设计你独特的名片"。

（2）活动目的：

A. 介绍自己名字的含义，让别人了解你。

B. 记住对方的名字，说出组内其他成员的名字。

C. 交流自己"网名"的含义，设计自己独特的"名片"。

（3）器材准备：笔、名片卡纸。

（4）活动过程：

A. 每个人介绍父母给自己取的名字，说说名字的来历和寓意。

B. 考一考自己记住了几名学员的名字，走到记住名字的人面前，说："某某你好，很高兴认识你！"被他人记住名字的人做出及时回应："谢谢你，很高兴被你认识！"

C. 每个人介绍一下自己的"网名"，交流取名时的想法。

D. 设计并分享自己独特的"名片"。

（5）温馨提示：

A. 名字不仅是符号，还可能带有父母意愿、家族印记或自我期望。

B. 关注一直都没被人记住名字的人，让其不留遗憾。但要注意思考：为什么有的人被人记住，有的人没被人记住？是性格问题，还是交往能力问题？

C. 意识到在人际交往中，推销自己与欣赏别人都是需要提升的重要能力。

D. 养成记住别人名字的习惯，并把这种能力运用到师生关系中。

E. 在"名片"设计环节中，要注意学员独特性展示部分的点评与分享。

【测试参考答案】

请将 1—5 题中的测试结果,与参考答案做比较,看看自己所处的位置,并思考其原因。

测试题序号	EI 较高	EI 较低	EI 一般
题目 1	A	B	C
题目 2	C	A	B
题目 3	B	A	C
题目 4	B	C	A
题目 5	A	B	C

3. 善于倾听的品质——敬人者,人恒敬之

【自我测试】

每道测试题都设有 A、B、C 三个选项,请你选择其中一项。为了确保评估的准确性,请选择最接近你真实做法的答案。在本节最后有测试参考答案。

(1) 有朋友对你说,你的脸色不好,是不是身体有问题,建议你尽快去医院看病,你会如何回应?

A. 谢谢朋友的好意,相信自己的身体不会有问题。

B. 表示自己会重视朋友的建议,并找机会去医院做全面体检。

C. 告诉朋友,去医院检查是浪费精力。

(2) 在同学聚会中,老同学一见面就对你评头论足,你会如何回应?

A. 一笑而过,认为老同学酒喝多了,说话没有把握好分寸。

B. 以牙还牙,针锋相对地对对方评头论足。

C. 认真回应对方,让对方意识到自己的言行让你不舒服。

(3) 学生在你面前多次保证,下次一定改正不交作业的毛病,但没过多久,他又犯了这个毛病,对此,你会怎么做?

A. 不再听信学生的保证,认为不交作业是他永远改不了的毛病。

B. 再给他一些机会,一直等到他真正改正为止。

C. 了解这次他不交作业的原因,帮助他树立改正缺点的信心。

(4) 同事提出的一个观点与你研究得到的结论正好相反,对此,你会如何反应?

A. 认真听完同事的叙述,然后说出自己的研究结论。

B. 接受同事的观点,做一些对比分析,然后与同事交流。

C. 立马反驳对方的观点,认为自己的研究结论才是对的。

(5) 在学校组织的讨论活动中,有人喋喋不休,你不知道对方想表达什么,对此,你的反应是什么?

A. 听了一会儿后失去兴趣,找个借口暂时离开。

B. 听了一段时间后,用一句"对不起"打断对方。

C. 举手示意对方,在得到准许后礼貌地说:"请问你要讲的重点是什么?"

测试问题涉及多种表达方式,有善意的提醒,有失误的歉意,有用心的承诺,有习惯的表达。通过对测试问题的回答,你可以了解自己在倾听他人说话时的心态与行为。

高情商者在人际交往中,常常是善于倾听的忠实听众。有时,合格的倾听胜过激昂的演说。

【阅读共鸣】

某小学举行首届"最受学生喜爱的教师"的评选活动。五(2)班班主任王丽(化名)老师有幸进入前三名。记者在采访王老师时问:"你觉得自己在哪一方面最受学生喜欢?"王老师自信地回答:"大概是我的微笑吧!"记者认同地说:"你的微笑很迷人。"

记者又采访了五(2)班的学生们。他把王老师的照片放在投影的屏幕上,问大家:"你们最喜欢王老师的哪一方面?"有同学说:"老师的微笑很温暖。"有同学说:"老师的眼睛有穿透力,可以看穿我们的心思。"更多的同学说:"耳朵。"记者不解地问:"老师的耳朵有什么独特之处吗?"学生认真地回答:"她可以听到别人听不到的心声。"记者明白了,在学生的心中,王老师是一个有"千里眼"和"顺风耳"的人。学生们喜欢王老师通过观察与倾听了解他们的心之所想,真正地理解、关爱和帮助他们。

从王老师的案例中,我们可以知道在人际关系中善于倾听的重要性。你是一个善于倾听的人吗?

> **倾听时你的态度与感受:**
> - 对方是一个值得认真倾听的对象吗?
> - 当下有没有让自己分心的因素?
> - 面对对方啰唆的表达,你是立刻打断,还是耐心地听下去?
> - 听了对方的表达,你有怎样的情感回应和建议?

想要成为一名合格的倾听者,可以从以下几个方面来思考。

(1)倾听时的肢体语言。这包括倾听时微微前倾的坐姿、人与人之间适度的距离、关注而不是盯住的眼神、细微而不夸张的手势、适时和适度的回应(如"嗯""哦""对""好"等)。总之,要让人感受到你认真地、专注地倾听的态度。

(2)倾听时的心理状态。这也就是倾听时的内心态度。心理学家建议用"同理心倾听",就是用心倾听对方的表达,用尊重的态度进入表述者情绪、情感的空间,在倾听的过程中有心与心的连接和支持,让表述者感受到自己的叙述被重视和有意义。

(3)倾听时的不良行为。在倾听时,要特别注意杜绝以下不良行为:①通过询问或质疑,频繁地打断对方的讲话;②做一些令人分神的动作,如接水喝茶、查看手机信息,以及点击计算机屏幕、接听电话、翻阅书刊等;③做跷二郎腿、双手抱胸、手指缠绕转动、打哈欠、闭眼沉思等动作;④表现出心不在焉、眼神空洞、无精打采、昏昏欲睡的精神状态。

对高情商者来说，倾听不只是听懂文字的表面意思，更是读懂话语中透露出的情感含义。善于倾听是一种能力，更是一种品质。当然，一位合格的倾听者一定会得到他人的尊重。

在倾听的基础上，假如能读懂无声语言，用眼睛一起"倾听"，会获得意想不到的效果。这会让你对他人的观察，更加细微和准确。

为了提升情商指数，邀请你参与以下游戏。通过游戏体验，你会在倾听能力方面有所提升。

【互动体验】

（1）游戏："此时无声胜有声"。

（2）活动目的：

A. 通过无声语言与有声语言的有机结合，达到"举手投足皆语言""此处无声胜有声"的意境。

B. 丰富自己的身体语言，不仅学会准确地表达自己的意图，同时力求读懂他人的无声语言。

（3）器材准备：提示板、油性笔。

（4）活动过程：

A. 利用提示板写出词语，请大家用肢体语言进行模仿。这些词语可以包括：开心、快乐、痛苦、悲伤、喜悦、失望、纠结等。

B. 模仿者做出动作（如"搓手""耸肩""双臂抱胸""双手外摊"等），其他人猜他要表达的心情。

C. 提供《不要对我撒谎》视频片段，了解微表情背后的意义。

（5）温馨提示：

A. 学习肢体语言表达的含义，在与人交往的过程中，减少和避免因不合适的肢体语言传递负面信息（如与学生谈话时双手抱胸、抖动二郎腿等行为），让学生感受到被拒绝和居高临下的距离感。

B. 了解肢体语言和微表情背后的真实想法，做到更好地读懂他人的心声，真正做到尊重之上的包容与信任。

C. 推荐阅读《微表情心理学》。了解微表情能够让你从面部表情、行为举止、日常习惯、兴趣爱好等方面捕捉、分析、判断他人的动机和行为意识。

【测试参考答案】

请将1—5题中的测试结果，与参考答案做比较，看看自己所处的位置，并思考其原因。

测试题序号	EI 较高	EI 较低	EI 一般
题目1	B	C	A
题目2	C	B	A
题目3	C	A	B
题目4	B	C	A
题目5	C	B	A

4. 读懂他人的目光——做内心强大的自己

【自我测试】

每道测试题都设有A、B、C三个选项，请你选择其中一项。为了确保评估的准确性，请选择最接近你真实做法的答案。在本节最后有测试参考答案。

（1）为了解决班级管理的问题，你想了一个好方法，但其他人认为这个方法效果不好。对此，你会如何回应？

A. 考虑他人的意见，修改自己的方法，然后努力实施自己的方法。

B. 不反驳他人的意见，坚持自己的方法，让事实说话。

C. 接受别人的意见，放弃自己的方法。

（2）学校组织教师乘坐飞机去北京旅游，你很想参加，但你害怕空中飞行。你想坐火车去北京，但这与学校的安排发生了矛盾，你会如何应对？

A. 为了与学校的安排同步，说服自己大胆尝试乘坐飞机出行。

B. 因为发生矛盾冲突，所以遗憾地放弃这次旅游活动。

C. 与带队领导说明自己的恐惧心理，提前安排好高铁行程，直接到北京与大家汇合。

（3）面对一群陌生人，你会怎么做？

A. 感到比较拘谨和害羞，不与他人交往。

B. 谨慎观察，不轻易发表自己的看法。

C. 热情友好，主动与周边的人打招呼，适度地介绍自己的情况。

（4）学校工会出台了一项措施，表面上看很不错，但实际执行后存在不公平因素。对此，你会怎样反应？

A. 等其他人反映，自己不发表意见。

B. 主动找工会领导交谈，反映目前的不公平因素，提出个人意见。

C. 在同事中发表观点，希望自己的观点得到大家的赞同，让领导看到自己的能力。

（5）在与几个人一起交谈时，一名同事突然问："你觉得自己的性格有什么缺陷？"对此，你会如何应对？

A. 表示不知道自己的性格有什么缺陷。

B. 表示知道自己的性格还存在缺陷，自己正在修炼提升。

C. 反问对方："你觉得我的性格有哪些缺陷？"

以上测试涉及自我察觉和与他人交往中的一些问题。通过你的选答，你可以清楚地认识到自己在理解他人和坚定自我方面的态度与行为。在平时的工作中，我们需要在理解他人的基础上，独立思考，接受建议，修正决定。

高情商者总能借他人之眼看世界，集众人之力助自我，做到谦虚但不自卑，谨慎但不犹豫，显示出外柔内刚的强大心理。

【阅读共鸣】

4月的江南，树是绿的，水是绿的，空气中充满了绿意。沈悦悦（化名）老师接受朋友们的邀请，亲自驾车外出踏青、品茶。当一群人兴高采烈地到达第一个目的地时，因为沈老师操作不慎，她的车与路面障碍物发生了严重刮擦。这一意外事件极大地影响了一车人的心情。有人愧疚地沉默，有人着急地安慰，也有人快速地拨打报警电话，沈老师既心疼自己的车，又懊丧自己的大意。遇到这样的情形，如何读懂朋友的目光，理智地调控自己的情绪，冷静地处理修车事宜，显得非常重要。

> **面对下列情形，你会怎么办？**
> ➢ 与同事一起外出旅游，同事发现自己的物品被窃。
> ➢ 合作团队出现了工作失误，没有人愿意承担责任。
> ➢ 同事向你求助，但你自己正为难所困。
> ➢ 领导夸你的能力强，让你担任最难管理的班级的班主任。

从沈老师的情绪困惑中，我们可以引出一个话题：如何以强大的心理，镇定地应对生活事件。一个心理强大的人，应该是一个有烦恼更有快乐的人，有欲望更有行动的人，有知识更有文化的人，有智商更有情商的人。

做心理强大的人，可以通过"五度"进行修炼：

（1）具有博爱之心的温度，给予学生正直、公正、坦荡、无私的爱，让每名学生因你而感到被尊重。

（2）具有洞察之力的深度，培养自己的创新能力、想象能力和问题解决能力，让你的教学有自己独特的品质。

（3）具有魅力之尊的高度，在性格、气质、能力、道德品质等方面多加培养自己，让自己成为学生敬仰的教师。

（4）具有儒雅之势的风度，儒雅的教师是具有最美气质的教师，可以让学生感受到生活与生命的精彩。

（5）具有豁达之情的气度，不在智慧中夹带傲慢，不在谦虚中丧失主见，不在谨慎中缺乏洒脱，以积极的心态、从容淡定地面对工作与生活。

高情商者是内心强大的人，他们具有青松的刚性和杨柳的柔性，以刚柔并济的韧性应对人生坎坷，以取舍兼顾、进退自如的毅力驾驭生命之舟。

为了提升情商指数，邀请你参与以下游戏体验。在游戏中，你可以运用多种感官欣赏和接纳他人,丰富和完善自我。

【互动体验】

（1）游戏:"闻香识友人"。

（2）活动目的:

A. 利用你的嗅觉,强化你的感觉,学会用多种感官读懂他人。

B. 明白自己喜欢的,理解自己不熟悉的,接受自己未知的。

（3）器材准备:准备多种花香味的纸片或香水、眼罩。

（4）活动过程:

A. 在众多花香味的纸片中,寻找自己最喜欢的花香味,想一想自己喜欢此花香味的理由。

B. 任意两人进行搭配,彼此交谈自己的感受,倾听他人的想法。

C. 参与者戴上眼罩,在有限的时间内寻找并接受一种花香味。摘除眼罩后,进行小组分享,谈谈自己选择的花香味是原来喜欢的,还是新接受的,还是未知的。

D. 与集体分享最后的选择给自己带来怎样的感悟和启示。

（5）温馨提示:

A. 为了防止串味儿,活动场地要略大一些。在选择花香纸片时,人与人要保持一定的距离。在交流时,距离可以近一些。

B. 活动的重点在于引导参与者欣赏与自己有不同选择的其他人,接受不确定的未知。

【测试参考答案】

请将1—5题中的测试结果,与参考答案做比较,看看自己所处的位置,并思考其原因。

测试题序号	EI 较高	EI 较低	EI 一般
题目 1	A	C	B

续表

测试题序号	EI 较高	EI 较低	EI 一般
题目 2	C	B	A
题目 3	C	A	B
题目 4	B	C	A
题目 5	B	C	A

二、完善丰富的情感

人的情感可分为对物情感、对人情感、对己情感以及对特殊事物的情感四大类。无论个人需要是否得到满足，能够自觉地调节情感使之适度的一种心理状态被称为情感的成熟。

1. 爱你没商量——亲密关系中的情感智慧

【自我测试】

每道测试题都设有 A、B、C 三个选项，请你选择其中一项。为了确保评估的准确性，请选择最接近你真实做法的答案。在本节最后有测试参考答案。

（1）最近家里想添置一台新车，丈夫提出想购买"德系"车，你想购买"日系"车，双方意见不统一。对此，你会如何处理？

A. 先对购买哪类车做个合理性评估，然后根据家庭的实际情况再做决定。

B. 通过各种理由，极力说服丈夫按自己的意愿购买"日系"车。

C. 放弃自己的想法，接受丈夫的意愿，购买"德系"车。

（2）你与丈夫受邀参加一个高规格的聚会，你倾向于把自己打扮得"端庄典雅"，而丈夫则认为穿休闲装更好。对此，你会怎么做？

A. 为了与丈夫的着装风格统一，你放弃"端庄典雅"的打扮，改穿休闲装。

　　B. 要求丈夫必须穿正装，否则你就不出席聚会。

　　C. 建议丈夫穿戴不要太随意，出席高规格聚会应尽可能穿正装。

（3）你每天都必须做一些自己不太愿意做的家务事，为此，你会怎么办？

　　A. 家务事必须要做，在做家务的同时，寻找有趣的事作为调节。

　　B. 无奈地坚持做，但相信总有一天可以只做自己喜欢的事。

　　C. 总是一边抱怨，一边无奈地做。

（4）有朋友请你说说，在亲密关系中你犯过最糟糕的错误是什么。你会如何应对？

　　A. 告诉朋友，自己从来没有犯过很糟糕的错误。

　　B. 坦率地说，自己曾经犯过某些错误，但现在已经努力改正了。

　　C. 自己是否犯过最糟糕的错误，与朋友无关，所以避而不谈。

（5）在难得的双休日，你想睡到"自然醒"，但丈夫要求你早起锻炼。对此，你会如何应对？

　　A. 认为休息比锻炼更重要，说服丈夫好好休息，放弃锻炼。

　　B. 尊重彼此的想法，我睡觉，你锻炼，各自做自己认为重要的事。

　　C. 通过协商，形成合适的家庭计划，做到休息、锻炼两不误。

　　以上测试涉及亲密关系方面的问题。通过选答，你可以了解自己在处理家庭事务时的态度与行为。家庭成员之间的尊重和协商至关重要，不然很可能因为一件小事而酿成矛盾和冲突，甚至伤及夫妻感情。

　　高情商者明白，亲密关系中的爱是有边界的。强势和任性的爱让双方得到的不是温暖和感动的享受，而是爱的控制与被爱的伤害。

【阅读共鸣】

　　张倩倩（化名）老师最近参加了一场朋友聚餐。通过前期讨论，大家一致决定吃自助火锅。面对20多种食材和七八种调料，每个人都有了自由选择的机会。为了照顾到喜辣之人与惧辣之人的不同口味,火锅底料也选择了清汤与麻辣两种。正是这样的多元选择,给大家带来了轻松自主的氛围。在聚餐过程中,张老师一直忙碌地为大家服务,大家被她的热情感动。但是她自己一口不吃,就是不停地煮鱼、滑虾、捞肉、烫菜,时不时地把锅里的食物送到大家的碗中。这时,有人说了一句:"你赶快坐下,你一直站着为大家忙个不停,让我们有很不自在的压抑感。"此话一出,受到不少朋友的赞同。张老师的丈夫幽默地说了一句:"这就是爱你没商量。"

在同事之间感受到的这份热情,在亲密关系中也许就是爱的强势或爱的控制。爱需要能力,爱也需要智慧。过于炙热的爱,可能会灼伤对方;过于强势的爱,也可能让对方逃离。

在亲密关系中,你对他(她)的爱有几分?

➢ 你喜欢表达爱,还是接受爱?

➢ 你会很在意他(她)与异性朋友交往吗?

➢ 你会查看他(她)的微信记录吗?

➢ 夫妻间发生矛盾冲突时,你会采取何种方式应对?

有一种爱,被称为"爱你没商量"。这可以理解为爱的激情,也可以理解为爱的强势。在亲密关系中,相爱的人之间的距离并非越近越好,适度的距离可以产生美感。夫妻间应该有各自的隐私需要维护,让对方保留一点私人空间,反而会让彼此的感情更持久。当然,这种距离感建立在尊重与信任的基础上,而不是轻蔑与背叛的借口。

爱是一种说不清、道不明的情感。把握好距离的爱,让双方有空间的爱,才被称为"有智慧的爱"。在亲密关系中,过于紧密的爱,可能会让爱与被爱者因缺乏自由而感到窒息。很多婚姻关系就是在"爱得死去活来"中相聚,在"恨得刻骨铭心"中逃离。

在亲密关系中,高情商者是一位爱的智者,他不仅有爱的激情、爱的亲密,更有爱的承诺。具有爱的承诺,就意味着对所爱之人能够真正履行爱的誓言：无论顺境或逆境、富裕或贫穷、健康或疾病、快乐或忧愁，我将永远爱着你、珍惜你，对你忠实，直到永远。只有在顺境中有爱的甜蜜，在逆境中有爱的担当，才是真正的爱。

为了提升情商指数，邀请你参与以下游戏。在游戏过程中，你会更细致地回顾过往，更用心地倾听内心的声音，发现一个不一样的结果，让你对另一半有进一步的了解。

【互动体验】

（1）游戏："发现不一样的他（她）"。

（2）活动目的：

A. 通过观察与倾听，发现亲密关系中的那个他（她），看看熟悉的他（她）有什么不一样。

B. 尝试与他（她）对话，看看彼此的关系如何，是否有修复、改进的需要。

C. 通过活动，改变你的视角、理念和态度，看到他（她）的长处与亮点，改变你的目光与行为。

（3）器材准备：笔与纸、音乐、照片。

（4）活动过程：

A. 通过轻松浪漫的音乐和唯美的画面，进入美好的回忆——"我与他（她）的第一次见面""我们的婚礼"，回想他（她）给你带来的亲密与激情。

B. 想想你对他（她）有何不满，是否有误会，是否有失望，是否有愤怒。

C. 尝试对他（她）做一次真诚的表达，表露你的希望、发现、肯定和赞美。

D. 把你对他（她）的表达，用文字写下来，用微信、短信的方式发给他（她），看看会有怎样的不同。

E. 可以彼此进行交流，在互相交流中得到启示。

（5）温馨提示：

A. 活动可能会涉及个人隐私，要尊重个体的保密性要求。

B. 注意发现他（她）好的方面，从而改变自己的负面情绪，而不要将活动变成抱怨他（她）的控诉会。

C. 通过观察、交流、欣赏和赞美，发现不一样的他（她）。这个他（她）可以引申为你自己，或你的孩子，或你的学生。总之，他（她）可以是你身边的人。

【测试参考答案】

请将1—5题中的测试结果，与参考答案做比较，看看自己所处的位置，并思考其原因。

测试题序号	EI 较高	EI 较低	EI 一般
题目 1	A	B	C
题目 2	C	B	A
题目 3	A	C	B
题目 4	B	A	C
题目 5	C	A	B

2. 常怀感恩之情——善良让你更美丽

【自我测试】

每道测试题都设有 A、B、C 三个选项，请你选择其中一项。为了确保评估的准确性，请选择最接近你真实做法的答案。在本节最后有测试参考答案。

（1）有朋友外出度假4天，想让你帮助看管一下家里的小狗，但是你不喜欢小狗，对此，你会如何回应？

A. 告诉朋友自己不喜欢小狗，也不会照顾，无法满足朋友的要求。

B. 表示愿意帮忙，但说明自己对小狗的态度。

C. 一边抱怨，一边尽力帮助朋友照顾小狗。

（2）你去医院看病，医生提出几种选择——国产的常规药、国产的新药或进口的新药，你会如何反应？

A．绝对信任医生，完全接受医生的意见。

B．选择国产的新药，你觉得使用国产常规药，效果可能不好。

C．首选国产常规药，如果效果不好，再选进口新药。

（3）某学生最近突然变得安静、离群，而他原来是一个活泼开朗的人。对此，你会如何反应？

A．通过班级其他学生了解情况，注意观察他的表现。

B．找个机会与他谈谈，了解他的内心想法，问问他是否需要帮助。

C．没有注意到学生的变化，只要他不影响教学秩序，就不管他。

（4）你发现自己的好朋友最近有心事，对此，你会怎么做？

A．与对方保持联系，在对方主动求助时给予帮助。

B．感觉这是他的心事，尊重朋友的隐私，就当自己什么也没发现。

C．感觉自己有责任帮他解决心事，所以主动热情地邀请他出来谈谈。

（5）其他年级组的教师在"网课"操作上有困难。对此，你会怎么做？

A．因为是其他年级组的教师，所以与自己没有关系。

B．虽然自己不是计算机操作高手，但热情地操作示范。

C．虽然自己在"网课"操作上有点经验，但建议他联系更有经验的教师进行指导。

以上测试涉及在日常生活中与人相处的问题。通过你的选答，你可以看到自己在对待他人时的态度与行为。一个人是否善良，是否具有感恩之心，在行动的细微之处可以呈现。俗话说："恶有恶报，善有善报。"所以，善良无私的付出一定会有回报。

高情商者常常会以善解人意的心态、换位思考的决定和常怀感激之情的行动，处理自己与他人的关系。

【阅读共鸣】

最近，网上有个直播讲座——"家长如何处理好与孩子的关系？"在线上互动空间里，不少家长提出了自己的困惑。在讲座快结束时，一个令人惊讶的问题出现了："老师好，我经常诅咒我的妈妈，这样会不会引发亲情分裂？"家长呕心沥血地养育孩子，希望孩子健康成长，望子成龙，望女成凤。孩子为什么要诅咒妈妈？孩子为什么没有感恩之心？同样的问题在师生关系中也存在。教师为了学生不辞辛苦、不计得失地付出，有时没有换来学生的感激与感恩，甚至出现师生关系对立的极端事件。虽然这样的事例可能是少数，但是什么原因会造成爱的付出与感恩的回报不匹配？是亲情的缺失，还是教育的失误？这需要引起家长和教师的思考。

2017年上海市中考作文题目是《就这样，埋下一颗种子》。这让我们想到一个问题：家长在抚养孩子的过程中，教师在教育学生的过程中，是否为孩子埋下过爱的种子、感恩的种子？种子应该会发芽长大，感恩可以传递，关爱可以传承。

遇到这样的情形，你会怎么做？
- 做了一件无意伤害他人的事。
- 看到某地发生灾难性事件。
- 在地铁站看到乞讨的孩子。
- 听到你曾经帮助过的同事在背后说你的坏话。

为了培养学生的感恩之心，现在许多学校都设立了"感恩周"活动，在活动中倡导学生们学会感恩教师、感恩父母、感恩社会、感恩大自然，让学生们在感恩之情下，感受浓浓的亲情、满满的师情、暖暖的友情和深深的爱国之情，让知恩图报成为学生的能力和品质。

当我们怀着感恩的心面对生活时，生活就会变得滋润。生活中的种种坎坷，也许不再是伤害你的经历，而是你的人生阅历，你积累的是独特的精神财富。

假如在与人交往时，我们心底坦荡又善良，待人真诚又宽容，态度亲切又温和，保持乐观向上的精神，那么我们不仅可以感动自己，也一定能影响他人。我们应该让感恩之情像太阳一样温暖，像音乐一样美妙，像彩虹一样美丽。善良让我们美丽，感恩让我们成为美的使者。

为了提升情商指数，邀请你参与以下游戏。通过游戏，你可以将感恩之情化为行动，在爱与被爱的体验中享受温暖与幸福。

【互动体验】

（1）游戏："爱的礼物"。

（2）活动目的：

A. 通过对要感恩之人的思考，感受和接受爱的温暖。

B. 通过感恩礼物的设计，感受付出爱的愉悦。

C. 通过感恩之心的表达，收获爱与被爱的幸福。

（3）器材准备：用于制作感恩卡片的笔、卡纸、贴纸、丝带、照片等，《感恩的心》音乐。

（4）活动过程：

A. 在舒缓的音乐中，每个人回忆从出生到长大的经历，想一想谁是你要感恩的人。假如要说出三个人的名字，他们分别是谁？感恩的理由是什么？

B. 现场制作一份感恩礼物。

C. 交流制作感恩礼物的感悟，并采用某种方式把感恩礼物送给要感恩之人。

D. 合唱《感恩的心》。

（5）温馨提示：

A. 要运用音乐调节气氛，在温暖的氛围中抒发感恩之情。

B. 要感恩之人可以是父母、朋友、教师、祖国、生命、社会，也可以是自己。

C. 在制作感恩礼物时,要充分发挥想象力。礼物可以是物质的,也可以是精神的,可以是写实的,也可以是抽象的。

【测试参考答案】

请将1—5题中的测试结果,与参考答案做比较,看看自己所处的位置,并思考其原因。

测试题序号	EI 较高	EI 较低	EI 一般
题目1	B	C	A
题目2	C	B	A
题目3	B	C	A
题目4	A	B	C
题目5	C	A	B

3. 寻找多方的力量——构筑社会支持系统

【自我测试】

每道测试题都设有A、B、C三个选项,请你选择其中一项。为了确保评估的准确性,请选择最接近你真实做法的答案。在本节最后有测试参考答案。

(1)与你合作愉快的一位同事,最近要与其他同事合作新项目,对此,你会怎样回应?

A. 尊重同事的选择,等待与他再次合作的机会。

B. 极力说服同事不要离开,继续与你合作。

C. 马上寻找新的合作者,继续开展工作。

(2)回顾自己曾经的努力和不错的业绩,感觉自己现在缺乏激情。当朋友问你是否可以取得过往的成功时,你会如何回应?

A. 在抱怨中承认自己永远不可能再回到从前的状态。

B. 心想如果有好的合作者,自己也可能取得新的成功。

C. 感叹自己已力不从心，在回忆中接受无奈的现实。

（3）领导给你贴上了"任性""冲动""固执""不求上进"的标签，你感到惊讶和不安，对此，你会如何回应？

A. 找机会与领导交谈，了解对方给你贴标签的理由。

B. 断言抗议，表示领导诬陷了你，伤害了你。

C. 走自己的路，让别人去说，等待时间做出公正的评价。

（4）你怀疑有些同事不喜欢你，你打算如何与他们打交道？

A. 反思自己的表现，看看是否有得罪他们的地方，以后小心行事。

B. 找机会与他们交谈，了解真实原因，消除自己的猜疑。

C. 不喜欢就不喜欢，没什么大不了，我还不喜欢他们呢。

（5）最近，你加入了一个民间教育组织，进入后发现了一些问题，对此，你会如何应对？

A. 原以为加入组织对自己的发展有帮助，但结果有点失望，也有被骗的愤怒。

B. 果断地决定尽快退出该组织，因损失会费而感到一丝遗憾。

C. 仔细观察一段时间后，再做退或留的决定，看看是否可以利用此组织的交流平台，获得更多的交流和提升机会。

以上测试涉及在学校、社会中处理人际事件的方式。通过你的选答，你可以了解自己的处事能力和可利用资源。一个人取得再多的成就，如果没有人与你分享，内心也会是孤独的。一个人有再强的能力，如果没有人给你支撑，局面也会是艰难的。每个人都需要有良好的社会支持系统。

【阅读共鸣】

年轻教师李鸣（化名）走进心理咨询室。他开门见山地提出自己的求助问题："我为什么没有朋友？"通过简单的对话，咨询师了解了他的基本情况：他大学毕业后来到本市，在一所高中当了一名物理教师。因为他是外地人落户本市，所以平时没有亲戚、同学交往圈。因为他性格内向，所以在学校里也没有亲近的朋友。工作5年了,他看着别人结婚生子、职称提升,心中十分羡慕,便思考为什么自己没有机遇,想来想去感觉自己缺少人脉关系,但又不知道如何构建社会关系网。

根据李老师的困惑,我们可以先做以下思考。

> 他们在你心中的位置如何?
> ➢ 你的微信朋友圈里有几个是真心朋友?
> ➢ 遇到困难时,你会向谁求助?
> ➢ 有朋友向你求助,你会伸出援助之手吗?
> ➢ 收到好消息,第一时间你会与谁分享?

通过思考以上问题,你会发现自己在处理问题时的思路——向谁求助,与谁分享,身边有没有真心朋友,在朋友有困难时是否给予帮助。有两句话可以引发我们的思考,一句话是"快乐有人分享,快乐就成倍;痛苦有人分担,痛苦就减半",另一句话是"送人玫瑰,手留余香"。

在工作和生活中,我们都需要人际合作。良好的个人社会支持系统可以帮助我们摆脱困境的束缚,从痛苦的深渊中走出来,让我们更有安全感。从心理学的角度而言,我们在内心深处都希望获得安全感、归属感和爱的支持,而这些需要建立在良好的人际关系的基础上。

所谓"社会支持系统",也称为"社会关系网",是20世纪70年代提出来的心理学专业词汇,即个人在自己的社会关系网络中所能获得的、来自他人的物质和精神上的帮助和支援。

社会支持从性质上可以分为两类:一类为客观的、可见的或实际的支持,包括物质上的直接援助,以及社会网络、团体关系的存在和参与;另一类为主观的、体验到的情感上的支持,指的是个体在社会中受尊重、被支持、被理解的情感体验和满意程度。

对高情商者来说,他们会有意识地打造个人的社会支持系统,利用和整合各种资源,帮助自己应对来自环境的各种挑战,同时强化和提升自己的能力以应对困难。在个人与社会支持资源的帮助下，他们会成为事业的高手、人生的赢家。

为了提升情商指数，邀请你参与以下游戏活动，体验和思考如何创建自己的社会关系网，相信这会给你带来新的感悟。

【互动体验】

（1）游戏：画出"人生的蜘蛛网"。

（2）活动目的：

A. 绘制"人生的蜘蛛网"，了解自己朋友圈的广度和朋友的信度。

B. 通过交流，思考如何强化自己的社会支持系统。

C. 思考如何运用社会支持系统的力量，让自己的人生更顺利、更精彩。

（3）器材准备：白纸、笔。

（4）活动过程：

A. 在轻松愉悦的气氛中，打开你的微信"朋友圈"，看看自己有多少朋友，有几个真心朋友。把圈内人进行归类，如知心朋友、普通朋友、陌生人等。

B. 绘制"人生的蜘蛛网"。在白纸的中央写上自己的名字，然后想想自己的人生蜘蛛网由哪些人、哪些事、哪些物组成。

C. 你的家人、朋友、同事、社会交往人士分别处于"蜘蛛网"的哪个位置？他们对你的人生有怎样的支撑意义？如：生存的支持、经济的支持、情感的支持、社会的支持、学业的支持、安全的支持、环境的支持等。

D. 交流分享。在与他人的交流中，反思如何强化自己的社会支持系统。

（5）温馨提示：

A. "人生的蜘蛛网"也是一张自我社会关系网，网络越大越丰富，自己的人生越精彩。

B. 在绘制的过程中，可以想想在社会关系中，自己在哪一方面比较强，哪一方面比较弱，如何调整和完善。

C. 运用"人生的蜘蛛网"。不只是利用他人的资源，也可以思考怎样成为他人关系网中的一员。

【测试参考答案】

请将 1—5 题中的测试结果,与参考答案做比较,看看自己所处的位置,并思考其原因。

测试题序号	EI 较高	EI 较低	EI 一般
题目 1	A	B	C
题目 2	B	C	A
题目 3	A	B	C
题目 4	B	C	A
题目 5	C	A	B

4. 从容淡定的态度——豁达深邃的情怀

【自我测试】

每道测试题都设有 A、B、C 三个选项,请你选择其中一项。为了确保评估的准确性,请选择最接近你真实做法的答案。在本节最后有测试参考答案。

(1)一项重要任务即将完成,但突然出现意外情况,直接影响进度。你会怎么应对?

A. 马上向领导汇报情况,要求增加额外时间,力争高质量地完成任务。

B. 抱怨意外的发生,无奈地等待问题被解决。

C. 竭尽所能,加班加点,无论如何一定要争取完成任务。

(2)你意识到某个问题正在逐步暴露出来,但似乎没有人愿意掌控局面。对此,你会如何应对?

A. 管好自己的事,不让自己在这个问题上出错和有损失。

B. 积极主动地提出自己的建议,为控制不良局面献计献策。

C. 尽快找有能力掌控局面的领导反映情况,提出自己的建议。

（3）因为学校改制，你与同事对未来发展前景产生担忧，大家都出现了负面情绪。对此，你会如何应对？

A．陷入悲观的消极情绪，影响自己的睡眠。

B．尽量让自己保持理性，思考并寻找解决问题的办法。

C．与同事一起找学校领导表达不满，甚至参与上访活动。

（4）有人在领导面前反映了一些对你不利的不实情况，对此，你会怎么做？

A．主动找领导说明情况，希望澄清事实。

B．心里非常难过，感觉很受伤，但只能忍耐。

C．让他们去说吧，时间会证明一切。

（5）学校组织教师进行暑假疗养活动，提出三条线路供教师自由选择，对此，你的回应是什么？

A．对学校提出的三条线路都不满意，根据自己的看法，大胆地提出第四条线路。

B．根据自己的实际情况，在三条线路中选择其一，并对这一线路提出部分建议供学校参考。

C．认为三条线路都不合适，只能自动放弃，但因无法享受学校福利而感到不平衡和失落。

以上测试涉及日常工作中的突发事态。通过你的选答，你可以了解自己在应对突发事件时的态度与行为。在工作和生活中，每个人常常会遇到不可预料的情况，需要你快速并理性地做出决定。高情商的人明白"冲动是魔鬼"的道理，能够从容、淡定地直面现实，用豁达之心包容他人，用睿智之情接受挑战。

【阅读共鸣】

高一班主任崔笙（化名）老师计划利用暑假剩余不多的日子完成两件事情：①带孩子到周边景区散心；②驾车到外地探望父母。但他突然接到学校的通知,要求全体高一班主任提前上班,做好全员家访工作,而且下周安排高一学生进行为期一周的军训。家庭计划一下子被打乱,该如何面对向孩子做出的承诺?如何面对探望父母的决定?如何平衡工作与生活安排?崔老师的心情很受影响。

> **遇到这样的情形,你会怎么做?**
> ➤ 因为计算机操作不当,辛辛苦苦完成的论文未保存而丢失了。
> ➤ 虽留出了充足时间到市里参加重要会议,但车在途中被追尾了。
> ➤ 在校级"十佳教师"的评选中,自己名列第十一名而未入选。
> ➤ 为了迎接市级"达标"验收工作,领导要求你周末加班,打乱了你的家庭活动安排。

通过崔老师经历的事件,我们可以思考一些问题:如何有条不紊地安排自己的生活?如何灵活机动地应对突发事态?如何从容地在预设与未知中学会平衡?如何淡定地在掌控与顺应中学会驾驭?

从容是一种态度,淡定是一种境界。淡定是内在心态修炼到一定程度所呈现出的从容、优雅的感觉。淡定的人生态度,是不以物喜,不以己悲,稳定自己的心态而不受外界的影响,不以一时之"得"而过分喜悦,也不因一时之"失"而过分烦恼。

具有从容淡定境界的人,能在名利、窘态、艰难、幸运中坦然自若,也就是说,无论顺境还是逆境,称赞还是诽谤,他们都能泰然处之。具有从容淡定境界的人,能在困境中超然忘我,使自己的精神得到升华的精彩,自己的人生绽放灿烂的光芒。

法国著名诗人雨果说:"世界上最宽阔的是海洋,比海洋更宽阔的是天空,比天空更宽阔的是人的胸怀。"高情商者,常常是大度为上的智者,他们是具备豁达度量的人,他们可以像大海那样笑纳百川、搏击未来,像高山那样巍巍矗立、笑傲人生。

为了提升情商指数,邀请你参与以下游戏。通过游戏,你可以获得不一样的感悟，将游戏的感悟运用到生活和工作中，你一定会有意想不到的改变。

【互动体验】

（1）游戏："自由小乐队"。

（2）活动目的：

A. 通过小乐器了解自己的表现特点，关注他人的表达方式。

B. 在乐队主题表演中，感悟自信引领的表现和谦逊合作的表达。

C. 在接纳与欣赏的行为中，理解豁达与包容的境界。

（3）器材准备：大鼓、铜锣、三角铁、沙槌、碰铃、响板、木鱼、铜钹等。

（4）活动过程：

A. 主持人随意地将小乐器分发给参与者，让每个人用自己习惯的方式发出不同的声音。每个人在完成试音后，谈谈自己的体会。

B. 每个人可以在所有小乐器中，自主选取合适的乐器，然后进行试音操作，并且谈谈此刻的心情与上一轮有什么不同。

C. 以5~6人为一组，根据每个人手中的乐器，组成小乐队，并且体验每个人成为主角的经历。

D. 集体分享小乐队演奏时的心情与感悟。

（5）温馨提示：

A. 在乐器准备方面，可以以操作简单的打击乐器为主，但要有可以发出强弱声响的不同种类的乐器。

B. 鼓励参与者自由表现情绪，从而了解自己的表现风格与特征。

C. 在了解自己的同时，要用心观察他人的表达风格与特点。

D. 在小乐队演奏体验中，一定要让每名参与者都有机会做一回主角。通过主角与配角的体验，感悟自信引领与谦逊合作的道理，从而学会从容接纳、豁达包容、淡定展现。

【测试参考答案】

请将 1—5 题中的测试结果,与参考答案做比较,看看自己所处的位置,并思考其原因。

测试题序号	EI 较高	EI 较低	EI 一般
题目 1	A	B	C
题目 2	C	A	B
题目 3	B	C	A
题目 4	A	B	C
题目 5	B	C	A

三、陶冶艺术的情操

教师可以通过外部条件的熏陶,让自己的性情得以改善,乃至升华。教师还可以通过欣赏音乐、赏析名画、阅读经典、开展户外旅行等方式,让自己的情操得以提升。

1. 沁人心脾的声音——富有人格魅力的情调

【自我测试】

每道测试题都设有 A、B、C 三个选项,请你选择其中一项。为了确保评估的准确性,请选择最接近你真实做法的答案。在本节最后有测试参考答案。

(1) 学生向你提交作业,你觉得严重不达标。对此,你会怎么做?

A. 退回作业,厉声告知学生必须重做,而且明确只有一次改正的机会。

B. 听听学生对作业的自我评价,用理解的态度、肯定的语气提出意见,希望学生改进作业。

C. 立马找学生来办公室，严肃指出其作业不达标的原因，让学生及时修改。

（2）你到一所学校参观，该校教师热情、详细地向你介绍该校的工作特色。对此，你会如何反应？

A. 婉言谢绝对方的好意，微笑地告诉对方，自己更愿意单独走走看看。

B. 认真地听该校教师的介绍，但出于礼貌，忍受长时间的细致介绍。

C. 在听介绍的过程中，多次提出问题，打断教师的系统讲解。

（3）你与同事打电话，从对方的回应中你感觉到，他并没有专心地听你讲述。对此，你如何反应？

A. 直接询问对方，明确他是否正在忙，是否不适合接电话。

B. 继续自己的谈话，不管对方的态度和感受。

C. 告诉对方自己的感受，并询问是不是打扰到对方，然后长话短说，尽快结束聊天。

（4）学校领导找你谈工作上的事情，但你发现他说的内容让你很难认同，所以你无法集中注意力地听下去。对此，你会如何反应？

A. 力图让自己专注地听领导说话，但比较困难，所以情绪不稳定。

B. 忍不住打哈欠，让领导感到你很疲惫，不愿意听下去。

C. 如实向领导表达自己不认同他的说法，并询问是否可以过几天再谈。

（5）到达晚宴现场后，你发现会场中几乎没有你熟悉的人，对此，你的反应会是什么？

A. 主动向他人介绍自己，高调出场，吸引众人的目光。

B. 与宴会组织者寒暄几句，过一会儿就独自离开。

C. 安静地参加活动，等到合适的时机，再让别人认识自己。

以上测试涉及在日常生活中处理人与事的做法。通过你的选答，你可以了解自己在表达观点时的态度与行为。在不同的场合中如何说话，不仅与你说什么有关，也与你怎么说有关。是否有让人悦耳的好声音，涉及说话人的修养高低。

高情商者常常是说话高手,他们能柔中带刚地表达自己的观点,也能善解人意地接受他人的意见,在表达与倾听的过程中,赢得他人的认同与赞许。

【阅读共鸣】

曹伟(化名)老师是一所著名师范大学毕业的高才生,长得俊朗帅气,执教重点高中的数学课。他的业务能力比较强,也比较有上进心,但不知为何教学效果总是不太理想,他不知道自己的问题出在哪里。在同年级的教师中,有一名女化学教师,相貌平平,但深受学生喜爱,教学效果也很不错。

两名教师的自身条件和业务能力,其实差距不大,都属于优秀型教师,但有一项差别较大,那就是说话的声音。在声音方面,学生们对这两名教师的评价是:一个是"老公鸭",一个是"百灵鸟"。在大学期间,女教师是学校电台的播音员,有甜美的音色、清晰的表达,对学生们来说,上她的课是一种听觉的享受。女教师虽然长相一般,但面带微笑,能够让学生感到亲切和温暖。曹老师是男教师,不像女教师一样甜美可人,天生不足的沙哑声让学生们在听课时感到费劲儿,特别是在遇到较难的数学问题时,这种声音更是让人有鱼骨卡喉的不爽感。

人的说话声音真的这么重要吗?心理学家认为:声音在一个人的整体印象分中占38%,是你递给别人的一张听觉名片,是人的第二张脸。你声音的音质、音调、语速的变化会有很大的感染力。

你有"好声音"吗?

➢ 学生喜欢你的声音吗?你学习过发声技术吗?

➢ 你感觉自己在什么情况下,讲话的声音最美?

➢ 当繁忙的工作让你感觉疲劳时,你对家人说话的声音还能悦耳动听吗?

➢ 看到学生们没有安静地自修,你会用怎样的声音提醒他们?

就发声技术而言,拥有好听的声音,听众会被你的音色吸引,可以享受声音的美感,留下深刻的印象。有一部分人拥有天生的好音色,而更多的人

则是通过后天训练养成的。经过科学的发声方法训练，你可以拥有悦耳动听、充满磁性的声音。

就说话艺术而言，既要有好的发声技术，还要有好的表达技巧。在与人的交流中，仅有优美的音色和字正腔圆的表达是远远不够的，还需要使用呼吸、气势、气韵、潜意识的影响力，以及对环境的掌控和时机的把握。用高妙的说话技巧，营造最好的沟通环境，紧扣人心，给人难以言表的感动，这才是说话的魅力和沟通的秘籍。

高情商者不一定具有天赋的好嗓音，但他们知道如何用心表达、用情说话，让自己的声音沁人心脾，让他人获得听觉的享受，并且产生认同的愉悦。

为了提升情商指数，邀请你参与以下游戏。通过游戏，你可以看见不一样的自己，声音的魅力会让你更动人。

【互动体验】

（1）游戏："我是朗读者"。

（2）活动目的：

A. 通过朗读，了解中华文化瑰宝，提升文学修养和艺术品位。

B. 在朗读中述说自己的经历，倾听他人的故事，激发感人的事件与情感。

C. 在朗读体验中，学习用声、用心、用情表达的技巧。

（3）器材准备：音响设备、朗读素材、《朗读者》视频片段。

（4）活动过程：

A. 观看《朗读者》视频片段，了解朗读的形式与内涵。

B. 根据活动主题，进行个人朗读展示。

C. 聘请专业人士进行朗读技巧的点评与指导。

（5）温馨提示：

A. 为了让朗读内容更丰富、更有深度，需要事先准备朗读素材。

B. 在朗读过程中，最好有质量较好的音响设备和安静的环境以保证朗读质量。

C. 在点评过程中，既要关注朗读者的朗读技巧，也要提升朗读者的情感内涵。声音与故事都是打动人的要点。

D. 可以根据现实情况确定朗读主题，如成长、感恩、遇见、反思等。

【测试参考答案】

请将 1—5 题中的测试结果，与参考答案做比较，看看自己所处的位置，并思考其原因。

测试题序号	EI 较高	EI 较低	EI 一般
题目 1	B	A	C
题目 2	A	C	B
题目 3	C	B	A
题目 4	C	B	A
题目 5	C	A	B

2. 培养阅读好习惯——点亮人生成功之路

【自我测试】

每道测试题都设有 A、B、C 三个选项，请你选择其中一项。为了确保评估的准确性，请选择最接近你真实做法的答案。在本节最后有测试参考答案。

（1）发现自己需要某本书作为参考资料，但家中书柜里找不到，你会怎么做？

A. 立刻出发去图书馆借阅或去新华书店购买。

B. 打电话联系同事，看看是否可以帮忙找到。

C. 既然找不到，那就算了。

（2）最近有一部贺岁片正在公映，有人问你觉得怎么样，对此，你会如何回应？

A. 虽然没有看过，但觉得这类娱乐搞笑片可能很粗俗。

B. 如实告诉对方，自己没有看过，无法评论。

C. 看了影片导演与演员名单，猜想这应该会是一部有意思的影片，告知对方等观影后再交流。

（3）周末你在城市公共图书馆阅览室看书，你的手机铃声响起。对此，你会如何应对？

A. 立刻挂断电话，走到不影响他人的区域，回拨电话。

B. 立刻接听电话，接完后继续开通电话，以便随时接听相继的来电。

C. 像平时一样接听电话，然后把手机关机或静音，以免因有电话打入而影响他人。

（4）朋友向你借了一本书，一直没有归还，并且说书已损坏，你会如何回应？

A. 非常生气，表示要与他断绝朋友关系，不再来往。

B. 了解损坏的程度，看看能否修复。

C. 对书的损坏感到非常遗憾，与朋友一起想办法解决问题。

（5）面对学校"读书节"的"共读好书"推荐书目活动，你会如何回应？

A. 积极参与活动，不仅推荐好书，还推送阅读感想文章。

B. 对这样的活动没有兴趣，拒绝参与。

C. 不做评论，带着观望的心情，看看别人推荐了什么好书。

以上测试涉及日常生活中与读书相关的问题。通过你的选答，你可以了解自己在业余生活中读书阅览的状态。对任何一个人来说，阅读是本分，读书是修行。生有涯，知无边，高情商者会在不间断的阅读中，完成知识的积累与修养的提升。培养阅读习惯，提高阅读能力应该成为我们追求的目标。

【阅读共鸣】

杭州是一个充满书香的城市，《都市快报》于2020年推出了全民阅读活动，举办了"首届快抱读书节"。该活动持续一周的时间，活动内容包括：名家"大咖"带你读好书、春日书香朗读亭、线上阅读"打卡"赢得好礼、"网红爆款书"福利专场……活动特别邀请作家麦家、海飞、王旭烽担任阅读大使,并且为读者准备了"书香好礼"。

读书对每个人来说都很有必要,但在当今社会中,快餐文化代替了经典文化,碎片化阅读代替了潜心阅读,快节奏覆盖了慢生活,浮躁的功利冲击了宁静的淡泊,能够静下心来细细阅读,似乎成了一种奢侈的享受。

> 你的习惯与经历是怎样的?
> - 一年内,你用于购书的费用大约是多少?
> - 以一个学期为单位,你的阅读量大概是多少?
> - 你平时习惯看纸质书,还是电子书?
> - 你平时主要看专业书,还是文艺类书或科普类书?

1995年,联合国教科文组织宣布4月23日为"世界读书日",全称为"世界图书与版权日",又称为"世界图书日"。世界读书日的主旨宣言为:"希望散居在全球各地的人们,无论你是年老还是年轻,无论你是贫穷还是富有,无论你是患病还是健康,都能享受阅读带来的乐趣,都能尊重和感谢为人类文明做出巨大贡献的文学、文化、科学思想大师们,都能保护知识产权。"

学校是师生读书的场所,家庭是亲子读书的空间。对教师来说,阅读是获取知识和信息的重要手段,是吸取精神能量的重要途径。假如校长不阅读,那么学校就很难创建为文化殿堂;假如教师不阅读,那么课堂就很难进行文化传播;假如家长不阅读,那么家庭就无法营造文化氛围;假如孩子不阅读,那么国家就难以实现文化传承。

书籍是人类知识和文化的载体,是人类智慧的结晶。它能够突破时间和空间的限制,实现不同时代、不同地域的知识和文化的融合。通过全民阅读,我们可以实现文化的传播与交流。

高情商者一定是勤奋的阅读者,通读古今,贯通世界。高情商的教师应该是文化的传播者，做好学生成长的示范和引领，让阅读点亮成长的道路，用智慧创造成功的阶梯。

为了提升情商指数，邀请你参与以下游戏。通过游戏，你可以丰富自己的想象，开阔自己的心胸，感悟生活之美。

【互动体验】

（1）游戏："鲜花聚会"。

（2）活动目的：

A．通过对鲜花特性知识的交流，丰富生活常识，培养审美情趣。

B．在团体插花活动中，互相学习，彼此影响，发现生活之美。

C．通过合作与展示，发现凝聚的力量，感知竞争的乐趣。

（3）器材准备：多品种的鲜花或仿真花、写有"花语"的纸片。

（4）活动过程：

A．以 5~6 人为小组，每名成员选取自己喜欢的花朵，分别介绍其特性，在相互交流中增长知识。

B．交流自己喜欢某种花的原因，挖掘生活中的故事、情结或伤心经历，让对鲜花的特殊感觉进入情感层面。

C．鲜花虽然平凡，但情趣可以高雅，呈现"花语"资料以供学习。

D．小组成员合作将手中的鲜花做一个插花作品，命名并说出寓意。

（5）温馨提示：

A．为了让花的品种更丰富，可以用仿真花代替鲜花。

B．为了对花有知识层面的储备，可以事先做好知识了解的准备。

C．在插花作品交流中，感受作品从形式到内涵的美感与意义。

D．部分花语参考：玫瑰——爱意；牡丹——王者风范；菊花——逆境中的乐观；大丽花——不俗的品位；蝴蝶兰——纯粹的爱；梅花——傲骨的高雅；茉莉花——质朴的清新；百合——圣洁的友谊；樱花——纯洁的高尚；水仙——清高；满天星——纯粹的爱；杜鹃——爱的欣喜；紫罗兰——爱的羁绊；康乃馨——对母亲的爱。

【测试参考答案】

请将 1—5 题中的测试结果,与参考答案做比较,看看自己所处的位置,并思考其原因。

测试题序号	EI 较高	EI 较低	EI 一般
题目 1	B	C	A
题目 2	C	A	B
题目 3	A	B	C
题目 4	C	A	B
题目 5	A	C	B

3. 走近艺术天地——审美情趣的修炼

【自我测试】

每道测试题都设有 A、B、C 三个选项,请你选择其中一项。为了确保评估的准确性,请选择最接近你真实做法的答案。在本节最后有测试参考答案。

(1) 难得有机会看一场奥斯卡获奖电影,但坐在你身后的一对情侣,不时低声说话,打扰你的观看,你会如何反应?

A. 转身过去,愤怒地指责他们素质太差,让他们赶紧闭嘴。

B. 保持沉默,耐心等待他们主动停止说话。

C. 把头稍微侧过去,用"嘘"的手势,暗示他们。

(2) 最近学校工会开设教师钢琴学习课程,你一时兴起报名参加,但没过多久就发现学琴很难,练琴更是痛苦。对此,你会怎么办?

A. 放弃钢琴学习,把精力投入到自己能够胜任的事情上。

B. 为了不让别人笑话,痛苦地坚持练琴。

C. 出一份学费,找个钢琴教师陪练,让自己的学习有收获。

(3) 学校组队参加市级合唱比赛,有人问你是否愿意成为候补队员,但候补队员可能没有参加比赛的机会。对此，你会如何应对？

　　A. 接受对方的邀请，把做候补队员看作学习和提升的机会。

　　B. 接受对方的邀请，但让对方知道，比起做候补队员，你更愿意做其他工作。

　　C. 拒绝对方的邀请，把时间、精力放到更有意义的工作上。

　　（4）你与同事约定一起到大剧场听新年音乐会，这是你俩都非常感兴趣的活动，但最后朋友只给你送来一张入场券。对此，你会怎么办？

　　A. 告诉同事："对不起，因为只有一张票，所以我只能独自前往观看。"

　　B. 婉言谢绝朋友提供的入场券，与同事选择其他迎新活动。

　　C. 因为只有一张票，所以告诉同事只能他一个人参加，你再想想其他办法。

　　（5）同事邀请你一起参观中国山水画作品展，但你对中国传统绘画不了解，你会如何反应？

　　A. 感谢同事的邀请，非常乐意了解新的艺术领域。

　　B. 为了不让自己浪费时间，以已有其他安排为由，拒绝同事的邀请。

　　C. 不好意思拒绝同事的邀请，但在观看过程中心不在焉，走马观花。

　　以上测试涉及我们平时遇到的观看电影、听音乐、欣赏绘画、唱歌、练琴等艺术活动。通过你的选答，你可以了解自己在艺术活动方面的态度与行为。高情商者不仅是一个会工作的人，也是一个会生活的人。艺术的魅力会让我们的生活更丰富，人生更精彩。

【阅读共鸣】

　　学校有 6 名教师结伴到俄罗斯旅游，他们在圣彼得堡大剧院观看了一场原汁原味的芭蕾舞剧《天鹅湖》。他们花了不菲的价格购票入场，但是不到半小时，王选（化名）老师就进入了梦乡，还鼾声大作，打扰了周边的听众。

　　回到宾馆，同事们询问他：如此精彩的演出，为什么成了催眠曲？王老师尴尬地说："我天生没有艺术细胞，欣赏不了芭蕾舞的美感，《天鹅湖》的剧情也没有打动我。所以，你们静静地欣赏，陶醉其中，我不知不觉就进入了梦乡。"他的妻子在一旁调侃地说："平时，他算是一个好丈夫。为了满足我看芭蕾舞的愿望，他购票入场睡觉，真是代价不小的睡眠啊。"

这位王老师在学校的教学工作中认真负责，但教学效果一般，学生给他的评价是："他是一个工作认真的教师，但也是一个缺乏情趣的人。"

> 想一想，艺术活动离你有多远？
> - 在一年的时间内，你会听几场音乐会？看几次绘画展？
> - 你在琴棋书画、摄影、唱歌、舞蹈等方面有兴趣和特长吗？
> - 在教学活动中，你会使用音乐、绘画等素材吗？
> - 你与学生、同事在艺术方面有交流吗？

通过对以上案例的分析和思考，我们可以发现：一名优秀的教师不仅要在专业知识与专业技能上有出色的表现，在道德情操、人文情怀、艺术修养等方面也要有不俗的表现。在学生的眼中，教师应该是具有感染力的引导者，而不是只有控制力的传导者。

音乐家冼星海曾经说过："音乐，是人生最大的快乐；音乐，是生活中的一股清泉；音乐，是陶冶性情的熔炉。"美妙的音乐可以穿越万里，音乐蕴藏的魅力令人回味无穷；杰出的画作能够传世千年，绘画中悄无声息的震撼，让人难以忘怀。艺术具有撼动人心的力量。

高情商的教师，常常会在琴棋书画等艺术活动中提升自己的修养，在音乐和舞蹈中得到享受并修炼自己的情操。教师可以在艺术的百花园中，感受艺术的魅力，享受美的熏陶，让教学充满美的意蕴，让教育更具艺术化！

为了提升情商指数，邀请你参与以下游戏活动。通过欣赏经典音乐，你可以感受到音乐的神奇与美妙。

【互动体验】

（1）游戏："欣赏经典音乐"。

（2）活动目的：

A．了解音乐对心理调适的神奇作用，达到减压、助眠、冥想的效果。

B．在欣赏经典音乐时，感受音乐对心灵滋养和修养提升的作用。

（3）器材准备：音响设备、经典乐曲若干。

（4）活动过程：

A．进行身体放松练习，进入宁静的心理氛围。

B．在轻松的状态下，欣赏选自"经典纯音乐"中的世界名曲，如班得瑞的《寂静山林》、理查德·克莱德曼的《天空之城》等。

C．集体分享在欣赏音乐过程中的感受。

（5）温馨提示：

A．可以选择不同主题的音乐，如减压音乐《迷雾森林》《梦想的蓝调》，助眠音乐《古韵沉思》《静静雨夜》，冥想音乐《眉云流水》《蓝色天际》等。

B．可以选择不同乐器演奏的音乐，如大提琴曲《亲密关系》《天使小夜曲》，小提琴曲《云雀》《匈牙利狂想曲》，钢琴曲《月光》《致爱丽丝》，萨克斯曲《永浴爱河》《回家》等。

C．可以选择不同音乐大师的作品，如班得瑞的《安妮的仙境》《月光水岸》，巴赫的《步舞曲》《马太受难曲》，贝多芬的《欢乐颂》《土耳其进行曲》等。

D．可以选择不同音乐节奏的曲目，如抒情节奏的音乐《秋日私语》《柔如彩虹》，鼓点节奏的音乐《克罗地亚狂想曲》等。

【测试参考答案】

请将1—5题中的测试结果，与参考答案做比较，看看自己所处的位置，并思考其原因。

测试题序号	EI 较高	EI 较低	EI 一般
题目1	C	A	B
题目2	C	B	A

续表

测试题序号	EI 较高	EI 较低	EI 一般
题目 3	A	C	B
题目 4	C	A	B
题目 5	A	B	C

4. 机智"段子手"——智慧闪现的幽默感

【自我测试】

每道测试题都设有 A、B、C 三个选项，请你选择其中一项。为了确保评估的准确性，请选择最接近你真实做法的答案。在本节最后有测试参考答案。

（1）在餐饮店用餐时，服务员上错了一道你从来没有吃过的菜，你会如何反应？

A．心平气和地告诉服务员，这道菜不是自己点的，并且幽默地问："这是店长赠送的吗？"

B．不吭声，暂时也不吃，确保自己点的菜上桌后再吃。

C．大声地对服务员表达不满，让所有人都知道服务员的失误。

（2）你与同事组队参加一项比赛，在赛前你发现担任重要角色的同事比较紧张，甚至有些焦虑不安。对此，你会怎么做？

A．这是正常情况，不把自己的察觉表现出来。

B．告诉同事，如果他紧张，就由你来承担他的角色任务，以免影响团体的比赛结果。

C．找安静处与同事交谈，了解他目前的心理状态，询问他是否需要帮助。

（3）一名家长找你反映孩子的问题，你觉得可以结束谈话了，但家长却喋喋不休，不愿结束交谈。对此，你会怎样回应？

A．果断地结束谈话，直接告诉这名家长："你的问题我清楚了，今天就到此结束。"

B. 有礼貌地结束谈话，婉转地说："你的情况我知道了，今天暂时谈到这里。我们有机会再联系。"

C. 无奈地维持这场没有必要的谈话，忍受家长的喋喋不休。

（4）出于对学校工作的关心，你的行为好像触犯了某名同事的利益。对此，你会有怎样的反应？

A. 对同事的议论付之一笑，对自己的行为问心无愧。

B. 回忆自己在何时何处得罪了同事，心里感觉不安，又不知如何消解误会。

C. 主动找同事聊聊，说说自己的本意，如有误会，则请同事原谅。

（5）你走进办公室，发现几名同事突然停止交谈，对此，你会如何反应？

A. 假装什么也没发生，自然地与同事们打招呼，大度地忽视他们的表现。

B. 委婉地告诉同事们，因为自己的突然进入，打扰了他们的谈话，对此表示歉意。

C. 明显地感觉同事们有事瞒着自己，不被信任令你感到很难过。

以上测试涉及人际交往中的问题。通过你的选答，你可以看到自己在遇到窘境时的态度和行为。在日常生活中，我们难免会遇到各种棘手的事件，如何应对则体现你的机智和智慧。高情商者常常会用幽默化解尴尬，在顾及他人感受的情况下，为他人留余地，为自己留空间。

【阅读共鸣】

某一天，曹训红（化名）老师为小学四年级学生开设一堂市级心理公开课——《我的情绪我做主》。学生们跟随曹老师的教学节奏，循序渐进地学习。突然一只小鸟飞进了教室，学生们的注意力一下子被小鸟吸引。小鸟带着几分慌乱，在大家的头顶上飞蹿，时不时撞窗碰壁，学生的情绪也随之一惊一乍地起伏不定。面对这一突发情景,如何及时掌控学生的注意力,调整他们的情绪,如何把课有序地进行,真给曹老师出了难题。坐在教室后面听课的几十名教师,也都为他捏了把汗。

只见曹老师抬起头,跟学生们一起专注地看小鸟的飞蹿。大约2分钟后,学生们开始注意曹老师的表情和动作:他的眼神追随着小鸟的飞行,嘴里轻轻地发出"哦——哦,啊——啊,呀——呀"的声音。在学生们安静下来后,曹老师认真地问:"刚才大家体会到了自己的情绪吗?这个不速之客是我请来的。现在我们运用刚才讲授的方法,进行'我的情绪我做主'的训练吧!"曹老师不动声色地走到窗边,打开窗户,轻声地说:"谢谢你的光临,再见。"小鸟快速地向窗外飞去。整个过程大约5分钟,并没有造成课堂秩序大乱,曹老师智慧地将突发的意外事件转化成课堂教学的再生资源。

下课铃响了,听课教师纷纷为曹老师的表现点赞。学生们兴奋地围着曹老师天真地问:"老师,小鸟真是你请来的客人吗?"曹老师笑着说:"你们以为呢?"

在教学过程中,曹老师机智地运用幽默化解了课堂的窘态。对教师来说,幽默感是一种必备能力,也是一种修养。

遇到这样的情形,你会怎么做?

➢ 在会场迎面遇到一名曾经伤害过你的同事。

➢ 你的解题方法遭到学生的质疑,事实证明学生的方法更佳。

➢ 在教工联欢会上,你自信地献歌一首,但同事指出你"跑调"了。

➢ 在走进教室时,你突然发现自己穿了两只颜色不同的袜子。

幽默是一种能激发起人类某种情感的智慧,是用逻辑性适当调控后对现实进行某种形式的加工。根据弗洛伊德的理论,幽默能够以社会许可的方式表达被压抑的思想。所以,拥有幽默感的人即使面对困难也会轻松自如,能够利用幽默消除工作带来的紧张和焦虑,而缺乏幽默感的人,只能默默承受痛苦,甚至难以解脱,增加自己的心理负担。

在人际交往中，幽默是沟通的润滑剂。它可以淡化人的消极情绪，消除沮丧与痛苦，缓解严肃的气氛，打破尴尬的场面，给人留下智慧和风趣的印象。具有幽默感的人，能给他人带来轻松的笑声和欢乐，使人感到和谐愉快，相融友好，赢得对方的好感和信赖。

高情商的人，一定是具有幽默感的聪明人。幽默能够体现他们的才华，使他们在对待刁难的调侃时，能够做出得体的合理回击。在课堂上，他们的幽默总是适时、适境、适量，假如在课堂上过度地笑声不止，那么就会多几分轻浮的逗趣，少几分严谨的教学，冲淡教学内容的学习，影响教学目标的达成。

为了提升情商指数，邀请你参与以下游戏。通过游戏体验，你可以发现幽默感带来的快乐与智慧。

【互动体验】

（1）游戏："我是段子手"。

（2）活动目的：

A. 通过交流各类段子，了解幽默与搞笑的区别，在幽默的段子中感知机智与格调、内涵与品位。

B. 通过原创段子的交流与点评，了解自己在文学底蕴、艺术修养、幽默智慧、机智回应、生活常识等方面的能力与储备，为自己进一步的提升找到突破方向。

（3）器材准备：中央电视台"段子手"朱广权的部分视频。

（4）活动过程：

A. 交流各类段子，在交流过程中感知段子的意义。

B. 尝试创作段子，要求段子体现通俗、有趣和幽默的元素。

C. 交流原创段子，从"生活段子""教育段子""社会段子"分析不同类型段子的共同性与差异性，感知经典段子的含义与妙趣。

（5）温馨提示：

A. 把握段子的格调，强化幽默中的高雅成分，杜绝低俗的搞笑。

B. 重点体会"我是段子手"的训练过程，从段子欣赏提升为分析，再提升为鉴赏和创作。

C. 在创作段子的过程中，了解自我的文化底蕴，激发培养幽默感的欲望，促进自我艺术修养的提升。

D. 了解"段子手"朱广权"幽默不失分寸，创新不离主流，修身不忘担当"。他向所有人展示了新闻的更多可能性，以及新闻人在职业操守外的更多精神面貌。他的经典段子如下。

a. 语文不会，数学崩溃，生物鸡肋，物理心碎，历史没背，英语颓废，化学很醉，就体育还好，武功全废。

b. 你若军训便是晴天，你若放假便是雨天，你若发奋写作业便是开学前一天，你若不发奋写作业便会遇到铁面无私包青天。

c. 地球不爆炸，我们不放假，宇宙不重启，我们不休息，风里雨里节日里，我们都在这里等着你，没有四季，只有两季，你看就是旺季，你换台就是淡季。

【测试参考答案】

请将1—5题中的测试结果，与参考答案做比较，看看自己所处的位置，并思考其原因。

测试题序号	EI 较高	EI 较低	EI 一般
题目 1	A	C	B
题目 2	C	A	B
题目 3	B	C	A
题目 4	C	B	A
题目 5	B	C	A

四、提升人文的情怀

人文情怀表现为对人的尊严、价值、命运的维护、追求和关切，对人类遗留下来的各种精神文化现象的高度珍视，对全面发展的理想人格的肯定和塑造，是一种高尚的心境、情趣和胸怀。

1. 掀开"我"的面纱——追求高层次的快乐

【自我测试】

每道测试题都设有 A、B、C 三个选项，请你选择其中一项。为了确保评估的准确性，请选择最接近你真实做法的答案。在本节最后有测试参考答案。

（1）你在购物网页上看到一条商品信息，你非常喜欢这一商品，但对你来说价格有点高，你会怎么做？

A. 不论理由，不问价格，咬牙下单。

B. 寻找理由，想办法"迟早要把它买下来"。

C. 就当作了解而已，无奈放弃，暂时忘记此事。

（2）看到某明星醉酒驾车被拘的新闻，你的反应会如何？

A. 等待有更确定的消息再发表意见。

B. 这消息可能是假的，但是真是假与我无关。

C. 心想明星也是人，犯错误很正常，以同情的心态关注此事。

（3）为了解决环境管理问题，学校将成立一个工作小组。目前还没有人邀请你加入这个小组，但你知道学校领导会考虑自愿参加的人。对此，你会如何应对？

A. 让有能力的教师参加，此事自己一点都不关心。

B. 没人邀请自己参加，说明此事对自己来说不合适，那就不参加。

C. 自我推荐，自愿为小组服务，为学校做点贡献。

（4）同事在组织学生参加市青少年"创新大赛"活动中，表现出色，成绩显著，对此，你会如何反应？

A. 见到同事主动表示祝贺，为同事取得好成绩鼓掌。

B. 不打听，不议论，同事取得成绩与自己没有关系。

C. 听到有人妒忌地议论，自己表示有同感，并羡慕这种人运气好。

（5）为了参加学校教工运动会，年级组长希望你参加长跑项目，对此，你会如何回应？

A. 乐意接受邀请，但与年级组长说明自己的能力非常有限，只是参与而已。

B. 说明自己因身体原因不适合参加长跑比赛，但可以做后勤服务工作为年级组出力。

C. 坚决拒绝，参加运动项目是年轻人的事，自己不参加任何项目。

以上测试涉及日常生活中会遇到的事件。通过你的选答，你可以了解自己对社会事件、他人工作的态度与行为。有些人会用"与我无关"的态度看事件，用"与世无争"的态度看世界，常常透露出"自以为是"的高冷。遇到类似的场合，高情商者常常能够以自己的热情与担当，赢得他人的信任与认可。

【阅读共鸣】

长长的暑假结束了，教师再次迎来新学期。面对紧张的工作，有教师感叹"痛苦的期盼总是漫长，快乐的时光总是短暂"，也有教师回忆自己的暑假生活枯燥无味，不是在带娃，就是在陪娃，不是在补课，就是在补课的路上。莫老师更是抱怨自己的全部精力都被陪伴孩子、料理家务、进修学习、照顾老人等事务瓜分，丝毫没有休息、度假、追剧、聚会的时间。

但也有教师并不认同这样的说法。文梅（化名）老师说，她过了一个充实而有意义的暑假。她第一次体验了"快闪朗读者"活动、陪伴父母完成了北京旅游的愿望、和男友一起参加了"支教青海"的志愿者活动，真切地体会到了丰富知识、表达情感和奉献爱心带来的满足感。

弗洛伊德在"冰山理论"中分析到：人的意识就像是漂浮在水上的冰山，能让别人和自己看见的只有露出表面的那一小部分，它们往往只是冰山的一个小角。还有很大一部分藏在水下，人们不会轻易看见它们，而且越往下藏匿越深，这藏于水下的大部分就是潜意识里的东西。所以，我们的感觉不仅受意识主导，也受潜意识控制。有时我们知道自己想要干什么，但有时我们可能并不清楚自己为什么会有这样的想法与行动。

> **你了解真实的自己吗？**
> ➢ 在梦境中，常常梦到自己面临考试而无法顺利答完题。
> ➢ 当喝酒微醉时，感觉特别享受，所以常常会喝醉。
> ➢ 看到别的妈妈严厉训斥孩子，你的内心会有一种"痛"的感觉。
> ➢ 你至今未婚，不是拒绝结婚，而是心中想找的那个人还未出现。

弗洛伊德将人格结构分成三个层次：本我、自我、超我。"本我"是先天的本能，欲望组成的能量系统，遵循快乐原则。"自我"位于人格结构的中间层，它一方面调节着"本我"，一方面受制于"超我"，遵循现实原则。"超我"由社会规范、伦理道德、价值观念内化而成，追求完善的境界，遵循道德原则。

在健康人的心智中，强大的自我不允许本我或超我掌管人格，因此三者的斗争永不停止。每个人意识中的某个部分，永远存在着放纵自我、考虑现实、遵循道德标准的紧张状态。人的一切心理活动都可以从它们之间的联系中得到合理的解释。自我是永久存在的，而超我和本我几乎是永久对立的，为了协调本我和超我之间的矛盾，自我需要进行调节。当个人承受来自本我、超我和外界的压力过大而产生焦虑时，自我就会启动防御机制。所以简单来说，本我是人的本能，超我是理想化的目标，自我是二者冲突时的调节者。

每个人都在追求快乐，那么究竟什么是快乐呢？快乐是由内到外地感受到一种非常舒服的感觉，是一种人类精神的愉悦，是一种心灵的满足。快乐有不同的层次：初级快乐是肉体的快乐，是饱、暖、物、欲的满足，是"本我"意识向往的目标；中级快乐是精神的快乐，是诗词歌赋、琴棋书画、游走天下的满足，是"自我"平衡达到的程度；高级快乐是灵魂的快乐，是付出和奉献，是让他人因你的存在而感到快乐，是"超我"控制的境界。

高情商者在自我修炼中，努力完成从开心到快乐的过渡，从快乐到幸福的提升。他们在行动中，能够让人感受到追求目标的信心、助人奉献的激情、宽恕他人的胸怀、与人合作的热情、战胜困难的勇气、坚持到底的决心。

为了提升情商指数，邀请你参加以下游戏。通过游戏，你可以进入潜意识的探索。通过这样的体验，你可以更好地了解自我。

【互动体验】

（1）游戏："瑜伽冥想的初体验"。

（2）活动目的：

A. 通过入定训练，提升注意力和管理压力、克制冲动、自我认识的能力。

B. 告别负面情绪，重新掌控生活，认识存在的意义，明白人生有更长远的目标，快乐地生活。

（3）器材准备：音响设备、瑜伽垫、舒适的衣裤。

（4）活动过程：

A. 选择舒适的坐姿，坐于瑜伽垫上，腰背挺直，眼睛看向正前方，翻转双手，掌心向上，让大拇指和食指形成瑜伽智慧手印，倾听柔和的音乐，抛开所有的思绪，让内心慢慢平静下来。

B. 轻轻闭上双眼，随着美妙的旋律，逐渐放慢呼吸节奏，放松面部表情，舒展眉心，嘴角微微上翘，挺直腰背，放松双肩，放松双臂，让脊柱向上无限延伸。

C. 倾听轻柔美妙的音乐，走进瑜伽的快乐世界，抛开所有的紧张、烦恼和不安，让心变得平静、祥和。

D. 采用腹式呼吸，用鼻子慢慢地深深吸气，让新鲜的氧气通过鼻腔、喉部、下压横膈膜，直接送进小腹处，感觉小腹慢慢地向外扩张、隆起。呼气时，小腹向腰椎方向慢慢地回缩，感觉体内所有的浊气、废气全部排出体外。

E. 让呼吸变得均匀、自然、顺畅，心无杂念。你来到美丽的大草原，蓝天白云，微风轻拂，羊儿成群地吃草，你仿佛进入了一个忘我的仙境。

F. 慢慢地收回意识，双手胸前合十，用力搓热，将温热的双手放在脸颊上，轻轻地按摩双眼，让眼睛得到放松。再次将双手于胸前搓热，将温热的双手放在腹部，轻轻地按摩腹部，放松腹部肌肉，滋养肠胃。

G. 将双手自然地放于双膝，慢慢地睁开眼睛，感受眼前的明亮。

H. 与他人交流自己的感觉。

（5）温馨提示：

A. 瑜伽冥想练习简便易行，没有硬性的、严格的规定。坐、立、行皆可；闭眼、微闭眼、睁眼皆可；默念、出声念、反复念皆可。

B. 为了尽可能地进入冥想的境界，要注意营造安静、舒适、心理安全的环境。

C. 瑜伽冥想的最终目的不是让人心空无一物或达到"无我"境界，而是让人的心思感应到精神的超然，从而达到净化意识的效果。

【测试参考答案】

请将1—5题中的测试结果，与参考答案做比较，看看自己所处的位置，并思考其原因。

测试题序号	EI 较高	EI 较低	EI 一般
题目 1	B	A	C
题目 2	A	B	C
题目 3	C	A	B
题目 4	A	B	C
题目 5	B	C	A

2. 谁弄翻了友谊小船？——人际关系高手的亮招

【自我测试】

每道测试题都设有A、B、C三个选项，请你选择其中一项。为了确保评估的准确性，请选择最接近你真实做法的答案。在本节最后有测试参考答案。

（1）同事的某些做法你很不认同，甚至反感讨厌，但他获得国家级公开课教学一等奖，学校要大力宣传他，你会如何反应？

A．心想：这种人是昙花一现，持久不了。

B．认为这种人运气好，承认自己心里有妒忌的不爽。

C．惊讶之余，为学校有这份荣誉感到欣慰。

（2）你开车在正常行驶中，突然有人在你前面"加塞"，对此，你会如何反应？

A．挺直身体，默默地忍受这种情况的发生。

B．不停地猛按喇叭，以表示自己的不满与愤怒。

C．强行不让此车"加塞"成功。

（3）你想休息了，但同房间的室友与朋友在微信上聊得正起劲儿，你会如何反应？

A．尊重室友的需要，自己戴上耳机和眼罩睡觉，但很难入睡。

B．打开电视机追剧，打起精神不睡觉。

C．与室友表达自己想休息的意愿，希望她能照顾你的感受。

（4）与朋友外出逛街，你想吃本帮菜，朋友想吃西餐，你会如何应对？

A．直截了当地阻止朋友吃西餐。

B．建议双方都有所让步，商量第三种吃法。

C．接受朋友的建议，勉为其难地吃西餐。

（5）你有一个关系很好的同事，最近他突然与你中断联系，你用各种方式联系他，他都没有回应，你会如何反应？

A．打电话、发"微信"继续与他联系，告诉对方没有收到他的回复，你很生气。

B．联系你们共同的朋友，了解事情的原因。

C．相信如果是真正的朋友，他一定会重新出现，耐心等待那一天的到来。

以上测试涉及日常人际关系中的一些问题。通过你的选答，你可以看到自己在处理人际关系时的态度和行为。与人良好相处，不是一件容易的事。与不同的人都能够和谐相处，更考验一个人的情商水平。要想让友谊的小船永不翻，需要彼此之间的尊重、理解和包容。

【阅读共鸣】

2020年的春天，是一个不寻常的春天，突如其来的新型冠状病毒肺炎给人类带来一场世界性的灾难。为了避免病毒发生人与人的传播，国家对疫情严重地区做出了"封城"的决定。14亿中国人积极地响应政府的号召，开始了"停工""停学"，禁足家中的日子。人与人的关系发生了很大的变化。

教育部门发布"停课不停学"的要求，教师需要熟悉并掌握直播平台软件、做"课程直播"，学生需要整天抱着平板电脑在家里上"网课"，年长的阿姨不能出门跳"广场舞"，在家里锻炼的音乐声严重打扰邻居休息却浑然不觉，社区防疫人员把持着小区大门不让人随意进出，年轻的夫妇心里牵挂着无法探视的养老院里的老人。在这种情况下，陈均（化名）老师感到心烦意乱，原本有序的生活节奏被打乱，正常的人际关系也频发矛盾。是谁弄翻了友谊的小船？

要想处理好与孩子、家人、邻居、防疫志愿者的关系，平衡繁乱现实导致的矛盾冲突，理顺错综复杂的人际关系，需要提高人际关系处理能力。

遇到这样的情形，你会怎样应对？

➢ 有人在背后议论你，发表对你不利的言论。

➢ 你发现，同事最近总是闷闷不乐。

➢ 孩子无法接受你的"谆谆教诲"，冲着你大发脾气。

➢ 你与同事都有评先进的资格，但名额只有一个。

美国著名的人际关系学专家戴尔·卡耐基说："一个人的成功，只有15%是由于他的专业技术，85%则是要靠人际关系和他的做事技巧。"卡耐基还提

出了9条人际关系交往原则：

（1）不批评、不责备、不抱怨；

（2）给予他人真诚的赞赏与感谢；

（3）引发他人心中的渴望；

（4）真诚地关心他人；

（5）经常保持微笑；

（6）记得别人的名字；

（7）倾听、鼓励他人多讲自己的事；

（8）谈论他人感兴趣的话题；

（9）衷心地让别人觉得他很重要。

假如我们能用以上原则来处理日常生活中的人际关系，就可以达到更和谐的状态。

高情商者明白"知彼者，智也；知己者，大智也"的道理，清楚自己想要什么，能够做什么，怎样与人共处，懂得"天生我材必有用"的道理。他们不妄自菲薄，清楚自己有哪些专长和资源，清楚当今是合作与竞争共存的社会。他们在遇到困难时会主动寻求他人的支援，告别"独行侠"的日子，常怀感恩之心，不吝于表达感激之意。他们知晓"送人玫瑰，手留余香"的道理，建立自信，助人为乐。他们总能保有最新版本的社会"网络图"，善用人际关系资源。在社交场合，他们总是待人以礼，能够做到欣赏他人，牢记别人的名字。他们既能够展示自我，也能够设法让别人记得自己的正面形象。

高情商者，一定是人际交往中的高手，他们会主动了解不同人的处事方法和处世特点，在理解的基础上，尽可能地包容与接纳，又不卑不亢地表现自己。在自信地表达的过程中，他们既坚持原则，又灵活处理，避免正面冲突和对立伤害。

为了提升情商指数，邀请你参与以下游戏体验。通过游戏，你可以了解保持友谊小船平衡的诀窍。

【互动体验】

（1）游戏："友谊的小船永不翻"。

（2）活动目的：

A. 掌握在人际交往中保持友谊的原则与方法。

B. 讨论如何让友谊的小船永不翻，提高人际交往的能力。

（3）器材准备：笔与纸，"友谊的小船说翻就翻"的话题资料和图片。

（4）活动过程：

A. 出示"友谊的小船说翻就翻"的漫画，分析"翻船"的原因。

B. 根据"翻船"的原因，讨论人际交往中"永不翻船"的做法。

C. 通过交流得出，在人与人之间的交往中，保持尊重、欣赏、信任、容忍、牺牲等诸多美德的方法。

（5）温馨提示：

A. 从流行话题"友谊的小船说翻就翻"引导出"友谊的小船永不翻"的主题，归纳出人际交往的正确做法。

B. 学会将人际交往的原则和方法，运用到处理日常人际关系中，可以针对"自我测试"中的5个测试题和"遇到这样的情形，你会怎样应对？"中的内容进行讨论。

【测试参考答案】

请将1—5题中的测试结果，与参考答案做比较，看看自己所处的位置，并思考其原因。

测试题序号	EI 较高	EI 较低	EI 一般
题目1	C	A	B
题目2	A	C	B
题目3	C	B	A
题目4	B	A	C
题目5	C	A	B

3. 相信自我的价值——为成功喝彩

【自我测试】

每道测试题都设有 A、B、C 三个选项，请你选择其中一项。为了确保评估的准确性，请选择最接近你真实做法的答案。在本节最后有测试参考答案。

（1）有不相熟的朋友问你"你平时用什么方法放松自己"，你会如何应对？

A. 表示自己平时很难自我放松。

B. 表示自己不需要自我放松。

C. 表示自己在需要的时候，会有 1~2 种有效的放松方法。

（2）有人问，你觉得别人为什么不愿意与你保持朋友关系，对此，你会如何回应？

A. 他们不愿意与我保持朋友关系，那是他们的问题。

B. 因为别人不了解我，所以常常误会我。

C. 自己在与人交往的技巧上需要反思。

（3）你正在努力完成一项费时、费力的工作，有同事建议换一种快捷、简便的新方法，对此，你会如何应对？

A. 认真思考同事的建议，在比较两种方法的前提下，慎重考虑是否调整方法。

B. 不理会同事的建议，坚持自己的方法，继续努力完成任务。

C. 立刻采用同事的建议，尽快完成任务。

（4）今年你所在的高三年级，在高考中取得了出色的成绩，学校要进行奖励，但你所教的学科不是高考科目，对此，你会如何反应？

A. 高考成绩的取得与自己关系不大，自然也没想得到学校的奖励。

B. 高三年级是一个团队，当然也有自己的一份功劳，完全应该得到学校的奖励。

C. 为今年高考取得出色成绩而高兴，是否得到奖励接受学校的安排。

（5）在小组合作中出现了问题，你觉得自己有更好的建议，但怕组长不接受，对此，你会如何做？

A. 否定当下执行的做法，积极大胆地提出自己的建议。

B. 尊重组长的意见，提出改进工作的个人建议，供大家思考。

C. 反正自己不是组长，保持沉默，任事态发展。

以上测试涉及与人合作共事中的问题。通过你的选答，你可以了解自己在认识自我能力、接受他人建议、高效完成任务时的态度与行为。一个有自知之明的人，一定既具有准确了解自我的能力，又具有虚心接受他人建议的勇气。

对高情商者来说，他们能够明确自我价值，既能自信地为自己的成功鼓掌，也能豁达地为他人的成功喝彩。

【阅读共鸣】

教研组长通知大家，本周六到近郊的湿地公园开展"团建"活动，其中有一项内容是庆贺组内年轻的肖鹿晗（化名）老师获得市级"教学能手奖"。对于是否参加这次活动，王蔷（化名）老师感到有点纠结。因为获奖的肖老师比自己晚两年进入学校工作，她取得了令人瞩目的成绩，而自己却表现平平。现在要为他人的成功喝彩，心里似乎有一道难以越过的坎。但仔细想来，这也不能成为请假的理由。

周六的早上，教研组全体成员准时到达集合地点，同事们放下平时繁忙的工作，身着休闲装，带着轻松的心情出发了。王老师被同事们的热情裹挟着，也进入了快乐的行列。午餐时刻，组长提议："让我们为肖老师的获奖干杯！"此时，场上一片欢腾，同事们真诚的祝贺让肖老师非常感动。她带着喜悦的笑容，大声地说："谢谢，谢谢大家！我的成功离不开你们的帮助和支持。在此，我要特别感谢王蔷老师的悉心指导。"组长再次提议："让我们为自己的成功喝彩，为他人的成功干杯！"

王老师举杯向肖老师道贺，心中一直回响着组长的话语。

> **你想过这些问题吗？**
> ➢ 取得成绩后，你会用何种方式奖赏自己？
> ➢ 听到同事或朋友获奖的消息，你会第一时间表示祝贺吗？
> ➢ 在与他人的交往中，你能够感受到自我的存在价值吗？
> ➢ 与年长教师和年轻教师交往时，你会有怎样不同的态度？

通过对王老师的经历进行思考，我们会想到一个重要的概念，就是自我价值。所谓自我价值，是指在个人生活和社会活动中，自我对社会做出贡献，而后社会和他人对自我的一种肯定关系。一个人的自我价值是在成长过程中建立起来的，最初是通过父母的接纳、肯定、表扬等方式逐渐建立起来的，其核心是自爱。一个人不爱自己，就不可能爱别人。在进入社会后，一个人的自我价值是通过他人的认可、赞美、鼓励等方式逐步完善的，其核心是自尊。一个人不尊重自己，就不可能尊重别人，别人也就不会尊重他。

自我价值直接影响个体对环境、工作、亲朋好友及自己的认知、情绪和行为，而这些正是个体获得成功与幸福的基础。

高情商者常常具有较高的自我价值感，他们有勇气从事各项事务，主动参与竞争，从而为自己获得成功的机会。

为了提升情商指数，邀请你参与以下游戏。通过游戏，你可以了解人与人之间相互合作和支持的美妙关系。也许你付出的是一个微小的支点，但换来的可能是无穷的力量。

【互动体验】

（1）游戏："众人一起垒石堆"。

（2）活动目的：

A. 大家努力把形状不同、大小不一的石头叠稳、叠高。

B. 明白每块石头在合适位置上的意义，从而了解在团体中每个人该有的价值。

（3）器材准备：展示圣湖边垒石的视频或照片，准备大小不一、形状不同的石块若干。

（4）活动过程：

A. 每组大约 4 名成员，在有限的时间内，把一堆大小、形状不同的石头垒叠起来，看哪组叠得高、垒放得结实。

B. 从石块的叠放过程中，体会每块石头在不同位置上的意义。

C. 感悟团体合作带来的乐趣和每个人在团队中的价值。

（5）温馨提示：

A. 各组的结果各不相同，但大家都会有一定的感悟，结果没有好与不好的评判标准，所以不要对作品进行优劣评价。

B. 重点感悟小小石头上的一个点对整体的支撑意义，让渺小的自己成为集体机器中一枚不可缺少的"螺丝钉"。

【测试参考答案】

请将 1—5 题中的测试结果，与参考答案做比较，看看自己所处的位置，并思考其原因。

测试题序号	EI 较高	EI 较低	EI 一般
题目 1	C	B	A
题目 2	C	A	B
题目 3	A	B	C
题目 4	C	B	A
题目 5	B	C	A

4. 成功路上无捷径——有志者，事竟成

【自我测试】

每道测试题都设有 A、B、C 三个选项，请你选择其中一项。为了确保评

估的准确性，请选择最接近你真实做法的答案。在本节最后有测试参考答案。

（1）为了进行某项决策，你正在核对数据，但你发现缺失了一项很重要的信息。对此，你会怎样做？

A. 设想这一信息缺失对结果没有太严重的影响，所以根据现有数据做出决策。

B. 基于可靠信息，对缺失信息进行推测赋值，然后做出相应的决策。

C. 不怕麻烦地追查数据，必须在数据完整的情况下做决策。

（2）你所在的小组面临一项重要任务，没有人自愿承担，以你的能力完全可以胜任。对此，你会如何反应？

A. 让小组成员明白自己有承担的意向，但希望得到小组成员的支持。

B. 不主动发声，等待他人邀请自己。

C. 毫不犹豫，自信地主动承担。

（3）参加职称评定的面试，很多人都认为你是最符合条件的，是最有实力的候选人，但最终你没有通过。对此，你会怎么反应？

A. 虽然无奈地接受事实，但沮丧地责备自己面试时没有发挥好。

B. 虽然自己的条件和发挥都不错，但一定是遇到了更优秀的人，所以自己才没有通过，继续努力，期待下一次。

C. 怀疑面试环节中有"黑箱"操作，自己没有通过是必然的结果。

（4）学校支持教师报考心理咨询师资格考试，在学习时间上给予支持，但学费需要自理。对此，你会如何反应？

A. 非常高兴有学习的机会，主动报名，努力备考。

B. 看重学习机会，但因学费自理而犹豫，处在纠结状态。

C. 感觉自己没有精力参加学习，以做好本职工作为重，放弃报名。

（5）你突然接到学校通知，下学期不再担任毕业班的教学工作，到起始年级任教并担任班主任。对此，你会怎么做？

A. 认为这是对自己不公平的安排，拒绝工作上的变动。

B. 主动找领导交谈，了解工作调动的原因，在理解的基础上服从安排。

C. 虽然默默接受学校的安排，但在工作上消极应对，让领导知道你内心的不满。

以上测试涉及日常工作中的一些问题。通过你的选答，你可以了解自己在处理工作事务时的态度和行为。虽说"机会面前，人人平等"，但遇到不同的机遇时，每个人把握机遇的态度不同，结果自然也会不一样。对一名教师来说，在工作中会遇到任务调整、职称评审、进修学习、责任担当等问题，积极行动者常常可以成为佼佼者。

高情商者明白"有志者，事竟成"的道理，总是努力把握机会，勇于接受挑战，在实践中收获经验，在经验中超越对手。

【阅读共鸣】

所谓修炼，是多年如一日地坚持学习与运用的过程。《修炼——百名特级教师谈专业成长》（简称《修炼》）一书中汇聚了上海108位特级教师、特级校长多年教育历程的自我回顾。书中展示了百名特级教师的各人各面，他们分别从不同的角度阐释了自己的成长路径。他们一路走来，花了大量的功夫与心力，在专业能力、教育和教学水平上都达到了一般教师难以企及的高度。在不同的故事中可以提炼出一个共同点，那就是努力与坚持。他们为人、为学、为教之道，值得我们细细思量，慢慢咀嚼。

遇到这样的情形，你会怎么做？

➢ 疫情期间，学校公开招募防疫工作志愿者。

➢ 学校布置了一项新任务，参加者可以自荐，也可以互荐。

➢ 与你同学科的同事生病请假，学校急需代课教师。

➢ 学校要求教师开发"网上"课程，这是大家共同面临的新挑战。

从《修炼》中，我们会想到一个重要观点，即一个人的成长与意志力有很大的关系。那么，什么是意志力呢？

意志力是心理学中的一个概念。它指一个人自觉地确定目标，并根据目标支配、调节自己的行动，克服各种困难，从而实现目标的品质。心理学家说："从某种意义上说，意志力通常是指我们全部的精神生活，而正是这种精神生活在引导着我们行为的方方面面。"所以，也可以这样理解，意志力是一种非常强大的力量，它是控制人的注意力、情绪和欲望的能力。我们的行动受意志力控制。意志力强，个人追求目标的决心与力量就强，完成任务和取得成功的效果就好。如果一个人没有意志力，就难以实现人生追求。

高情商的教师，一般都是意志力强的人。在工作中，他们有明确的目标，有实现目标的信心，在完成目标时有坚持的勇气。在旁人看来，他们似乎总是运气好，机会多，做事顺，其实成功路上无捷径，每一份收获都是付出的写真，每一个成功都是坚持的回报。

为了提升情商指数，邀请你参与以下游戏。通过游戏的体验，你可以检测自己的勇气与坚忍，在团队合作中看到鼓励带来的信心与力量。

【互动体验】

（1）游戏："向着顶峰出发"。

（2）活动目的：

A. 通过徒步登山活动，检验自己的体力，考验自己的耐力，挑战自己的毅力。

B. 在活动中感悟团队的力量，队员间彼此鼓励与支持，增强克服困难的信心和坚持到底的力量。

（3）器材准备：适合徒步活动的登山鞋、运动装、遮阳帽、饮用水等。

（4）活动过程：

A. 在规定地点集合，明确20公里徒步登山活动的行进任务。

B. 3人组成一组，分别进行自我介绍，相互熟悉，选出组长。

C. 按照事先规定的行进路线出发，到终点处请工作人员确定小组成员是否集体完成了整个徒步活动。

D. 等各组成员均到达终点后，全体成员分享活动感悟。

（5）温馨提示：

A. 此活动是考验意志力的训练，有一定的挑战性，要注意身体状况，保证安全。在线路设计中，中途要有可以及时撤离的通道，保证参与者在体力不支或意外受伤时能求助和撤离。

B. 此活动既是对个人意志力的考验，也是对团队合作性的检验，要强调团体合作精神，在终点处必须要求3人集体到达才算完成任务。

C. 如果借助于其他交通工具到达终点，视作未完成任务。

D. 在最后的交流分享中，要体会过程和经历带来的感悟，如"累并快乐着""团结就是力量""成功路上无捷径""坚持到底就是胜利""无限风光在险峰"等。

【测试参考答案】

请将1—5题中的测试结果，与参考答案做比较，看看自己所处的位置，并思考其原因。

测试题序号	EI 较高	EI 较低	EI 一般
题目 1	C	A	B
题目 2	A	C	B
题目 3	B	C	A
题目 4	A	B	C
题目 5	B	A	C

五、唤起职业的激情

激情是一种活力、一种朝气，也是一种勇于挑战、自强不息的敬业精神。富有职业激情的教师，充满自信，神采飞扬，诲人不倦，友爱学生。他们对事业富有憧憬的追求，对生活充满和美的享受。

1. 亮出教师的身份——职业生涯的探索

【自我测试】

每道测试题都设有 A、B、C 三个选项，请你选择其中一项。为了确保评估的准确性，请选择最接近你真实做法的答案。在本节最后有测试参考答案。

（1）你是一名新班主任，在班级管理方面未能取得良好的效果，学校领导找你谈话，对此，你会怎么想？

A. 请教老教师，反思自己的做法，看看是否可以有新的突破。

B. 作为新班主任，自己已经很努力了，委屈地认为自己即使没有功劳，也应该有苦劳。

C. 班级管理工作太难了，既然领导不满意，干脆提出辞去班主任一职。

（2）你觉得年级组长没有公平地对待你的付出，你会如何反应？

A. 向校级领导反映自己的不满，要求年级组长向自己道歉。

B. 从此以后，对年级组长安排的工作消极对待，以表达自己的不满。

C. 主动找年级组长交谈，表明自己的态度，希望澄清误会。

（3）你认为自己的教学能力很不错，但最近参加校级教学比赛却没有获奖，对此，你会如何反应？

A. 以后再也不参加这种无聊的校级比赛了。

B. 认为肯定是学校评审不公平，郁闷沮丧。

C. 找有经验的老师请教，看看问题究竟出在哪里。

（4）你很想得到展示自我的机会，但机会总是被其他人获得，你会怎样反应？

A. 可能真正的机会还未到来，再等等吧。

B. 反思自己没有得到机会的原因，努力争取改变。

C. 抱怨学校存在"黑幕"，失落地认为自己想要获得机会很难。

（5）学校为你安排了免费的学习课程，收费的学习项目可以自选，对此，你如何回应？

A. 接受学校提供的学习机会，根据自己的需要选购收费项目。

B. 免费学习花自己的时间，太累；收费学习花自己的钱，太费。拒绝参加所有学习。

C. 反正是免费学习，那就参加吧。如果是收费学习，那么就免了。

以上测试涉及教师在职业发展中会遇到的专业评价、人际关系、进修学习等现实问题。通过你的回答，你可以了解自己在职业发展中的态度与行为。每一名教师都会遇到各种成长困惑。高情商的教师对自我的发展，总有建立在客观认识基础上的美好愿景，并在各个发展阶段确定不同的行动目标。

【阅读共鸣】

周一的中午，照例是同事们聚集在办公室里谈论周末活动感言的时光。仇明（化名）老师情绪低落地对大家说："周六，我参加了大学毕业10周年同学会，真有点难以面对啊。"同事们好奇地问："为什么？"仇老师严肃地说："离开大学10年，老同学们的发展差别太大了。考研深造的同学早就戴上了博士帽，从政的同学被提拔成了处级干部，经商的同学更是披上了成功企业家的外衣。可像我这样从教10年的人民教师，则是平凡中体现平庸。强烈的反差让我深深地反思，究竟是什么限制了我的人生发展？"

仇老师的一番感叹，引出了"教师职业生涯探索"的重要话题。

> **看看自己的行动轨迹：**
> ➢ 当初你为什么选择教师职业？
> ➢ 在从教多年的经历中，让你开心或不开心的事是什么？
> ➢ 你考虑过放弃教师职业吗？如果放弃，新的选择是什么？
> ➢ 与其他职业相比，你最看重教师职业中的哪一部分？

经过以上思考，我们可以明白当一名教师，是否是自己发自内心的职业选择。如果是，那就要坚定自己的职业追求，思考如何让自己的职业发展更优秀；如果不是，那就给自己一个明确的离开理由，选择更适合自己发展的职业。在职业发展的道路上，最怕的是站在"三岔路口"犹豫、抱怨。

美国著名职业生涯规划大师舒伯依照年龄，将生涯发展划分为五个阶段。

成长阶段（0—14岁）。这个阶段的发展任务是：发展对自我形象和工作世界的正确态度，并了解工作的意义。

探索阶段（15—24岁）。这个阶段的发展任务是：对自我能力及角色、职业进行探索。

建立阶段（25—44岁）。这个阶段的发展任务是：致力于工作上的稳定，大部分人处于最具创造力的时期。

维持阶段（45—64岁）。这个阶段的发展任务是：维持既有的成就与地位。

衰退阶段（65岁以上）。这个阶段开始考虑退休，并享受自己的晚年生活。

作为教师，一般从25岁开始工作，经历新教师的适应期、青年教师的熟练期、中年教师的独立期、中老年教师的特色期，直到退休并结束职业生涯。

高情商的教师，在不同的发展阶段都有自己明确的追求目标。在新教师阶段，他们是"小荷才露尖尖角"的脱颖而出者；在青年教师阶段，他们是"长江后浪推前浪"的奋进者；在中年教师阶段，他们是"青出于蓝而胜于蓝"的超越者；在中老年教师阶段，他们是"标新立异"的不可替代者。

为了提升情商指数，邀请你参加以下游戏体验。通过游戏活动，你能够在职业生涯发展的探索方面有新的感悟与提升。把昨天留给回忆，把未来留给憧憬，只有当下是留给自己把握与践行的。

【互动体验】

（1）游戏："写给自己的话"。

（2）活动目的：

A. 认真思考职业生涯中不同阶段的自我期望，看看它与发展现状的相关性。

B. 在与同伴的交流中，获得积极的启示，从而规划自我发展的路径。

（3）器材准备：纸与笔。

（4）活动过程：

A. 准备不同颜色的A4纸（规格为210mm×297mm），将其裁剪成1/4大小的纸片若干。每人在红色、蓝色、黄色、绿色、灰色、黑色、白色的纸片中选择三张。

B. 每人选用不同颜色的纸片，分别代表"职业生涯还有25年""职业生涯还剩10年""职业生涯最后1年"。在纸片上写一句给自己的话，可以是自我评价、自我目标、自我激励等。

C. 小组成员交流：

a. "你为什么用这个颜色的纸片写相关内容？"

b. "你写这句话的想法是什么？"

D. "他山之石，可以攻玉。"在他人的启发下，思考自我改进的方法，促进个人职业生涯的正向发展。

（5）温馨提示：

A. 对颜色的取用也许是随意的，但通过对无意识行为的分析，也许可以找到有意识的暗示。如：红色预示激情与活力，蓝色预示深沉与理性，绿色预示青春与生命等。

B. 设定职业生涯还有25年、10年、1年，主要是想对应新入职期、中年困惑期、即将退休期进行思考。根据参与者的年龄结构，可以做适当的调整。

C. 在交流过程中，要看到职业生涯发展的不同阶段，因为自我目标和追求不同，所以人与人之间的结果也会存在差异。

【测试参考答案】

请将1—5题中的测试结果，与参考答案做比较，看看自己所处的位置，并思考其原因。

测试题序号	EI 较高	EI 较低	EI 一般
题目 1	A	C	B
题目 2	C	B	A
题目 3	C	A	B
题目 4	B	C	A
题目 5	A	B	C

2. 与众不同的我——发掘自身潜能

【自我测试】

每道测试题都设有 A、B、C 三个选项，请你选择其中一项。为了确保评估的准确性，请选择最接近你真实做法的答案。在本节最后有测试参考答案。

（1）一份具有挑战性的工作摆在你的面前，你觉得要完成有点难，但朋友建议你争取一下，你会如何回应？

A．难度有点大，决定放弃。

B．不妨尝试一下，失败了再说。

C．听从朋友的建议，努力尝试，万一成功了呢。

（2）朋友问你，你想从生活中获得什么。对此，你会如何反应？

A．我很清楚自己想获得什么，并为了这份获得而努力。

B．我从来都不知道自己想要获得什么。

C．我有时知道自己想要什么，有时也迷茫自己到底想要什么。

（3）朋友夸你的绘画技能很好，建议你办绘画培训班。虽然你在这方面有一定的天赋，但你从来没有这样的想法。朋友的话对你有什么影响？

A．保持自己目前的职业，但可以把绘画作为兴趣爱好。

B．继续提高绘画技能，在合适的情况下做社会兼职。

C．听从朋友的规劝，放弃目前的职业，创办少儿绘画培训班。

（4）领导希望你承担一项新工作，但你感觉自己不一定适合新角色。对此，你会如何应对？

A. 以需要完成自己的现有工作为由，拒绝领导的邀请。

B. 新工作需要自己有更多的付出，但既然领导邀请，那就被动地接受。

C. 对自己的能力做个评估，然后决定是否承担新工作。

（5）为了完成一项他人不愿意承担的工作，你付出了很多。最后你发现自己获得的比预想的多，也因此遭到他人的妒忌。对此，你会如何回应？

A. 相信自己当时的坚持是有意义的，功夫不负有心人。

B. 急于向他人解释自己的不容易。

C. 嘲笑他人因失去机遇而妒忌的小人之举。

以上测试涉及在工作中遇到的新机遇。通过你的选答，你可以了解自己在面对新挑战时，是否具有应对的信心和挑战的勇气，能否在自我潜能的开发上做探索，找到与众不同的自己。

【阅读共鸣】

学校组织教师参加户外拓展训练，其中有个项目是"空中断桥"。在距离地面8米的高空搭一座独木桥，这个桥的中间是断开的，间距为1.2米。参与训练的队员利用上升器爬到断桥，走到桥板一端，跨步跳跃，跳到桥板的另一端，再跳回来，最后利用上升器回到地面。

肖青（化名）老师在训练活动中，多次被吓得尖叫。虽然在大家的鼓励下，她战战兢兢地走上了8米高台，但无论如何也不敢跨越间距1.2米的桥板。在高空待得时间越久，越是举步维艰，她最后抱着铁杆，哭着喊"救命"。为了安全，教练员帮助肖老师安全撤回到地面。等情绪稍稍稳定后，肖老师疑惑地向教练员发问："为什么别人可以完成高空跨越任务，而我却无法突破恐惧这一关？这是不是说明我很无能啊？"教练员认真地回答："每个人的能力确实会有差别，有的差别可能天生存在，有的差别是因后天开发不同而造成的。经过训练，你完全可以战胜恐惧，完成任务。因为人的潜能是可以开发的。"

在肖老师与教练员的对话中,我们会发现"个人潜能开发"的重要话题。

> **你对自己的了解有几分?**
> ➢ 你觉得自己比一般人要聪明一些吗?
> ➢ 你觉得别人比你优秀的原因是什么?
> ➢ 你对自己的潜在能力有过开发性训练吗?
> ➢ 你相信自己的潜力经开发可获得突破性提升吗?

以上问题涉及对自身潜在能力的了解,以及对开发个人潜能的信心。所谓"潜能",顾名思义就是潜在的能量。人的潜能从大的方面说,包括生理潜能和心理潜能。生理潜能有运动能力、负重能力、耐受力、抗压力、爆发力等。心理潜能有记忆力、注意力、想象力、思维能力以及自我认识能力等。

在各种领域的潜能包括创造潜能、社会潜能、感觉潜能、计算潜能、空间潜能等。在通常情况下,一个人被开发的能力只占总能力的极小部分。经过潜能的开发,我们可以获得无法想象的能力。开发潜能有三大要素。

(1)要有强烈的愿望。强烈的愿望可以激发潜意识的神奇力量。一个人在目标、意志的驱使下,会显现出能量、毅力和持久性努力。这种"我想""我要"的强烈程度,决定了达到目标和完成工作的程度。

(2)要有高度的自信。自信是一切成功的基础,是成就事业的根本。当你充满必胜的信心时,你的激情就会被唤醒,你就会进入一种特殊的功能状态。不论是工作,还是学习,你都会出现灵感四溢、自我操控的心理状态。

(3)要有坚定的意志。意志是为达到既定目标而自觉努力的心理过程,坚定的意志是获得事业成功的重要因素。意志虽然无法触摸,但确实存在真实的特殊能量。潜意识中的意志和智慧的潜在力量相结合,会让人表现出不同寻常的超人力量。

上述案例中的肖老师,在面对"空中断桥"的恐惧时,如果有"我要跨越断桥"的强烈愿望,有"我一定可以实现高空跨越"的高度自信,有"我要努力坚持,突破高空跨越难题"的坚定意志,相信她一定可以挑战恐惧,战胜自我。

对高情商者来说，在遇到困难与挫折时，他们不是抱怨环境的残酷或自我能力的不足，而是用坚定的信心应对挑战。在实践的过程中，他们不断开发自己的潜能，最终让自己成为勇立潮头的佼佼者。

为了提升情商指数，邀请你参与以下游戏体验。在游戏过程中，你可以看到一个与众不同的自己。

【互动体验】

（1）游戏："绘制曼陀罗图"。

（2）活动目的：

A. 借曼陀罗的意象进行沉思冥想，关注本质自我，整合内心冲突，从而获得心灵的和谐与安定。借第三只眼睛的观察，让自己多一个看世界的角度。

B. 通过曼陀罗绘画，得到灵感和启发，交流自己的故事，促进自我领悟。

（3）活动器材：

A. 曼陀罗图纸、彩色笔。

B. 音乐播放设备及舒缓的轻音乐（如班得瑞纯音乐）。

C. 各种豆类、瓜子、米粒等材料（或各种颜色的花瓣、不同形状的树叶）。

（4）活动过程：

A. 在舒缓的轻音乐中放松身体，通过冥想进入一个自我开放、自省思考的境界。

B. 小组成员自由选择曼陀罗图卡，用彩色笔涂色，绘制个人的曼陀罗图案。

C. 小组成员可以用各种豆类、瓜子、米粒等材料共同设计曼陀罗图案。

D. 根据曼陀罗的线条、形状、色彩可以直观地看到绘画者的内在状态。小组成员分享曼陀罗图形的绘制过程，交流内心感悟。

（5）温馨提示：

A．在曼陀罗的绘制过程中，不做画风、颜色、材料的指导与限制，跟随内心的感受自由创作，不以炫耀画技为目的。

B．要创设安静、信任、安全的活动环境。曼陀罗绘画以心理投射为基础，通过象征的方式展现绘画者的无意识状态，帮助绘画者认识自我。

C．每个曼陀罗图案都是独特和重要的，不存在优劣之分。要尊重每名成员的内心感受，倾听而不质疑，欣赏而不评价。

【测试参考答案】

请将1—5题中的测试结果，与参考答案做比较，看看自己所处的位置，并思考其原因。

测试题序号	EI 较高	EI 较低	EI 一般
题目 1	C	A	B
题目 2	A	B	C
题目 3	B	C	A
题目 4	C	A	B
题目 5	A	C	B

3. 面对职业耗竭——重定目标再出发

【自我测试】

每道测试题都设有 A、B、C 三个选项，请你选择其中一项。为了确保评估的准确性，请选择最接近你真实做法的答案。在本节最后有测试结果参考答案。

（1）在班级管理上，你已经付出了很大的努力，但效果一直不佳，对此，你会怎么办？

A．抱怨自己的运气不好，假如换个班级，一定会有不同的效果。

B. 向有经验的教师请教，看看是否有改变现状的办法。

C. 效果不佳可能不是自己的问题造成的，继续坚持努力工作。

（2）如果需要你给同事转达一个不好的私人消息，对此，你会怎么做？

A. 尽可能委婉地告诉同事不好的消息，并表达自己愿意提供帮助。

B. 避免进入尴尬的局面，装作不知道，绝不向同事转达消息。

C. 不管同事怎么想，直截了当地告诉同事真实的消息。

（3）学校布置了一项烦琐的工作，经过几天的努力，你已经完成了70%的工作量。同事对你说，如果用他推荐的新方法，速度会更快。对此，你会如何应对？

A. 婉言谢绝同事的建议，继续按自己的方法工作。

B. 告诉同事，让他不要干涉你职责范围内的工作。

C. 权衡两种方法的优劣，在必要时适当调整，保证尽快完成任务。

（4）同事在处理教学工作时表现得很糟糕，有可能影响整个年级的工作。为此，你会怎么做？

A. 不动声色，等待最后结果的出现。

B. 主动承担任务，代替同事工作，避免不良的后果。

C. 找机会与同事交流，提出建议，帮助他应对现状。

（5）在教研组会议上，同事对你提出的所有建议均表示否定，对此，你会如何回应？

A. 以后再也不提意见，参加这样的会议，简直是浪费时间。

B. 否定自己意见的只是少数人，争取在组内获得更多人的赞同。

C. 不妨听听同事的意见，也许会有一点道理。

以上测试涉及平时工作中会发生的情景。通过你的选答，你可以了解自己在工作动力与激情方面的态度与行为。工作是否顺利，是否能够获得成效，不仅与人的职业能力有关，也与人的职业动力和职业目标有关。当一个人不能顺利地应对工作压力时，他在长时间的压力体验下会产生情感、态度和行为的倦怠状态。

在职业生涯发展中，高情商者会不断调整目标，积极赋能，充满职业激情，避免职业耗竭。

【阅读共鸣】

"母亲节"后上班的第一天，女教师们都在表达着自己对节日的感悟。尚未为人母的年轻人谈的是如何为妈妈选礼物，孩子尚小的年轻妈妈谈论的是丈夫如何借节日表达爱意，中年妈妈美滋滋地炫耀子女送来的感恩礼物。唯独邵颖怀（化名）老师心情不佳地低头不语，在温暖的气氛中格格不入。

工会组长刘老师看到了这一幕，悄悄地约邵老师走出办公室，来到充满初夏气息的静谧花园。她对邵老师说："我感觉你不开心，你有心事，对吗？"邵老师抬起头看着刘老师，抿紧嘴唇，眼里噙着泪水低声地说："我很累，有一种心理耗竭的感觉。"

事后刘老师了解到，离婚多年的邵老师确实遇到了一些棘手的事：儿子春考不利需要抚慰，母亲病重需要照顾，自己无心工作导致任教班级的学生成绩年级垫底。

邵老师遭到了"中年危机"和"职业心理枯竭"的冲击。

所谓职业心理枯竭，又称职业心理倦怠，是一种心理能量被工作耗尽的状态。这主要表现为厌倦工作，经常感到疲惫，工作时没有热情，没有力量。

你有职业倦怠感吗？
- 面对工作，有力不从心的感觉，常盼望放假，可以不上班。
- 打算离职换一份新工作，已经考虑很久了，但没有新的地方可去。
- 虽然努力工作，但总无法获得心理上的满足感和成就感。
- 觉得自己不被他人理解，工作使自己情绪低落、人际关系淡漠。

教师职业倦怠是在长期压力体验下所产生的情绪、态度和行为的衰竭状态。教师职业倦怠与生理年龄、教育经历、角色定位、人格状态、社会支持、个人成就感等因素直接相关。

教师职业倦怠最常见的表现有三种：

（1）对自己的前途感到无望，对工作丧失热情，对周围的人、事、物漠不关心。

（2）工作态度消极，厌倦教书，易发火，有时会无故迁怒于学生。

（3）对自己工作的价值评价下降，有跳槽甚至转行的想法，但无力行动。

教师假如被职业倦怠压倒了，生活就会沉闷无趣，与学生、同事及家人的关系会变得敏感脆弱，甚至个人的精神世界也易被摧毁。教师如何克服职业倦怠呢？

（1）保持平常心，量力而行。对自己有适度的要求，不求全责备。

（2）重定目标，再燃激情。找到自己可以掌控的目标，在激情下投入工作。

（3）提升专业水平，实现新高度的跨越。让自己的工作得到学生的喜欢、家长的信赖、同事的称赞、领导的认同。

（4）丰富业余生活，提高生活品质。给自己放松休闲的机会，调整心态，安抚心灵，缓解压力。以快乐影响学生的品质，用幸福塑造学生的心灵。

（5）宽容豁达地广交朋友。与朋友交流心情，碰撞思想，释放情绪，消解心结，开阔心胸。

高情商的教师，常常具备克服"心理耗竭"的绝招。他们用书籍滋养自己的心灵，让他人的智慧成为促进自己进步的精神力量。他们不断创新，让每天的生活都富有憧憬，让教育富有新意。

为了提升情商指数，邀请你参与以下游戏。通过游戏活动，你可以反思入职时的初衷，重定目标，调整节奏，不忘初心，重新出发。

【互动体验】

（1）游戏："寻找失落的初心"。

（2）活动目的：

A. 通过"追忆"与"寻找"，了解自己曾经"出发"时的初衷。

B. 反思前进途中遇到了怎样的经历，重拾"初心"，坚定再出发的信心。

（3）器材准备：白纸与笔，轻缓的音乐。

（4）活动过程：

A. 在轻缓的音乐中，微微地闭上眼睛，追忆自己如何从一名学生成为一名教师。

B. 在4~6人的小组中，分享自己的入职经历。自己为何选择教师职业？当时有怎样的目标与憧憬？一路走来有怎样的感慨？

C. 随着此刻的心情，在白纸上用最放松的方式记录下追忆初心的"心情图"。

D. 在小组里交流"心情图"，看看自己设定的起点与终点有什么不同。

（5）温馨提示：

A. 在身心放松的情况下追忆初心，环境设置要安静、安全，便于在良好的状态下进行思考。

B. 在画"心情图"时"随性"进行，不要刻意作画。最后的结果与画技无关，与追忆的心情有关。

C. 对"心情图"进行交流和分析，重点寻找"入职的初心"和"再出发的决心"。

【测试参考答案】

请将1—5题中的测试结果，与参考答案做比较，看看自己所处的位置，并思考其原因。

测试题序号	EI 较高	EI 较低	EI 一般
题目1	B	A	C
题目2	A	C	B
题目3	C	B	A
题目4	C	A	B
题目5	B	A	C

4. 时间管理的策略——提高工作的实效性

【自我测试】

每道测试题都设有 A、B、C 三个选项，请你选择其中一项。为了确保评估的准确性，请选择最接近你真实做法的答案。在本节最后有测试参考答案。

（1）在超市里排队付款时，旁边队伍的移动速度似乎快一些，你会如何反应？

A. 坚持在自己的队伍中排队，耐心等待付款。

B. 马上换入另一支队伍排队，但换入后发现好像前行速度并不快。

C. 抱怨自己所排队伍前方收银员的工作效率太低，不断催促他加快速度。

（2）学校原定你下周一上校级公开课，但现在时间有变，突然通知你提前到本周四开课，你会如何反应？

A. 对学校的计划变动有点意外，但积极应对，执行新的开课时间。

B. 对学校随意变动计划表示不满，以来不及准备而放弃开课。

C. 对突然变更的开课时间措手不及，找领导说明自己的为难情绪和困难。

（3）与同事相约一起到市内参加教研活动，你等了他好久，但他爽约了，你会如何反应？

A. 同事的失约行为让你失望，以后再也不约他一起外出参加活动了。

B. 询问同事失约的原因，希望以后还有相约的机会。

C. 严肃地告诉对方，为了等他，你浪费了很多时间，他的行为让你很生气。

（4）面对调查问题：你在创造性上投入了多少业余时间？你的回应是什么？

A. 表示自己在创造性上投入的时间与精力非常少。

B. 平时工作太忙，根本不可能有时间和精力进行创造性思考。

C. 在工作之余，会做一些创造性思考与探索。

（5）你正在完成一项重要的工作，朋友邀请你一起喝下午茶，对此，你会如何应对？

A. 感谢朋友的邀请，告诉朋友，因工作原因，你不能参加今天的下午茶活动。

B. 不好意思拒绝朋友的邀请，无奈地放下手中的工作，去喝下午茶。

C. 告诉对方，等自己工作结束后再去喝下午茶，但时间不能确定。

以上测试题涉及在工作和生活中遇到的场景。通过测试，你可以了解自己在对待时间问题上的态度与行为。时间对每个人来说都非常宝贵，时间管理水平的高低，不仅影响心情，更影响效率。高情商者一般都是时间管理的高手，在相同的时间下，他们可以轻松高效地完成更多的工作。

【阅读共鸣】

在学校的青年教师心理沙龙活动中，培训师向大家提出两个问题：

（1）你认为自己平时工作忙不忙？

（2）你认为自己平时压力大不大？

大部分青年教师的回答是：没完没了的工作让我们感到压力很大。

培训师接着问：工作压力大是因为忙吗？大部分教师的回答是：忙是造成压力的主要原因，但不是全部原因。工作强度和工作难度都是造成压力大的因素。

教师减压需要从两方面考虑：一方面要通过时间管理，轻松地处理好多项任务带来的繁忙；另一方面要通过提升能力，高效地完成各项工作并获得成就感。高情商者会做好时间管理，让杂乱无章的多项任务变得规范有序。

在处理日常事务时，你的方法与感受如何？
➤ 让你感到忙碌的是工作任务，还是生活事件？

> ▶ 当多项任务需要同时完成时，你一般采取什么应对方式？
> ▶ 你对近期需要完成的任务有具体的执行计划吗？
> ▶ 当遇到难以完成的任务时，你一般是求助，还是放弃？

通过以上思考，你可以明确造成自己忙碌的原因是什么。也许是工作，也许是生活事件。当面对大量的事件冲击且无法应对时，一方面我们需要通过时间管理来梳理完成事件的轻重缓急，另一方面在超出个人能力的情况下，求助也是一种不错的选择。

美国管理学家科维提出了一个时间管理理论，即"时间管理四象限"法则。他按照"重要"和"紧急"两个不同的程度，将事情划分为四个象限（见下页图）。

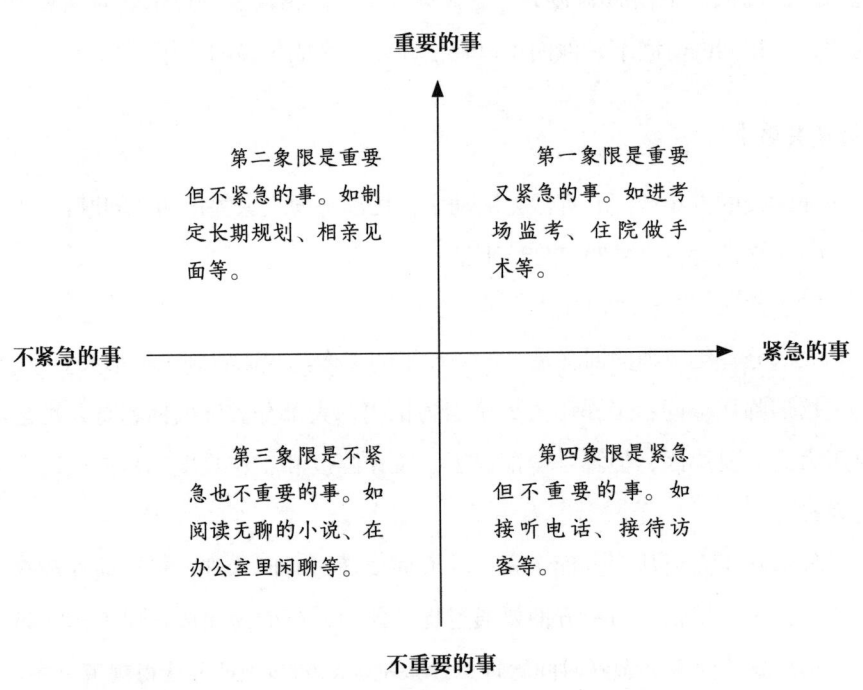

时间管理的四个象限

在时间管理中，我们可以把每天要完成的常规工作和近期要完成的个人目标，按四个象限进行分类，然后分级分类地有序完成。

在时间管理策略方面，给大家一点小建议：

（1）把最具挑战性的任务安排在效率最高的时间完成。

（2）学会说"不"，不勉强自己承担没有兴趣或无力完成的任务。

（3）利用"碎片化"时间完成休闲活动，在紧张工作之余得到身心的调节。

（4）设定"免打扰"的时间，让自己有独处时光和隐秘空间。

（5）在工作繁忙阶段，运用简洁而有效的沟通方式，尽可能节约交谈时间。

高情商者善于运用时间管理策略，可以轻松地、自由地安排工作与生活时间，可以在教师、家长、子女和多种社会角色之间自如切换。

为了提升情商指数，邀请你参与以下游戏。通过与他人的互动，你可以获得不一样的人生思考。浪费时间就是浪费生命，让我们在有限的时间里，享受无限的生命价值。

【互动体验】

（1）游戏："人生最后的告白"。

（2）活动目的：

A．通过"假如生命只剩三天"的思考，想一想自己还有怎样的心愿未了。

B．通过写墓志铭的活动，想一想留给世界的是一个怎样的自己。

C．思考生命的价值，思考如何让自己的人生更有意义。

（3）器材准备：部分名人的墓志铭，笔和白纸，舒缓的音乐及播放设备。

（4）活动过程：

A．通过舒缓的音乐渲染气氛，平静地进入思考生命的氛围中。

B．在"假如生命只剩三天"的题目下，写下自己有怎样的心愿未了，有怎样的遗憾想表达。假如在三天的时间里，我们可以完成三件事，那么它们分别是什么？

C．假如时间只允许你完成一件最重要的事，那是什么事？你准备如何完成?

D. 完成以上思考后，进行组内成员间的交流，真诚地表达自己，认真地倾听他人。

E. 讨论结束后，进一步思考：假如真要离开这个世界，你想留给世人一个怎样的自己？思考后，写出自己的墓志铭。

F. 集体交流"我的墓志铭"。

（5）温馨提示：

A. 这是一个略显沉重又非常严肃的主题，一定要把握分寸，让人既流露深度思考后的情感，又尊重和保护每个人的隐私，要强调尊重与保密原则。

B. 这个话题似乎有点沉重，但不要陷入消极悲观的境地，因为墓志铭也可以是积极的、幽默的和抽象的。可提供名人的"墓志铭"资料供大家参考。

聂耳的墓志铭："我的耳朵宛如贝壳，思念着大海的涛声。"

马克·吐温的墓志铭："他观察着世态的变化，但讲述的却是人间的真理。"

卢梭的墓志铭："睡在这里的是一个热爱自然和真理的人。"

贝多芬的墓志铭："他总是以他自己的一颗人类的善心对待所有的人。"

玻尔兹曼的墓志铭："$S = K \ln \Omega$"。

C. 在活动的最后环节，要回到对现实世界的思考，因为游戏的目的是让大家珍惜时光，把握当下，让自己的生命更有价值。

【测试参考答案】

请将1—5题中的测试结果，与参考答案做比较，看看自己所处的位置，并思考其原因。

测试题序号	EI 较高	EI 较低	EI 一般
题目 1	A	C	B
题目 2	A	B	C
题目 3	B	A	C
题目 4	C	B	A
题目 5	A	C	B

5. 爱拼才会赢——把握机遇求发展

【自我测试】

每道测试题都设有 A、B、C 三个选项，请你选择其中一项。为了确保评估的准确性，请选择最接近你真实做法的答案。在本节最后有测试参考答案。

（1）学校的某个职务正好空缺，可以自荐申请，对此，你会如何反应？

A．把握机会挑战自己，立刻提交自荐申请。

B．不会自荐，如果领导邀请或同事推荐，则会认真考虑。

C．这种事与自己无关，根本不会考虑。

（2）学校领导交给你一项难度很大的任务，对此，你会如何反应？

A．非常沮丧，感觉是领导为给自己"穿小鞋"而出的难题。

B．思考完成任务的思路，制订计划，争取有效地完成任务。

C．找个朋友倾诉，宣泄一下沮丧的心情。

（3）辅导学生参加竞赛是你以前很乐意做的事，但几年做下来觉得兴趣寥寥。今年学校又安排你做学生竞赛辅导员，对此，你会如何应对？

A．了解领导的真实意图，调整思路，寻找突破口。

B．找个信任的人谈谈自己的想法，希望得到指点。

C．找个借口推辞，不愿意接受这种"吃力不讨好"的任务。

（4）为了提高学生的考试成绩，你一直在努力付出，但学生的进步不明显，对此，你会如何反应？

A. 自己努力付出，对得起良心，效果好与不好全凭运气。

B. 功夫不负有心人，自己会继续努力工作。

C. 总结一下前期的工作，思考效果不明显的原因，尝试新的方法。

（5）针对某项工作，你已经努力很久了，但不知道最终的结果会怎样。对此，你会如何反应？

A. 继续努力工作，相信一定会有好的结果。

B. 感觉坚持不一定有好的结果，想趁早放弃。

C. 请教有经验的人，听取他人的建议，修正目标，继续行动。

以上测试涉及职业发展中遇到的问题。通过你的选答，你可以看到自己的工作热情和坚持性。高情商者对自己的未来发展，不仅有目标追求，而且有自我挑战的勇气与信心。不以"不撞南墙不回头"的执着，也不以"一意孤行"的坚持求发展，而是智慧地采取及时反思、不断调整、努力前行的策略求成功。

【阅读共鸣】

一年一度的新教师岗位培训在区教育学院的报告厅举行，学习主题是"成长、成熟、成功——身边榜样的引领"。大会邀请了本区优秀教师黄虹（化名）做报告，谈谈她入职10年的经历与发展。黄老师首先在大屏幕上呈现了两张个人照片，一张是10年前刚工作时在学校门口拍摄的，另一张是前不久参加"教师节"区优秀教师表彰会时拍摄的。黄老师问大家一个问题："两张照片里的人都是我吗？"会场里一下子热闹起来，大家惊叹："就是黄老师本人，但两者的差别太大了。"黄老师笑着说："有人说，岁月是把杀猪刀，对吗？"会场里传出了不同的声音："不对！"黄老师请一名年轻的女教师发表看法，她说："10年的岁月，褪去了你的青涩，积淀了你的知性美。"

黄老师从自己的两张照片讲起，讲述自己10年前从师范院校研究生毕业，然后来到区内一所民办初中担任心理教师的历程。入职以来，她设立了明确的发展目标，在工作、婚姻、家庭、生活等多方面都有很好的规划和安排。经过10年的努力,在事业发展上,她获得了高级教师职称,与人合著出版了图书,并且在市级课题、市教学公开课中均获奖项,还获得区优秀党员、区优秀教师、区学科带头人等称号。在家庭建设上,她顺利地完成了结婚生子、购房置车等重要任务。在同龄人看来,黄老师是事业发展、家庭建设两不误。仔细剖析黄老师的成长经历,我们可以看到一个事实——把握机遇求发展是成功的秘诀。

> **面对这样的情形,你会怎么做?**
> - 同期入职的同事,被提拔为校级干部。
> - 学校通知,愿意参加市级展示课的教师可自主报名。
> - 申报高级职称需要论文,但自己还没有发表论文。
> - 有人邀请你作为课题组成员,参与市级课题研究。

一个人的成功一定与他的动机有关。美国哈佛大学教授戴维·麦克利兰通过对人的需求和动机进行研究,提出了成就动机理论。他把人的高层次需求归纳为对成就、权力和亲和的需求。高成就需求的人在争取成功的过程中能够克服困难、解决难题、享受努力奋斗的乐趣。高权力需求的人会对影响和控制别人表现出很大的兴趣,喜欢具有竞争性和能体现较高地位的场合或情境,他们会追求做出出色的成绩。高亲和需求的人更倾向于与他人进行交往,对环境中的人际关系更为敏感,他们希望有良好的沟通与理解,更喜欢和谐合作,而不是残酷竞争的工作氛围。

在职业生涯发展中,高情商者会为自己树立有一定难度而并非高不可攀的目标。他们敢于冒险,又能驾驭风险,绝不会以迷信和侥幸的心理对待未来。

为了提升情商指数,邀请你参与以下游戏。通过游戏,你可以找到自己心中的"榜样"。榜样的力量是无穷的,他们对你的职业生涯发展会是一种引领和推动。

【互动体验】

（1）游戏："寻找身边的榜样"。

（2）活动目的：

A. 发现自己与他人的不同，发现榜样所具有的品质与能力。

B. 对自己的工作、生活进行反思，提高欣赏他人、提升自我的能力。

（3）器材准备：白纸与笔。

（4）活动过程：

A. 写下三个你欣赏之人的名字，他们可以是你的家人、同事、朋友或公众人士等。

B. 写出他们被人欣赏之处，如颜值、品位、能力、气质等。

C. 在小组中交流，说说自己的欣赏之人，归纳总结出被大家欣赏之人的共性特点，如文化修养、心理品质、为人态度、处事风格、专业能力等。

D. 对照榜样的品质，反思自己存在的不足，思考自己今后努力的目标。

（5）温馨提示：

A. 在寻找"欣赏之人"时，他们可以是你熟悉的人，也可以是历史人物。通过寻找，发现"榜样"，让自己的发展有参照物。

B. 由外而内地进行分析，从外表的欣赏提升为精神的崇拜。

C. 可以针对具有时代性的"榜样"做品质分析，树立正确的崇拜导向。

【测试参考答案】

请将1—5题中的测试结果，与参考答案做比较，看看自己所处的位置，并思考其原因。

测试题序号	EI 较高	EI 较低	EI 一般
题目 1	A	C	B
题目 2	B	A	C
题目 3	A	C	B

续表

测试题序号	EI 较高	EI 较低	EI 一般
题目 4	C	A	B
题目 5	C	B	A

后　记

2020年的冬春，注定成为值得载入史册、令人刻骨铭心的日子。突如其来的新型冠状病毒肺炎疫情，打乱了所有人前行的脚步和生活的节奏。在封闭隔离、禁足家中的日子里，我崇敬逆行重灾区的医生们，他们用无畏与大爱谱写生命的神曲。此时，我也思考自己可以为社会做点什么。疫情的隔离生活，让我每天的生活变得单调，社会功能缺乏生机。在积极关注国内外疫情发展时，心里不免出现种种担忧。望着窗外渐渐泛绿、不断生长的植物，我感叹大自然的生命有如此顽强的轮回。

虽然有限的空间限制了我的身体运动，但无限的遐想让我思绪万千。如何赋予自己的生命新的活力？在这样的时刻，中国轻工业出版社"万千教育"编辑部吴红主任打来电话，与我谈论教师情商修炼的意义与写作命题。也许冥冥之中，这是一段新经历的开始，我欣然接受邀约。接受写作任务的理由有三点：①充实自己单调的禁足生活；②为社会做一点有益的事；③为原有专著《做内心强大的教师》续写姐妹篇。

就这样，艰巨的撰写行动在疫情肆虐的2月开始，在疫情"动态清零"的8月结束。历时半年，《教师情商修炼之道》一书的书稿就这样顺利出炉了。在短短的6个月内，写作构思、撰写定稿，应该算是高效地完成了一项任务。其实这一任务的完成，凝聚了各方人士的努力与心血，在此我要向他们表达衷心的感谢。

首先要感谢吴红主任的邀约，是他的高度信任与鼎力相助，让此书顺利出版。感谢牟聪编辑精益求精的努力工作，让此书的质量尽可能地好。

其次要感谢远在加拿大探亲休假的心理专家徐崇文老师，他严谨的行事风格、专业的科学态度和敬业的责任意识，让我们深深地感动。学高为师，身正为范，我们仰慕徐老师的学识和人品，感谢徐老师为本书的整体格局和具体撰写多次提出重要的建设性建议并为本书作序。

再次要感谢本书的合著者——孙晓青和陈蔚两位优秀的心理教师，是她们在工作忙碌的日子里，克服困难，协调工作与写作的关系，保质保量、按时高效地完成撰写任务。

最后要感谢书中案例原型的提供者，感谢他们让我们有幸看到真实、有启发性的故事。

在此我还想再做一点说明，因为本书是《做内心强大的教师》一书的姐妹篇，所以两本书在写作风格上既有所同，又有所不同。相同之处是，两本书都选取了大量的教师心理案例，让我们感受到生动、具体的故事就发生在自己的身边，可引发自己的思考，并且案例处理中提及的方法可用于自我启发。不同之处是，《做内心强大的教师》一书采用的是教师常见心理困惑求助案例，给予教师在工作、生活、婚姻、成长等方面的建议与启示。《教师情商修炼之道》一书通过情商理论阅读篇、情商案例剖析篇、情商修炼体验篇，让读者了解情商理论、分析情商案例、体验情商修炼。前者侧重针对教师心理困惑的行为矫治，后者侧重完成教师自我学习的修炼提升。两本书的写作宗旨都是，为广大教师在心理品质提升方面提供参考与帮助。我衷心希望，通过教师们的阅读反馈，证明我们的努力是有意义的，我们的作品是有价值的。

希望广大读者在阅读本书后，为我们提出宝贵的批评与建议。

杨敏毅
于杭州望山阁
2020 年 8 月 8 日

主要参考书目

［1］鲍威尔，等. 做一名高情商教师［M］. 张园，译. 北京：教育科学出版社，2015：10，91.

［2］陈虹. 给老师的101条积极心理学建议［M］. 南京：南京师范大学出版社，2012.

［3］戈尔曼. 情商——为什么情商比智商更重要［M］. 杨春晓，译. 北京：中信出版社，2018：25-27，65，67，95，139，203，209.

［4］戈尔曼. 情商3——影响你一生的工作情商［M］. 葛文婷，译. 2版. 北京：中信出版社，2018：109，214，226，251，272，424.

［5］格里格，津巴多. 心理学与生活［M］. 王垒，王甦，等，译. 北京：人民邮电出版社，2003：352.

［6］万生彩，等. 色彩心理学——破译色彩与性格的秘密［M］. 长春：吉林出版社. 2013：43，47.

［7］伍德，托利. 情商测试［M］. 李小青，译. 北京：中国轻工业出版社，2007.

［8］伍新春，张军. 教师职业倦怠预防［M］. 北京：中国轻工业出版社，2008：29，200.

［9］晏涵文. 性、两性关系与性教育［M］. 台北：心理出版社，2004：202，241.

［10］元金萍. 哈佛情商课［M］. 北京：团结出版社，2018：1，14，121，164，268.

［11］岳晓东. 爱情的心理分析［M］. 香港：商务印书馆（香港），2010：25.

［12］周成平. 魅力教师的修炼［M］. 南京：江苏人民出版社，2007：19.